JN058944

お金で騙す人
お金に騙される人

「金融・経済」詐欺の事件簿

目次

序文

運の浮き沈みに厳然と耐えることを学ぶ最も有益な、
さらに言えば、そのための唯一の方法は、他者の惨事を思い出すことだ。
——ポリュビオス（古代ギリシアの歴史家）

2008年、フレッド・ヘインズという便利屋を営む男が、カンザス州のウィチタ・ドワイト・D・アイゼンハワー国際空港をうろうろしながら、現金がぎっしり詰まった箱をふたつ抱えたナイジェリア人男性を探していた。あちこち尋ねて回り、1時間ほど待ったあげく、ヘインズはようやく、ナイジェリアからのEメールで約束された6400万ドルの遺産が飛行機を降りてくることはないのだと悟った。

ヘインズは2005年から2008年にかけて自宅を3回抵当に入れており、6桁もの現金を支払ったのだから、これでアフリカから7桁の相続財産が受け取れると期待していたの

だ。ナイジェリアの王子を語る詐欺（いわゆるナイジェリア詐欺）がこれほどうまくいくとは信じ難い話だが、本当かもしれないと、とにかく信じたがる人たちもいる。ヘインズが言うには、最初に受け取ったメールは、何かの冗談か詐欺のように思えたそうだ。それでも興味はそそられた。というのも、メールの送り手は、あなたに相続財産として数千万ドルを支払わねばならない、これは合法的にあなたのものだと断言していたからだ。詐欺師たちは、相続金は国から国へと送金されるが、資金の動きを監視する国際法にうまく対処するには、その過程で手数料が必要になると伝えてきた。

あるとき詐欺師たちは、相続金はナイジェリアからエジプト、イギリス、ニューヨークへ送金され、再びナイジェリアに戻されたと伝えてきた。ヘインズは手数料を支払ったあと、その金を取り戻そうとしたと言うが、もうウサギの穴にあまりにも深く入り込んでいたため、これが詐欺であるはずがないと自分に言い聞かせてしまった。「彼らはナイジェリアの大統領がわたしに送ったという手紙まで見せてきたんです。手紙には大統領の写真や何かがいろいろ載っていました」とヘインズは言う。「ナイジェリアの大統領がどんな顔をしているのかパソコンで検索してみたところ、確かに写真の人は大統領でした」

その後ヘインズのもとに、当時のFBI長官で、現在、第45代アメリカ合衆国大統領に関するある種の捜査を行ったことで広く知られている人物、ロバート・モラーから次のような件名でEメールが舞い込んだ。

件名：フレッド・ヘインズ、コード名B—DOG

メールの左上の隅にはモラーの写真があり、文面には文法上の誤りがいくつもあったが、そこにはこう書かれていた。

わたしはあなたのメールを受け取り、あなたのために、そしてあなたの口座の取引がうまくいくように、手数料を調達して彼らに送ることをお勧めます。そうすればあなたはご自分のお金を手に入れることができますし、すべてにおいて、この件に怪しい点がないことは明らかです。だれか探す［原文ママ］、そしてお金を借りてください。そうすれば3日後に相続金が支払われることを保証します。

これを聞くとびっくりするだろうか？ ナイジェリアの王子から受け取る秘密の相続に関し、FBIの長官ロバート・モラーは、カンザス州の男性に実はメールは送っていなかった。というより、このメールは偽物だった。問題は、ヘインズがその時点ですでにお金を払いすぎていて諦めがつかず、相続金はまだ手に入ると、かすかな希望を抱いたことだ。「あのナイジェリア人たちは、ものの話し方を心得ていたんです」。これが、この幻想にとらわれてしまったこ

とに対するヘインズの説明だった。幸い、ヘインズは国際送金サービス会社ウェスタンユニオンとの和解で、失った11万ドルを取り戻すことができたが、ほかの人たちはそこまでの幸運には恵まれなかった。[1]

飛行機ゲーム

1980年代後半に飛行機ゲームと呼ばれる金儲けの手法(スキーム)が考案された。ルールはいたってシンプル。やるべきことは1500ドルを手渡すだけ。そうすればゲームの仕組みで、今度はその金が1万2000ドルになって返ってくる。なんと素晴らしい世界ではないか?

なぜ飛行機ゲームと呼ばれたかというと、新規のプレイヤーはそれぞれ、客室乗務員4人、副操縦士ふたり、パイロットひとりで構成されるフライトに搭乗する「乗客」8人のひとりとなるからだ。8人の乗客全員が1500ドルずつ出資し、それが「フライト」の入場料として直接パイロットの手に入る。そして、すでに最初の1500ドルを出資し、階段を上り詰めたパイロットはゲームを終了する。その後、副操縦士が新たにふたつの飛行機の運航を開始し、その飛行機では、乗客がそれぞれ新しい乗客を連れてこなければならない(したがって、ここでひとり当たり1500ドル加算)。一連のプロセスがひと巡りすると、乗客は客室乗務員へとランクアップし、副操縦士を務めた後、パイロットとなって1万2000ドルを受け取った。そして、ゲームに参加する人を多く連れてくれば、その分、配当金を得る時期も早くなる。[2]

このアイデアはアメリカのほかの地域に急速に広まった。ランクを上げてパイロットになり、精算するまでに4日しかかからなかったケースもある。このゲームは長きにわたり、非常にうまく機能したため、多くのプレイヤーが何度もこのプロセスを繰り返し、毎回、大枚1万2000ドルを手に入れていた。フロリダのある男性はこの「飛行機」を9回通り抜け、その過程で10万ドル以上を稼ぎ出した。[3]

だが飛行機ゲームは続かなかった。なぜならビジネスモデルがなかったからだ。このゲームにはこれといった利益、商品、収益が何ひとつなかった。それどころか、飛行機ゲームの背後にあった考え方は要するに、「いい感じ」とポジティブ・シンキングだ。あなたは最初の参加者から、あなたもきっと豊かな暮らしや幸福や富への道をイメージできますよと伝えられる。そして、ゲームは確実にうまくいくかに思えるのだが、やがてあなたは、最初の乗客8人がお金を受け取るには、新しい乗客を64人勧誘する必要があると気づく。そして、カードで作られた危なっかしい家が崩壊しないようにするため、この64人はいきなり、512人の新しい乗客を勧誘する必要に迫られるのだ。1万2000ドルを手に入れるには、そのたびに8人が最初に1500ドルを「失う」必要があった。FBIがポンジ・スキーム（運用益を配当すると約束して出資させるが、実際の運用はなく、新しい出資者からの出資金を配当金として支払いながら、破綻することを前提に金を騙し取る手法の詐欺）の運営に眉をひそめていたというちょっとした問題もあったため、法執行機関が飛行機ゲームの存在に気づいたとき、この見え透いた茶番は崩壊した。[4]

あなたが考えていることはわかる。

「ばかげた話だ！」

「ナイジェリアの王子から秘密の相続財産⁉」

「いい感じがするからって、それまでの蓄えをポンジ・スキームに渡してしまう⁉」

そして、これらの話は、あなたが個人的に関わっていない場合はばかげたことに思える。けれども自分のお金のこととなると、人はばかげた決断をしてしまうのが常なのだ。あなたはポンジ・スキームに引き込まれたり、王族になりすましたアフリカの14歳の子どもにお金を渡したりすることは決してないかもしれないが、自分の財務状況のこととなると、だれもが間違いを犯す。わたしたちは感情の生き物であり、お金はそのような感情の最も悪いところを引き出す傾向にある。

世界は複雑な場所だ。すべてを理解している者はひとりもいない。わたしたちは、財務状況、健康、人間関係を改善するための楽な道があると信じたがる。苦しみを取り除いてくれる聖杯に運良く出くわす人たち専用の秘密クラブに入りたい。聖杯が存在すればどんなにいいかと思うが、一夜にして金持ちになったり、第一人者の効果的な言葉で人生を立て直したりするための絶対確実な方法は存在しない。

本書で読む話のほとんどは、「そんなこと、自分には起こり得ない」と思わせるだろう。実は、大がかりな詐欺やポンジ・スキームの犠牲になった経験がなくとも、いざ自分のお金のこととなると、皆、愚かな決定を下してしまうのだ。わたしたちのＤＮＡにはそのような傾向が

刻まれている。たいがいのビジネス書や金融の本は成功する方法を教えてくれる。富を築いたり、成功した起業家やビジネスモデル、投資家、ＣＥＯを手本にしたりするための秘訣（ひけつ）や処方箋（しょほうせん）、やる気を引き起こす引用、簡単なステップを紹介するとうたっている。本書はそのようなたぐいの本ではない。成功事例ばかり研究する本の問題点は、多くの場合、生存者バイアスに満ちていることだ。失敗に終わったほかのビジネスやアイデア、あるいは同じようなルートを試したのにうまくいかなかった人たちに関するありとあらゆる事柄は、決してあなたの耳に入ることはない。宝くじに当たった人は、成功と富への道をどう進めばいいか、あなたに教えることはできない。

　失敗、不正、ペテン師、怪しげな販売慣行、信用詐欺から学ぶことのほうがはるかに多い。なぜなら、何を避けるべきかを教えてくれるからだ。楽に金持ちになるための公式はない。高機能ＣＥＯのトップ10リストを見て朝の日課を実践すれば自動的に起業家として成功できるわけではない。しかし、誤った決断、騙されやすい人、強引なセールスマン、理性を失った人間の行動、誤った思考を研究すれば、それを自分のこととして見やすくなる。多くの場合、愚かな行動を避けるほうが、優れた才能を手本にしようとするより役に立つ。（全編を通じておわかりになるかと思うが）優秀な人たちでさえ、誤った判断をする可能性がある。お金は地球上で最も求心力のある媒体のひとつだ。あらゆるレベルの財産を持つ人々――金持ち、貧乏人、そのあいだにいるすべての人――が自分のお金のことで愚かな決断をしてしまう。その理由は

単純だ。お金に関する決断は、自分の財務状況とは何の関係もなく、すべては人間の本性と関係があるからだ。

本書の目的は、あなたが他者の過ちから学んでより良い決断を下す手助けをし、人につけ込まれないようにすることにある。

第1章

奇跡を売ってくれる人はいない

自分が信じているなら、それはもう嘘ではない。
——ジョージ・コスタンザ（『となりのサインフェルド』の登場人物）

1980年代後半、ファイザー社の化学者グループがシルデナフィルクエン酸塩という化合物を生成した。高血圧や胸痛など、心血管疾患と闘うために開発された化合物だ。このプロジェクトはUK92480と呼ばれ（UKで始まるのは化学者グループの拠点がイギリスだったため）、極秘のプロジェクトのように聞こえるものの、試験の結果が期待はずれだったため、下っ端扱いの薬となってしまった。当時このプロジェクトに関与した者はだれひとり、自分が画期的なことに取り組んでいるとは思っていなかった。[1]

それどころか1993年の夏、グループは秋に決定的なデータを持って戻ってこられなければ、もう店じまいをして先に進むべきだと最後通告を受けてしまった。それからわずか数日

後、研究者たちは南ウェールズの鉱山労働者グループを対象に研究を行っていた。治験計画の対象集団ごとに、薬の服用前とあとで何か違うことに気づいたかと鉱山労働者に尋ねたところ、ひとりの男性が思い切ってこう言った。「実は夜、普段より勃起することが多くなった気がする」。ほかの男たちはニヤリとし、そのとおりとばかりにうなずいた。[2] 同じころ、別の臨床試験を行った看護師のひとりも、薬の服用後、多くの男性が勃起する状況に陥って困惑し、ベッドにうつ伏せになっていることに気づいた。心血管疾患の治療を目的とした薬は非常に驚くべき、予期せぬ結果をもたらしていた。[3]

胸痛の主な原因のひとつは狭心症と呼ばれる疾患で、これには心臓への血流の減少が関係している。胸痛が生じる理由は、心臓に血液を供給する血管が収縮するからだ。これが胸の痛みのほか、息切れを引き起こす。科学者は多くの場合、特定の化合物がどのように機能するはずかわかっているが、それらの化合物が体の目的とする領域に目的とする効果をもたらすかどうか必ずしも把握しているわけではない。シルデナフィルの背後にある考え方は、これが心臓の血管を拡張し、その結果、胸の痛みと息切れが軽減するというものだった。ところが、心臓ではなく陰茎の血管が拡張した。勃起を支える生態のカギとなる化学物質があるのだが、この薬がその化学物質を分解する酵素を抑制していたのだ。[4]

薬が偶然発見された例はこれが初めてではない。１９２８年、アレクサンダー・フレミングという細菌学者がスコットランドで1か月の休暇を取った後、ロンドンの病院に戻ってみる

と、研究室の窓台にシャーレがひとつ出しっぱなしになっているのが目に入った。フレミングはこれらのシャーレで細菌を培養していたのだが、たまたま放置してしまったシャーレに空気中から混入したカビが生えていることに気づいた。そして、カビは周辺の細菌の繁殖を止めていた。これはペニシリウム・ノタトゥムと呼ばれていたカビだ。フレミングが偶然見つけた現象は、医学史上、最も重要な発見のひとつとなった。彼は抗生物質ペニシリンを作り出したのだ。[5]

これがどれほど大きな発見であったか、いくら誇張してもしすぎることはないだろう。当時、アメリカの平均寿命は60歳未満だった。それが現在は80歳ぐらいになっており、これにはフレミングの偶然の発見が大きく関係していた。フレミングは後にこう述べている。「1928年9月28日に夜が明けて目覚めたとき、世界初の抗生物質、すなわち殺菌物質を発見して、すべての薬に大変革を起こすつもりなどなかった。しかし、わたしがしたことはまさにそれだったと思う」[6]

失敗に終わった心血管薬は、ペニシリンが与えた影響とは少し異なるものの、男性に勃起をもたらし、これに関わった科学者たちは、現代では最も成功した薬のひとつに偶然出くわした。今日、わたしたちはこの薬をバイアグラとして知っている。ファイザー社によると、1998年に正式に発売されて以来、全世界で6200万人の男性が勃起不全薬を購入している。アメリカだけでも、人々は毎年約15億ドルをバイアグラに費やしていると推定されている。アメリカ軍でさえ、あの小さな青い錠剤に４２００万ドル近くを費やしているそうだ。[7]

薬が発売されてから数か月後、１週間で30万を超える処方箋が調合された。この製品に潜在需要が山ほどあったことは間違いない。１９９８年にバイアグラがＦＤＡ（食品医薬品局）に承認されるまでのあいだ、勃起不全の治療法は実質的に存在しなかった。利用できるわずかばかりの選択肢として、痛みを伴う注射やインプラントなどがあったが、小さな青い錠剤を口に放り込むほど簡単な方法ではなかった。そして、ペニシリンが発見される以前にも、男性は自身の性的衝動を改善するため、はるかに度を超した手段に走っていた。[8]

バイアグラのようなヤギ？

ペニシリンが発見される前、医療の分野には偽医者、強引なセールスマン、ペテン師があふれていた。一般人は自分の医療の選択肢に対する意識が低すぎたため、その無知につけ込むのは簡単だったのだ。１９００年代の初頭は、医療分野全体がいろいろな意味でまだ揺籃期にあった。１８４７年に米国医師会が設立されたが、各州には相変わらず独自の免許委員会があり、だれもそれ以上のことはわかっていなかった。そのため、監視システムが緩くなり、不正がしやすい状況を招いた。いんちき医療は、わたしたちの富に対する欲求を狙った典型的な金融詐欺とまったく同じというわけではない。いんちき医療はわたしたちの最大の恐れ、主として死や病気、そして、こと治療に関しては、奇跡が本当に存在するという希望を食い物にする。

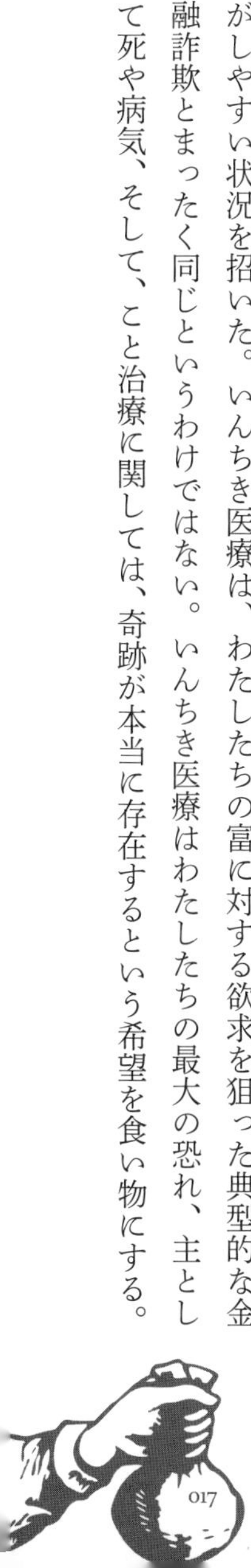

サミュエル・ホプキンス・アダムズは1905年に「アメリカの大いなる不正」というタイトルの一連の記事を書き、次のように述べている。「騙されやすいアメリカは、売薬の購入に約7500万ドル（今の金額で21億ドル以上）を費やそうとしている。この金額を考えれば、大量のアルコール、恐ろしい量のアヘン剤と麻薬、強力で危険な心臓抑制薬から、一見無害だが実は有害な肝臓刺激薬まで、さまざまな薬を飲み込むことになるだろう。そして、ほかの成分をはるかに超えた量の、混じり気のない詐欺を」[9]

開拓時代の西部、それが医療の世界であり、ジョン・ブリンクリー医師にはぴったりの世界だった。ブリンクリーは実際には医学部を一度も修了したことがない。代わりに100ドルで学位を買う選択をし、これにより8つの州で医療行為を行う能力が与えられた。信じ難い話だが、20世紀の初頭、医療行為を行うのに必要なものはこれだけだったのだ。ブリンクリーはまだ20代のときにサウスカロライナ州グリーンヴィルにパートナーとともに診療所を開設した。彼らは地元紙に次のような広告を出した。

あなたは精力旺盛な
男らしい男ですか？

毎朝ふたりの「医師」は、広告を見てやってきた患者にさまざまな質問をし、メモを取り、

25ドル——当時としては大金——を徴収し、患者の尻に着色水を注射した。ふたりはその治療を電気医療と呼び、ドイツから来た治療法だと主張した。数か月後、これが詐欺だとわかった人たちから逃れるため、ふたりは町を去った。お金が底をついたあと、ブリンクリーはカンザス州の人口わずか２００人の町、ミルフォードで医者を探しているという新聞広告を見つけた。そこで、妻のミニーとともにミルフォードに引っ越し、診療所とドラッグストアを開いた。[10]

夫婦がかろうじて生計を立てていたそのころ、ビル・スティッツワースという46歳の農夫が診療所にやってきた。スティッツワースと妻は16年間妊娠を試みてきたがうまくいかなかったという。「わたしはパンクしたタイヤです」。スティッツワースはブリンクリー夫妻にそう語った。そして窓から近くの農場に目をやり、「あいにく雄ヤギ（ビリー・ゴート）の睾丸は持っていませんからね」と言った。そう、雄ヤギは地球上で最も健康で繁殖力のある動物に数えられることが知られている。農夫はヤギが大した性欲の持ち主であることを、身をもって知っていたのだ。[11]

その後、具体的に何が起こったのか、だれもよくわかっていない。ブリンクリーは、ヤギの生殖腺を使った実験的手術をぜひともやってほしいと農夫が頼んできたと主張している。一方、スティッツワースの家族は、農夫の体で実験をするため、ブリンクリーが金を払ったと主張している。どちらの発案だったにしろ、数日後の夜、ふたりの男性はユニークな外科手術に備えて診療所に戻った。ブリンクリーは農夫の陰嚢を切り裂くと、小さな銀のトレーに載ったふたつのヤギの睾丸に手を伸ばした。そしてヤギの睾丸を陰嚢の両側に移植し、線維組織に縫い合

わせた。スティッツワースは男の部分を縫合され、試練の一部始終は15分で終わった。[12]

2週間後、農夫が現れ、ブリンクリーにいいニュースを伝えた。妻がついに妊娠したというのだ！　彼らはもちろん、ヤギにちなんで子どもにビリーと名づけた。ヤギの生殖腺移植手術を受けたあと、子どもを授かった2番目の夫婦は、万物の科学に敬意を表し、子どもをチャールズ・ダーウィン・メリンガーと名づけた。ブリンクリーはカンザスの小さな町で、図らずも田舎の人々向けの天才的マーケティング・キャンペーンを偶然発見したのだった。ヤギの生殖腺移植手術はたちまちヒットした。ブリンクリーの手術は個々の患者に合わせたものとなり、患者は彼の診療所の裏庭から自分のヤギを選ぶことさえできた。やがてブリンクリーは、1件につき750ドル（1920年代では大金、今の金額で約9000ドル）という金額で、月に平均50回の手術を行うようになった。そしてついには患者を倍増させるべく、女性にもヤギの卵巣を移植し始めた。[13]

ネタバレ注意――ヤギの睾丸を男性の陰嚢に移植することは、科学的に裏づけられた手術ではない。当時、ほとんどの人がわらにもすがる思いだったため、これがどれほど常軌を逸したことか気にもとめていなかった。ヤギの生殖腺移植を初めて行った数週間後、ブリンクリーは、教室いっぱいに集まったほかの医者に「わたしはある計画をひそかに用意している。世界中がそれを耳にすることになるだろう」と語った。世界中の人々にその計画を聞いてもらう手段は、ある最新技術によってもたらされ、それはブリンクリーの手術を次のレベルへ引き上げ

ることになった。

ラジオ

１９２０年代、主流となる人々にとってラジオはまったく新しい媒体だった。ラジオのおかげで放送局は全国の大勢の人々に番組を一斉に届けることができただけでなく、自宅にいる人々の関心を引くこともできた。ラジオは、家族が互いに注意を払う必要もなく、自宅の居間で互いに余暇を過ごすことを可能にしたまさに最初の技術的進歩のひとつだった。

企業が商品の広告を開始したのは19世紀後半だが、１９２０年代は広告が大衆文化へと発展したときだ。ラジオは広告の広がりと深く関わっていた。最初の民間ラジオ局は１９２０年に開局した。20年代の終わりまでに、ラジオの世帯普及率はおおむねゼロから40パーセント近くにまで上がった。１９４０年には80パーセント以上の世帯がラジオを所有していた。家庭におけるラジオの採用は、電気、自動車、電話よりも早かった。コメディアンのジョージ・バーンズは自身の伝記に「ラジオが世界に与えた影響を、その時代を生きていなかった人に説明することは不可能だ」と記している。[14]

ラジオの販売台数は１９２３年に2倍となり、１９２４年までに3倍になった。ラジオがあっという間に普及した最大の理由は料金がかからなかったことだ。ラジオを1度購入すれば、ほかに支払うべきものは何もない。料金がかからなかった理由は、ビジネスモデルが広告

に基づいていたからだ。ラジオ保有率の急速な上昇は、病気に悩むすべての人々にとってあらゆる病の治療者となったブリンクリーの注目度上昇と完全に一致していた。ブリンクリーは抜きん出たペテン師だったが、あるメディア史学者によると、「おそらくほかのだれよりも、広告媒体としてのラジオの大きな可能性を予見していた男」でもあった。[15]

最近はどこを見ても広告ばかりだ。ウェブサイト、ソーシャル・メディア、看板、テレビ、ラジオ、ポッドキャスト。しかし、広告は必ずしもわたしたちの生活に深く根差していたわけではない。1920年代にラジオが主流となり、大勢の人々とコミュニケーションを取る方法に大変革がもたらされたとき、このプラットフォームで広告を流すことは物議を醸した。1922年、後に大統領となるハーバート・フーヴァーでさえ「サービス、ニュース、娯楽、教育、重要な商業のためになるこれほど大きな可能性が、広告のおしゃべりでかき消されてしまうのを野放しにしておくなどあり得ない話だ」と述べている。[16]

ブリンクリーは多くの企業にかなり先駆けて未来を予測し、自分のメッセージを広めるべくラジオに多額の投資をした。1923年にはカンザス州の小さな町ミルフォードに、国内では4番目に大きなラジオ局ができていた。ブリンクリーはどのようにしてこの偉業を成し遂げたのか？　彼は本質的にこの時代のドクター・ルース（1980年代からテレビ・ラジオで活躍するセックス・セラピスト）であり、当時はタブー視されていた話題、セックスについてラジオで語った。また、自身のサービスや彼が作り出した新シリーズの「薬」の販売戦術としてラジオを利用した。ブリンクリーが制作したラジ

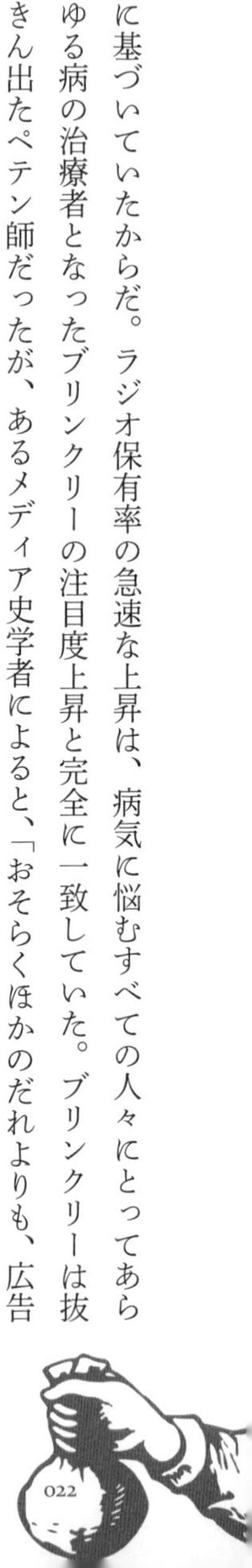

オ番組は、簡単に言ってしまえば20世紀初頭のＷｅｂＭＤ（世界最大級の医療情報サイト）だった。人々が自分の病気やけがに関する質問を投書し、ブリンクリーがそれを自分の番組で読み上げる。それから、放送で処方箋が与えられ、リスナーは、彼が全国で関係を築いた５００を超えるドラッグストアに薬を買いに行くことができた。[17]

自尊心のある医師なら、まず患者を診察して診断を下してからでなければ処方箋を出すようなことはしないが、ブリンクリーは理性に訴えようとしたのではない。人々の最悪の恐怖に訴えようとしたのだ。怪しげないんちき薬のセールスマンは人の感情をターゲットにするのが常で、ブリンクリーも例外ではなかった。今や彼は、大々的にそれをやってのける力を手に入れていた。その結果、ブリンクリーはヤギの生殖腺移植手術を売り込むだけでなく、ヘルスケア商品およびサービスの全ラインナップを売り込むことになった。

カンザス州医療委員会は「目に余る不道徳行為と専門外の行為」を理由に、ついにブリンクリーの医師免許を取り消した。『カンザスシティ・スター』紙は、「ミルフォードのスーパー偽医者は終わった」と報じた。[18]

しかし、ブリンクリーはまだ終わっていなかった。

プラセボ効果

道徳を持ち、米国医師会で働いていた医師のモリス・フィッシュバインは、強引なセールス

マンや偽医者たちをやっつけることを生涯の仕事とし、その中で最も重要視していた人物がジョン・ブリンクリーだった。ブリンクリーの策略が永遠に続くことはないとフィッシュバインにはわかっていた。ヤギの生殖腺移植手術は完全にでっち上げだった。移植が機能し得る科学的もしくは生物学的証拠はこれっぽっちもなかったのだ。

おそらくあなたは自分にこう問いかけるだろう――この痛々しい手術は、いったいどういうわけで、施術を受けた農夫たちに実際に効果をもたらしたのか？　プラセボ効果のせいだったかもしれないが、真相はおそらく単純な平均回帰（ある試験結果について偏った成績の集団を対象として2回目の試験結果を見ると、その集団の平均成績は1回目より2回目のほうが平均値に近づくという統計学的現象）の可能性が高い。病人の大半は回復する傾向にある。実際、身体的不調の5つのうち4つは自然に回復すると推定されている。[19] したがって、世界屈指の偽医者でさえ、時間の経過やまぐれによって、ほとんどの患者を「癒す」ことができるのだ。残念ながら、すぐにも治療が必要としてブリンクリーのもとへやってきた患者が最も苦しむことになってしまった。

カンザス州の医療委員会は、ブリンクリーが治療した少なくとも42人（そのうちの何人かは治療前に病気ではなかった）が彼の手術や医療プログラムのいずれかを受けたあと、死亡したことを証明した。この数字は、歴史上のほぼすべての連続殺人犯がそれぞれ殺した人数を大幅に上回っている。死亡した人々のうち少なくとも6人はヤギの生殖腺移植を受けていた。ブリンクリーは科学的裏づけのない医療処置を行っていただけでなく、酒に酔った状態で患者を治療することもよくあった。ある患者は、前立腺の手術のあと、ブリンクリーが傷を縫い合わせ

るのではなく、自分のブーツのかかとからゴム片を取って傷口に当てたと述べている。[20] 最悪だったのは、これらの数字が判明したとき、ブリンクリーがまだキャリアの中間点にいたことだ。彼の医学的恐怖支配はまだ完成にはほど遠い段階にあった。

フィッシュバインはついに、ブリンクリーを起訴できるだけの証拠をまとめた。検察がブリンクリーの自伝を彼に不利な証拠として使ったのはこの裁判のときだった。本人の性格とも一致するが、ブリンクリーの自伝には嘘と作り話があふれていた。医学部を卒業したことはなかったにもかかわらず、ブリンクリーは本の中で卒業日を記していた。検察側は、ブリンクリーがその日、実際には投獄されていたことを指摘した。ブリンクリーは著作の中で、自分をマルティン・ルター、ガリレオ、イエス・キリストになぞらえていた。だが最終的に、彼は嘘と欺瞞（ぎまん）の報いを受けることになった。ブリンクリーはテキサスとメキシコで医療行為をし、ついには国境の南で（アメリカでの放送が禁止されていたため）ラジオ番組を開始するまでになったが、その後１９４１年に破産宣告を余儀なくされた。そして医療過誤訴訟がついにブリンクリーを捕らえ、彼はその１年後に亡くなった。[21]

相関関係は因果関係を意味するものではない

多くの場合、相関関係は因果関係を意味するものではないという考えを、人はなかなか理解できない。夫がヤギの睾丸移植手術を受けたあと、妻が妊娠したからといって、それが子ども

を産むことになる原因になったわけではない。この世には、単なる偶然で互いに呼応して動くがゆえ、一見、関連しているかに思えるふたつのものの実例であふれている。俳優のニコラス・ケイジが出演した映画の数は、毎年プールで溺れる人の数と大きな相関関係がある。メイン州の離婚率はマーガリンの年間消費量をきれいにたどっている。[22]

長時間拷問にかければ、データはどんなことでも自白すると、古くから言われている。投資家のデイヴィッド・レインウェーバーはかつて、データがいかに操作され得るかを証明するテストを行った。そして1983年から1993年にかけてのアメリカの株価の動きを予測するのに、バングラデシュのバター生産量が利用できた可能性があることを発見した。バターの生産量が1パーセント上がった場合、S&P500（アメリカの代表的な株価指数）は翌年2パーセント上昇する。また、バターの生産量が10パーセント下がった場合、S&P500は20パーセント下がる。この関係は実際には何の根拠もないが、過去データの検証試験をそれなりの数の人たちに見せれば、株式市場で勝ち抜く確実なシステムを見つけたと信じるようになる人もいるのではないかと思う。[23]

ブリンクリーの患者リストには、ウィリアム・ジェニングス・ブライアン元国務長官と、第28代アメリカ合衆国大統領ウッドロウ・ウィルソンが含まれていたと言われている。俳優のバスター・キートンは1920年代に手がけた映画の1作で、ブリンクリーとヤギの睾丸移植について実際話題にしていた。コロラド州選出のウェスリー・ステイリーという上院議員は公然

とブリンクリーを弁護し、「わたしはヤギの生殖腺を身につけており、それを誇りに思っている」とまで言ってのけた。アメリカの上院議員がこんなことを真面目に、声に出して言ったのだ。ほかの人たちに向かって。[24]

残念ながら、ブリンクリーのようなカリスマ性のあるペテン師は常に周りにいて、人間の本性につけ込もうとしている。ある種の人たちは、不可能を当たり前なことにできると他者に説得する能力を持っている。ブリンクリーは診療行為によってとてつもなく裕福になったが、それはミルフォードの町にとってはありがたいことだった。ブリンクリーは新しい病院の費用を支払い、歩道、新しい郵便局、下水設備を設置した。それに、リトルリーグのチームのために新しいユニフォームを購入し、それにふさわしく、チームは「ブリンクリー・ゴート」と名づけられた。[25]

カンザス州で医療行為をしたことで免許が取り消されて間もなく、ブリンクリーは州知事に立候補して政治に挑戦しようと決心した。彼の選挙運動には、すべての郡に人工湖を造る、本を無料にする、すべての人に無料の医療を提供するなど、守れるはずもないありとあらゆるとっぴな公約が目立った。この選挙運動ははなからばかげていたが、どういうわけか、ブリンクリーはあと一歩で勝つところまで行ったのだ！[26]　金融詐欺で疑うことを知らない犠牲者を騙す際、慈善活動や政治活動、地域社会での活動は人の目をくらます素晴らしい手段となる。恐れと強欲はあらゆる経済的災難に手を貸すが、ブリンクリーの話も例外ではない。この男

は、自分を批判する人々が間違っていることを証明したいという強い欲望と内なる欲求に突き動かされていた。大恐慌の期間、ブリンクリーは年間100万ドル以上をもたらしたと推定される。当時としては天文学的な金額だが、全国の平均賃金が転がる石のように落ち込み、1932年だけでも約40パーセント低下したことを考えると、なおさら異様だ。[27] ブリンクリーは自分の欲望を満たすため、精力の不足を恥じているほかの（大半は）男性、奇跡を探し求めている病人や負傷者、そして、無学で常識に欠け、自分の言葉に自信を持っているかに思える人をあっさり信用してしまう人々を餌食にした。妻のミニーでさえ、最後の最後まで彼の呪文にかかっていた。ミニーは夫より40年近く長生きし、死ぬその日まで、成功を収めたヤギ生殖腺移植手術は今も世界中でひそかに行われていると言い張っていた。[28]

昔と同じ

偽医者やいんちき薬のセールスマンの魅力に関して、20世紀初頭の人たちがいかに騙されやすかったかということを今振り返るのは簡単だ。だがそれも、あれと同じテクニックが今もなお効果を発揮していることに気づくまでの話。減量しよう、財政面を改善しよう、若さを維持しようとしている人々に通用するありとあらゆる詐欺について考えてみてほしい。米国医師会はブリンクリーの信用を落とそうとして何年も費やしたが、ブリンクリーには説得力、大衆へのコミュニケーション手段、そしてクジラに水を売ることを可能にするセールス・テクニックがあった。

ブリンクリーが中西部で恐怖支配を始めて以来、医療は飛躍的に進歩したが、だからといってあなたのあらゆる病苦を解決してくれる独特の手術が常に存在するとは限らない。同じことが人生のあらゆる側面に当てはまる。世界は複雑で常に変化する場所であり、いつも簡単な解決策が見つかるとは限らない。ヒット映画を作る秘訣など存在しない。ＮＦＬ（ナショナル・フットボール・リーグ）のスカウトたちは、ドラフトで1位指名する選手を選ぶ際、何をもって、あるクォーターバックがほかのクォーターバックよりも優れているとするのか、いまだにわかっていない。株式市場で一夜にして莫大(ばくだい)な富を稼ぎ出すための秘密の公式は存在しない。それに、次のアップルやグーグルを生み出すため、起業家が従うべき青写真も存在しない。

『ニューヨーカー』誌に掲載されたある漫画がある。牧羊場に看板がひとつ立っており、そこには「おまえらを食ってやる」というセリフとともにオオカミの絵が描かれている。そして、あるヒツジが別のヒツジにこう言う。「あいつ、ずいぶんはっきり言ってくれるよな」。ここではブリンクリーがオオカミ、彼の患者がヒツジにたとえられている。１９４２年のブリンクリーの葬式で、列席者の中の匿名の男性がこう告白したと言われている。「彼がわたしから金を騙し取っていることは知っていたが、とにかく彼が好きだった」[29]

奇跡は実際に存在するかもしれないが、だれかが売ってくれることを期待してはいけない。

第2章

何でも売る方法

詐欺の中には実に巧みに行われるものがあるので、
騙されないのは愚かというものだ。
——チャールズ・カレブ・コルトン（イギリスの作家。聖職者でありながら、賭博・狩りなどに凝り、最後には自殺した）

エッフェル塔は、世界で最も有名かつ訪れる人の多いモニュメントのひとつ。毎年600万人をはるかに超える訪問者がこの壮麗なランドマークを体験するため長い列を作って待っていると推定される。信じられないかもしれないが、建設当時、エッフェル塔は嘲笑の的で、20年経ったら解体される予定になっていた。

ギュスターヴ・エッフェルは、1889年のパリ万国博覧会に向けて自分と同名の塔を設計した。これほど高い構造物を建てた者はそれまでひとりもおらず、わずか2年強でこれが建てられたという事実は、当時としては他に類を見ない技術的偉業だった。反対論者たちは、こん

な塔を建てることは不可能だとエッフェルに告げた。人があのような高さまで登れば、風のせいで塔はあまりにも危険な場所と化す。それに、このプロジェクトに推定１００万ドルを費やすことに政府は乗り気ではなかった。エッフェルが交わした契約では、塔は元が取れるまで20年間放置することになっており、20年経った時点で、エレクター・セットのような構造が少しずつ解体されるという条件だった。

関連する工学技術と建築工事には信じ難いほどの精度が求められた。塔を建てるために使用された鉄板は、端と端をつなげて並べた場合、長さは約70キロに及び、そこに７００万個以上の穴を開ける必要があった。建設に使用された鉄の重量は７０００トンを超え、塗料は60トン以上必要だった。各ピースは、誤差10分の1ミリメートル以下の精度でトレースされた。建設に使用されたリベットは２５０万個。エッフェル塔が完成したとき、高さはてっぺんの旗竿（はたざお）を含めて約３００メートルに達していた。[1]

塔は大半の人が想像していた以上に美しかったが、当初は批評家に酷評された。フランスを代表する芸術家や知識人の多くが、塔を「実に悲劇的な街灯」、「鉄製の体育館装置、不完全で乱雑で不格好」と呼んで嘲笑した。アメリカ人とイギリス人も、塔のファンにはならなかった。最大の理由はねたみだろう。『ニューヨーク・タイムズ』紙は塔を「実に不快なもの、目障り」と評した。『ロンドン・タイムズ』紙の編集者は「パリの壮麗な公共建物のど真ん中に立つ巨大な勃起」と呼んだ。アメリカ人はエッフェル塔が、当時最も高い人工建造物であったワシント

ン記念塔の高さをどれほど上回っているか理解していなかった。塔が完成すると、批判に最も熱心だった人々も、ついにはそれが傑作であるという事実を認めるに至ったが、フランス政府は建造物をその場所で永久に保持することにまだ積極的ではなかった。建設から数年が経過すると、塔に傷（いた）みが出始めた。塔の整備や維持で、パリは莫大な出費を強いられた。[2]

壮大な記念碑の将来を取り巻く不確実な状況を見て、ヴィクトール・ルースティヒという男が、これは金を稼ぐチャンスだと考えた。ルースティヒは最高入札者にエッフェル塔を売却してやろうと心を決めた。しかも2回も。

伯爵

エッフェル塔を売ろうとした男は、最大45個の偽名を持っていた。だれも本名を知らず、出身地もよくわからなかったが、あるときは、自分の名はロバート・ミラーだと当局に語っていた。ミラーは遠洋定期船でヨーロッパからアメリカへ旅する若者として船の貴族にうまく溶け込むため、ヴィクトール・ルースティヒ〝伯爵〟という名を思いついた。貴族の信頼を得るための策略だ。自分の聴衆を知り、いかなる状況にも適応する能力は、ルースティヒにとって、時とともに何物にも代え難い強みとなっていく。彼は賭博師としてキャリアをスタートしたが、富裕層の仕組みがわかってくると、その後、金融詐欺に移っていった。

最大の成功を収めた「伯爵」の詐欺は「ルーマニアの現金製造機（マネー・ボックス）」と呼ばれていた。ルース

ティヒはカモを見つけるべく高級ホテルの周りをうろつき、自分が社会の上層に属していることを示すため、ホテルにリムジンで乗りつけた。そしてバーやレストランで何気なく、自分は秘密の紙幣印刷機を持っていると口を滑らせるのだ。〝種〟が植えられると、カモはルースティヒの部屋へ行き、そこで印刷機の仕組みが実演される。ルースティヒは印刷機――つまみと真鍮（しんちゅう）のダイヤルがたくさんついた小さな木の箱――の小さなスロットに１００ドル札を挿入した。「ラジウム」という物質が紙幣をコピーするための秘密兵器である。少なくともそれが、無警戒な犠牲者にルースティヒが語ったことだ。彼はこれ見よがしにいくつかのつまみを回し、相手にこう告げる。唯一不便なのは、この秘密兵器を使って新しい紙幣を刷るには6時間かかることなのだと。

夕食を済ませ、何杯か飲んだあと部屋に戻ってみると、印刷機の反対側から１００ドル札の完璧なコピーが飛び出している。裕福なエリートは、この魔法の金儲けマシーンが実際に機能しているのを目の当たりにし、その場でこれを売ってくれと言う。だが、伯爵はそこで冷静に振る舞い、いつも少しのあいだ求めに応じずにいる。すると決まって、人々はもっと払おうと言って、金額が跳ね上がる。[3] 人を説得して何かをさせる最適な方法のひとつは、相手が自分で結論を出せるようにすることだ。何かをやると一度自分に言い聞かせれば、その考えを変える可能性は低くなる。ルースティヒは、これは価値のあることだと、彼らに納得させたのだ。

言うまでもなく、１００ドル札の完璧なコピーを作れる魔法の箱など実際には存在しな

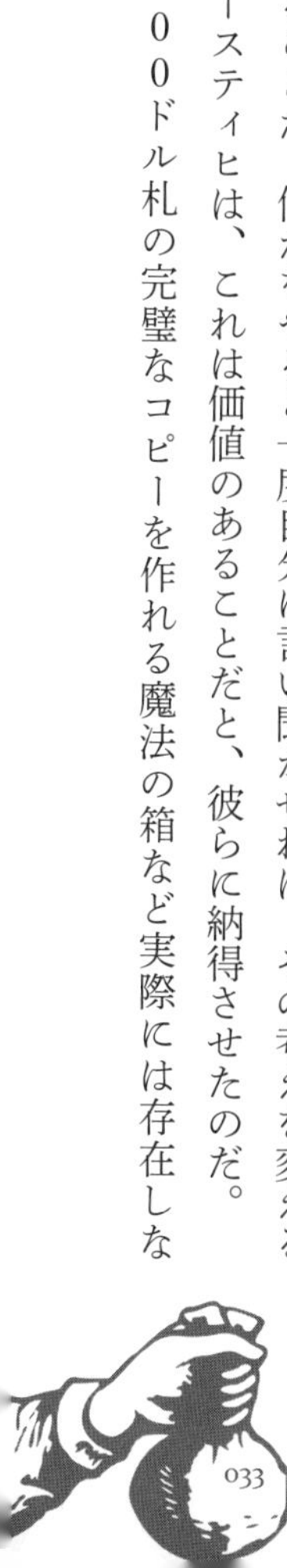

かった。箱から出てきた「コピー」は、ルースティヒが急ごしらえした機械に自分でセットした本物の100ドル札だ。人々は欲に目がくらみ、200ドルしか入っていない機械に何万ドルも払ってしまう。ルースティヒの詐欺の優れた点は、これら2枚の紙幣を作成するのに12時間もかかるところで、カモになった人々が金を騙し取られたと気づいたときにはもう、ルースティヒがおさらばしてから半日も経っていたということになる。

ニューヨークで長居をして嫌われた後、ルースティヒはシカゴで腕試しをすることにした。1920年代、アル・カポネはウィンディ・シティ（シカゴのニックネーム）で密売など違法な商売を行っていた。大胆不敵なルースティヒはシカゴに到着すると、悪名高きギャングのボス、カポネのもとを訪ね、その縄張りで活動するべく承認を得ようと決めた。ルースティヒは、ある大規模な取引をうまくやり遂げるため5万ドルが必要だとカポネに語り、たった2か月であなたのお金を2倍にできると約束した。スカー・フェイスとして知られる男は「いいだろう伯爵、その言葉どおり、60日で金を倍にしてもらおう」と言った。2か月後、ルースティヒは再びカポネの前に現れ、許しを請うた。一攫千金を狙った計画は失敗に終わったと。カポネは大激怒だ。怒りを爆発させようとしたそのとき、ルースティヒは犯罪組織のボスに最初に出してもらった5万ドルを差し出して言った。「あなたのお金、耳をそろえてお返しいたします。重ね重ね、心よりお詫び申し上げます。こんなお恥ずかしいことはございません。事はわたくしが思っていたようにはうまく運びませんでした。あなたのためにも、わたくし自身のためにも、お金を倍

にして差し上げることができたらどんなによかったか。わたくしにお金が必要であることを主はご存じなのですが――計画は実現しませんでした」[4]

カポネは、10万ドル戻ってくるか、1セントも戻ってこないかどちらかだと思っていたので、あんたの正直さに驚いた、とルースティヒに語った。とにもかくにも、地球上で最も悪名高きギャング、カポネがルースティヒを大目に見ただけにとどまらず、この伯爵が商取引で有利なスタートを切れるよう、10万ドルの札束から5000ドル分を数え、彼に与えたのだ！　そして、ここに話のオチがある。そもそもルースティヒは金の倍増計画を練ったことさえなかったのだ。5万ドルは1か月間ずっと金庫に保管されていた。最初からルースティヒの計画はギャングのボスの信頼を得ることであり、これぞまさしく彼が成し遂げたことだった。もちろん、ルースティヒはこの策略を実行するために正直な男を演じていたにすぎない。彼はかつてこう述べていた。「わたしは正直な人間が我慢ならない。彼らは退屈極まりない絶望的な生活を送っている」[5]

エッフェル塔を売る

何度か警察沙汰を起こしたあと、ルースティヒは詐欺師人生から足を洗うため、最後に一発当ててやろうと思っていた。アメリカの当局は彼のおふざけぶりに気づいているため、ルースティヒはメイン・ディッシュをものにするべくパリに向かった。そしてパリに戻ったころ、地

元の新聞には有名なエッフェル塔の荒廃に関する多くの記事が載っていた。ルースティヒの頭の中でアイデアがひらめいた。彼は自分のために偽の政府の役割を作り出すことに取りかかり、フランスの公式印章で仕上げた自分の文具と名刺をそろえた。さらに、政府の役職のように聞こえるが、完全にでっち上げの「郵便電信省審議官」という肩書きまで用意した。今回もパリの最高級ホテルを使うことにして、コンコルド広場に立つ石造りの宮殿、オテル・ドゥ・クリヨンで商売を始めた。そして秘密のビジネスを提案するため、豪華なホテルにパリの最大手の金属スクラップ業者が集められた。

「技術的な欠陥、費用がかさむ修理、それと、わたしには論じられない政治的問題が原因で、エッフェル塔の解体命令が出ているのです」。静かなホテルの一室に集まった業者たちに、ルースティヒはこう語ったという。それから伯爵は、エッフェル塔が最高入札者に売却されることを知らせ、少人数の業者集団を大いに驚かせた。テーブルに着いていた者の多くは信じられないといった様子だったが、ルースティヒは、この取引で利益を出せれば、政府は市民からの抗議を最小限に抑えられると言って彼らを安心させた。[6] 高さ約３００メートルの建造物には７０００トンを超える鉄と、それをつなぎとめる２５０万個のリベットが含まれており、これだけの量の金属があれば、塔を解体して部品を売却した業者には、ひと財産入ってくる計算になる。取引のプロセスに真実味を加え、事業の規模をはっきり理解できるよう、業者たちはエッフェル塔のツアーにも連れていかれた。

関係者は秘密厳守を約束し、翌朝までに入札を行うことになった。ルースティヒはカモたちに、政府はエッフェル塔の解体に対する一般市民の抗議を恐れ、このことを口外してほしくないと思っていると告げた。入札は関係者全員を対象に行ったが、騙しやすそうなある人物が締め切りのかなり前に選び出されていた。アンドレ・ポワソンはこの地域ではどちらかといえば新顔で、名を上げようとしているところだった。フランス史上最大の金属スクラップ計画の入札で勝てれば、名を上げるのにこれ以上良い方法はないではないか。数日後、ルースティヒはポワソンに、実はあなたの入札額25万フラン（現在の約100万ドル）で落札されたと知らせた。自分が入札を勝ち取ったとわかると、ポワソンはようやく計画そのものに警戒心を見せるようになった。そこでルースティヒは話をまとめるため、売買を保証するための賄賂を要求した。だれもがパリの役人は皆、腐敗していると思っていたので、賄賂は、取引を合法的に見せるためのとどめとなった。[7] ポワソンは話に乗った。

ルースティヒは現金を確保すると、売却を確定するための「公式」な書類を手渡した。その後、ポワソンはエッフェル塔の所有権を何度も主張してみたが失敗し、それでようやく自分が騙されていたことに気づいた。だが、そのときにはもうルースティヒは国外へ逃げていた。しかし、エッフェル塔を売ろうとした男のニュース記事が出るのを待っていると、おかしなことが起きた。記事がまったく出なかったのだ。初めは混乱したものの、ルースティヒは最終的に、ポワソンは騙された自分を恥じるあまり、面目を保つべく、当局へ訴えることはしなかったの

だと悟った。ルースティヒは今の栄光に満足せず、パリに戻ってもう一度エッフェル塔の売却を試み、自分の運を試してみることにした！　だが今回はそれほど幸運には恵まれなかった。見込み客が金を渡す前に警察に行ってしまったからだ。そして、ルースティヒは再び国外逃亡を余儀なくされた。[8]

アメリカに戻った伯爵は、5年間で偽造スキルに磨きをかけ、手にした金額は230万ドル以上に及んだ。警察がついにルースティヒを逮捕したとき、彼はもうひとつたくらみを用意していた。判決を待つあいだ、まさに映画の一場面と言うにふさわしい脱獄をやってのけたのだ。盗んだワイヤーカッター（どうやって手に入れたのかはだれも知らない）を使って3階の窓を開け、シーツを9枚結び合わせたものをロープ代わりにして、下まで降りたのだが、唯一の問題は、ニューヨーク市の11番街に100人ほどの群衆がいて、彼が降りてくるのを見ていたことだった。人々が怪しんでいると気づいたルースティヒはポケットから布切れを取り出し、自分は清掃員で、窓を拭きながら降りている途中なのだというふりをした。そして足が地面に着いた途端、群衆に会釈をして逃げていった。[9]

当局はついに悪名高き詐欺師に追いつくと、万全の策を講じ、この新たな囚人を20年の刑でアルカトラズ刑務所に送った。ルースティヒの死亡診断書には氏名がロバート・V・ミラーと記載されていたが、今日まで彼の正体や本当の出身地を知る者はいない。パリ当局がエッフェル塔の契約を1915年まで延長したのは1906年になってからのことで、長い年月を経

て、塔はようやく、恒久的にパリの壮大な景観の一部となった。[10]

だれもがセールスマン

映画『グラディエーター』で、ラッセル・クロウ演じるマキシマスが、かつて一流の剣闘士(グラディエーター)だったプロキシモに大闘技場で勝つ方法について助言を求める。

マキシマス：わたしの望みを聞いたな。わたしも皇帝の前に立ちたい。あんたのように。
プロキシモ：では、おれの話を聞け。おれから学べ。おれが名剣闘士となったのは、早くとどめをさせたからではない。観衆に愛されたからだ。観衆の心をつかみ、味方につけろ。そうすれば自由を勝ち取れる。
マキシマス：観衆の心をつかんでやる。彼らが見たこともないような勝負をしてみせる。

ある試合に勝利したあと、（あっけにとられている観衆に）マキシマスはこの映画で最も印象的なセリフを叫び、人々の心をつかむ。

「**貴様ら、これが楽しくないのか!?**」

マキシマスは有能な戦士であり、聡明な戦略家だったが、成功するには自分を売り込む必要があった。ルースティヒが他に類を見ない詐欺師に数えられるのは、実証済みの売り込み戦術で観衆の心をつかむすべを心得ていたからだ。ルースティヒは夢や簡単な解決法、楽に金儲けをするチャンスを売り込んでいたのであって、彼の詐欺に関連する実際の製品やサービスはさほど重要ではない。ルースティヒはある意味エンターテイナーでもあり、自分が標的とする人々をよく理解していたから、彼らが望むものを提供した。ルースティヒの人生の唯一の目標は、他人を騙して金を巻き上げることだったが、彼の販売プロセスへのアプローチの仕方から学べるいくつかの教訓がある。

ほとんどの買い手は、セールスマンはいつも人の金をむしり取ろうとすると思い込んでおり、販売を職業とする人たちはその点でいわれなき非難を受けている。だが、人生のたいがいのものごとには販売の要素が関わっている。いい仕事を見つけるのは、自分と自分の長所を売り込むこと。配偶者を見つけるのは、自分の魅力を婚活市場に売り込むこと。あなたが自分の考えや気にかけているアイデアを提案するには、あなたの意見が重要だと他者に納得させる能力が求められる。必要とされる経験がない状態で、初めて実社会に出るとなればなおさらだ。仕事を見つける場合、近ごろは人脈が大きな役割を果たすため、仕事の機会を得るには、あなたに代わって売り込みをするよう他者を説得する能力が必要となる。

売り込みのプロセスのうち、覚えておくべき最も重要な側面をいくつか紹介しよう。

◉自分の聴衆を知る。映画『マルコムX』の制作時、撮影を始める前からスパイク・リーには予算オーバーになることがわかっていた。スタジオに3時間分の映画を撮る予算はなかったが、リーは3時間の映画を撮りたかった。リーにはもとの予算から、監督料１００万ドルが支払われていたので、彼は全額を映画の制作費に戻すことにしたが、それでも十分ではなかった。納得のいく映画を作るため、予算の不足分を確保するには、エンタテインメントやプロスポーツ界の著名人に電話をかける必要があるとわかっていた。そうすれば、ニュージャージージーのジャージージーショアに南アフリカを再現するのではなく、南アフリカで重要なシーンを撮影できるようになる。

リーは、オプラ・ウィンフリー、プリンス、トレイシー・チャップマン、ジャネット・ジャクソンなどから資金を確保することができた。最後に電話をかけたのは、史上最高のバスケットボール選手と言ってもいいマイケル・ジョーダンだった。ただし、リーはまずジョーダンのライバル、マジック・ジョンソンに連絡した。ジョンソンは必要な金額を尋ね、リーがそれを伝えると、ジョンソンはすぐにお金を送ってきた。ジョーダンが地球上で指折りの負けず嫌いだと知っていたリーはこう認めている。「たまたま口を滑らせて、マジックが小切手に書いた金額を言ってしまったんだ」。ジョーダンは「マジックがいくら出したって⁉」と言い、負けじとジョンソンを上回る金額を提示し、リーが納得のいく映画

が作れるよう契約を結んでくれた。[11]

人々に行動を起こさせたいのなら、まずは自分の聴衆を理解する必要がある。

◉**だれにでも売り込める。**レオナルド・ダ・ヴィンチが500年前に描いたイエス・キリストの肖像「サルバトール・ムンディ」が、2005年にある地区のオークションで再発見されたが、そこでは原画が複製画のように装われていた。[12] 2017年11月、ダ・ヴィンチのこの傑作は、史上最高額の4億5030万ドルで売却された。オークションを担当したのは美術品競売会社のクリスティーズだ。関心を集めるため、クリスティーズは鳴り物入りの一般公開を世界中で開催し、この絵画の広告と言ってもいいビデオを作成した。[13] 5億ドル近くで売れる絵画の購買者市場は極めて小規模なため、この状況は当時、一部の人々を混乱させた。

クリスティーズはかくも高級なクラブであったため、営業スタッフは潜在的購入者のリストを個人的に把握していた。修復の過程を見せ、これが象徴的絵画であるという種をまくことで、小さな億万長者クラブの人々に、ほかの人が価値あるものと評価すれば、それはもっと価値のあるものに違いないという前提で、この絵画をより高く評価させた。持て余すほどお金を持っている人々がオークションに集い、芸術に「浪費」する様子を見て、あなたは目を白黒させるかもしれないが、これはオークションにおける人間の性(さが)にすぎない。他者が価値が高いと認めると、わたしたちはそれに対して、もっと価値が高いと認識

する。これは悪循環というものだが、ある意味、この手のことはすべて、同じ仕組みで動いている。

◉**だれが情報で優位に立っているか理解する**。デジタル化以前の時代、売り手のほうが買い手よりも情報面で非常に有利だった。だがインターネットが両者の立場を公平にした。実際に今や人々はものごとを調べることができ、小型の携帯スーパー・コンピュータで製品やサービスや価格を即座に比較できるのだ。製品、サービス、アイデアを問わず、だれもが販売に携わっている。秘訣は、かつては効果があったかもしれない怪しげな販売戦術に頼らずして売り込む方法を見つけることだ。ブレア・エンスは著書『売り込みに頼らず勝つための宣言集［*The Win without Pitching Manifesto*］』で、無頓着な顧客をとにかく騙したくない人たちのために３つの販売方法を示している。

1　気づいていない人を助ける。
2　興味のある人に動機づけをする。
3　意図を持った人たちを安心させる。

エンスはこう記している。

購買心理とは変化の心理だ。したがって、売り込みとは変化の管理ということになる。最高のセールスパーソンとは、人に敬意を表し、選択する能力を持った変化の促進者だ。彼らは人々が自分の問題を解決し、機会を活用できるよう、前に進む手助けをする。そのほかのセールスパーソンは、言葉巧みに人々を説得して何かをさせる。[14]

ヴィクトール・ルースティヒは強烈なエゴで人を操る達人だったから、言葉巧みに人を説得するタイプだったことは間違いない。だがそれと同時に、だれもがするように人を理解し、信頼と説得というソフトスキルも活用した。ルースティヒは自分の偉業を決して恥じることなく、「詐欺の十戒」というリストまで書いていた。リストの3番と4番は、彼がいかにカモに気に入られようとしていたかを物語っている。

相手が政治的意見を明らかにするのを待ち、それに同意する。
相手に宗教観を明らかにさせ、同じ宗教観を示す。

わたしたちは信頼できる感じのいい人とビジネスを行うことを好むため、信頼は売り込みのプロセスにおける非常に大きな要素となる。わたしたちの祖先が小さな部族や村の中で暮らしていたころ、周りにいるのは最も信頼のおける人たちだった。そのため、わたしたちの脳は生

まれつき、信頼できそうな人たちといるほうが快適に感じるようになっている。だが残念ながら、これは両刃（りょうば）の剣（つるぎ）だ。最も信頼できそうな人たちは、あなたにつけ込む能力を持っている人でもあるからだ。信頼はしても、真実を確認しなくてはいけない。

第3章

手っ取り早く稼げるお金

比べることで喜びは奪われる
――セオドア・〝テディ〟・ローズヴェルト（第26代アメリカ合衆国大統領）

アメリカ人は毎年、映画のチケット、音楽、プロスポーツのイベント、ビデオゲーム、書籍にかかる金額を合わせたよりも多くのお金を宝くじに費やしている。[1]ギャラップ世論調査によると、ある年にはアメリカの成人の半数以上が宝くじを買っている。[2]当たる確率が非常に低いにもかかわらず、人々が宝くじを買うのには、数々の行動的、心理的理由がある。成功まであと一歩の失敗と実際の成功は脳のまったく同じ領域を活性化するため、当選番号と近い数字がちらほらあった人たちは宝くじを買い続ける。なぜなら、あと一歩のところではずれたからだ。[3]

人間の脳は、大きな数字を扱うのに苦労する。たとえば、2000人にひとりの確率と3億人にひとりの確率の違いがなかなか理解できない。

宝くじで1等を当てる可能性は天文学的に低いが、降って湧いたたくさんのお金で何をするか夢見るのはいつだって楽しい。あなたは賞金で何かいいことをするかもしれない。借金を返すかもしれない。新しい家を買うかもしれない。困っている人を助けるかもしれない。夢に見た休暇に出かけるかもしれない。だが、賞金を使い果たしてしまう可能性も高い。調査によると、実は、宝くじで5万ドルから15万ドルを当てた人たちは、平均的なアメリカ人と比べて、3年から5年以内に自己破産する可能性が高いのだ。[4] それに、宝くじの当選者が賞金の多くを蓄えておくことはめったにない。ある研究により、宝くじの当選者は、獲得賞金1ドル当たり16セントしか貯蓄に回していないことがわかった。[5] 16パーセントの貯蓄率はほとんどのアメリカ人の貯蓄率より高いが、これはつまり、賞金1ドル当たり84セントが浪費されたということでもある。

宝くじで大儲けをし、結局、その金を全部使い果たしてしまった人たちの話は無数にある。ウィリアム・〝バッド〟・ポストは、1988年に宝くじで1600万ドル以上当てた。だが人が思うほど、その金は彼の助けにはならなかった。ポストは、賞金の分与を求めて訴訟を起こした元妻のひとりに金を払い、賞金の約3分の1を失った。それから実の兄弟がポストの金を目当てに殺し屋を雇った。幸い、暗殺は未遂に終わり、計画が実現することはなかった。だが残念ながら、弁護士費用と抑えが利かなくなった浪費癖によって棚ぼたの幸運はむしばまれ、ポストは当選から1年と経たないうちに破産申請を余儀なくされた。そして社会保障とフード

スタンプに頼って暮らし、2006年に亡くなった。ポストは宝くじに当選したことについてこう述べている。「当選などしなければよかったと思う。あれは悪夢そのものだった。破産してからのほうがずっと幸せだった」[6]

公認ファイナンシャル・プランナー（CFP）資格認定委員会によると、宝くじ当選者のほぼ3分の1が破産宣告をしている。これらの当選者は、大金を当てる前よりも悪い状況に陥っていた。また、宝くじの当選者は、薬物依存やアルコール依存、うつ病、離婚、自殺、家族との不和に陥りやすいことも示されている。[7]

宝くじ当選者の隣人でさえ、平均的世帯より破産する可能性が高くなる。連邦準備銀行の研究者によると、カナダの宝くじ当選者の近隣住民は支出が増え、借金が増え、投機的投資により多くの金を投入し、最終的に破産を申請する可能性が高いことがわかった。そして、当選金額が大きければ大きいほど、近隣に住む他者が破産する可能性は高くなる。[8]

ここで解明すべきことはたくさんあるが、手っ取り早く手に入れたお金がもたらす主たる問題のひとつは、手に入れたばかりの富に順応する時間がないことだ。ほとんどの人は、こつこつ貯金をしたり、長い時間をかけて給料を増やしたりしながら、一生をかけてゆっくり蓄えを築いていく。収入や富が徐々に積み上がっていくため、状況に適応する時間が取れる。あっという間に多額のお金を手に入れた人には、このような適応期間がない。というわけで、夢を見るのは楽しいかもしれないが、手っ取り早く手に入れたお金とともに手にした新たな責任を、だれもが果たせるとは限らないのだ。

富とは、あなたが稼ぐお金と費やすお金の差に過ぎないのだから、時間をかけて富を築くための秘策は、収入増に伴うライフスタイル・クリープ（自由に使える所得が増えるにつれ、より高価なものを買うようになり、レベルアップしたライフスタイルが「普通」になること）を回避することだ。このライフスタイル・クリープが、実に多くの宝くじ当選者が破産する理由のひとつとなっている。彼らのライフスタイルは、手にした大量のお金よりも指数関数的に拡大する。これは、多くのプロ・アスリートが金銭問題に直面する主な原因のひとつでもある。そして、あなたが大金を稼いだ場合、とくに若くして稼いだ場合、手にしたばかりの富を食い物にしてやろうと、金融業界のハゲタカが周囲をうろつくはずだ。カーク・ライトがやってくる。

最小限の労力で大きな利益を約束

ＮＦＬの中位の選手は現役中にざっと３２０万ドルを稼ぎ、現役生活は平均で約３・３年続く。これは、多くの人の生涯賃金より多いが、競技用パッドをハンガーに掛けたあとの選手がなんとか生活していくには必ずしも十分ではなかった。残念ながら、プロのアメフト選手のほぼ5人にひとりが、リーグを離れてから12年以内に破産を申し立てている。そして、破産の多くが、引退直後に起きている。

あるエコノミストのグループが、１９９６年から２００３年のドラフトで入団した

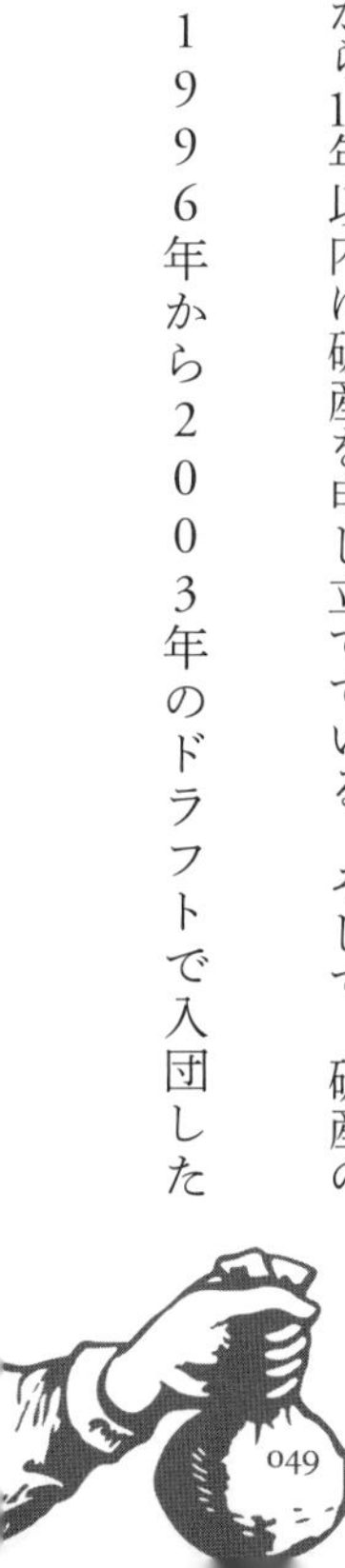

2000人以上の選手に関するデータを収集し、彼らの収入と破産申請のデータを追跡した。法外な支出、貯蓄不足、高レバレッジの投資が失敗したことが相まって、引退後2年ほどすると選手たちの破産が始まる。これらの数字は収入のレベルや競技期間にも影響を受けていなかった。研究の著者は「さらに、破産率は選手の総収入やキャリアの長さの影響を受けない。長期間プレイし、高給であったことは、破産するリスクに対してあまり保護策にはならない」と述べている。[9]

スティーヴ・アトウォーターは、何百万ドルもの収入を使い果たした人たちと同じ罠にはまりたくないと思っていた。NFLデンバー・ブロンコスの選手だったアトウォーターは、プロボウル（オールスターゲーム）に8回出場し、スーパーボウルで2回チャンピオンになっている。アーカンソー大学では、カレッジスポーツとしてアメフトをプレイしながら、銀行業と金融を専攻していた。10年以上プロとして活躍し、その後、引退してから数年のあいだは株に手を出したが、結局、投資は外部のプロに委託することにした。[10]

アトウォーターはあるとき、不動産投資を販売していたアドバイザー、ドナルド・ルーケンスのせいで金融詐欺の被害者となった。ルーケンスは資産価値を水増ししたり、法外な手数料を取ったり、特定のプロジェクトについて嘘をついたり、自分の見え透いた言い訳のつじつまを合わせるために投資家から投資家へと資金をたまに移したりすることによって、アトウォーターのほか、200人ほどの投資家を騙していた。アトウォーターはそこそこの大金を失ったが、ある不動産を完全所有することになったのはせめてもの慰めだった。だが次の投資機会では、それほど幸運には恵まれなかった。[11]

アトウォーターが投資顧問を探していたちょうどそのころ、アトランタのあるウェルス・マネジメント（富裕層向けに資産運用、不動産管理、投資管理などを包括的にサポートする金融サービス）会社が、ＮＦＬの多くの現役選手と元選手の関心を引こうとしていた。

２００３年、カーク・ライトのウェルス・マネジメント会社、インターナショナル・マネジメント・アソシエイツ（ＩＭＡ）は、ＮＦＬ選手会（ＮＦＬＰＡ）の公認ファイナンシャル・アドバイザー・プログラムで、だれもが欲しがる地位を得た。ＮＦＬＰＡの事前承認済みリストに載ったことにより、ライトは世界で最も高給取りのプロ・アスリートに確実に近づけるようになった。このリストに載っただけで、信用がすべてとなるビジネスにおいて、信用の要素が加わったのだ。

ライトの会社は、前の年に起きたウィリアム・〝タンク〟・ブラックのスキャンダルに対応する形でプログラムに加わった。ブラックは選手から投資顧問へ転身したが、ＮＦＬの選手から１２００万ドルを騙し取った罪で有罪判決を受けていた。リーグが公認ファイナンシャル・アドバイザーのリストを選手に提供するようになる前、ＮＦＬＰＡのある調査で、１９９９年から２００２年までのあいだに78人の選手が４２００万ドル騙し取られていたことがわかった。[12]だがこの詐欺事件も、ＩＭＡのライトが元選手やほかの投資家から金を騙し取ったころに

はもう、子供だましに思えるようになるのだった。[13]

ライトはハーヴァード大学の修士課程にいたころ、クラスメートの資金をプールし、小規模で資金運用の仕事を始めた。卒業後は主に友人や家族のために金の運用をしていた。南西部の裕福な友人や知人とコネのあるふたりの麻酔医とパートナーシップを結ぶと、ビジネスは成長し、何百人もの裕福な顧客がライトに投資する契約を結んだ。そしてIMAが本格的に始動した。[14]

ライトは洗練されていて、話し方も上品で、投資家が聞きたいことを正確に伝えるコツを心得ていた。顧客や見込みのためにセミナーを主催し、アトランタ・ファルコンズの試合があるときはホテルの接待用スイート・ルームを用意し、自身の大邸宅でプライベート・パーティーを催した。投資家への売り込みは実にシンプル――最小限のリスクとわずかな労力で莫大な利益を得られます。だれだって変動のほとんどない投資で楽に儲けたいではないか。IMAが推奨する投資方法は空売りだった。株価が下がることに賭けて証券会社から株を借り、すぐに売って現金化し、将来、株価が下落したところで買い戻し、差額で利益を得るという戦略だ。[15]

IMAの販促資料の内容はあいまいだったが、投資家たちはそれほど気にかけていなかったと思われる。というのも、宣伝されているリターンに非常にうまみがあったからだ。ライトは年間の利益率は20～25パーセントになると言っていた。ハウス・アカウントと名づけられたファンドのひとつは、投資家に月10パーセントのリターンがあるとうたっていた！　多くの機関投資家は、年平均10パーセントのリターンがあるなら人殺しも惜しまないと言うだろう。[16]　月

10パーセントなど、この世のものとは思えない。年間に換算すれば213パーセントを超えてしまう！　そして、IMAのプレゼンテーション資料は、これらのリターンが当然の結果であるかのように思わせる内容だった。

ジョン・ピアポント（JP）・モルガンはこう述べたと言われている。「隣人が金持ちになる光景ほど人の金銭的判断を著しく妨げるものはない」。これはどのグループよりも富裕層に当てはまる真実だ。なぜなら、お金をたくさん持っている人たちは、身分や地位というものに関して、大多数の人より不安に感じやすいからだ。あなたがたくさんお金を持っているときでさえ、あなたより裕福な人は必ず存在する。大きな金を動かす意思決定をするとき、金持ちは自分なりにデュー・デリジェンス（対象となる投資先の価値やリスクを精査すること）を実施していると思うだろうが、口コミや嫉妬や羨望が健全な投資計画に勝ってしまうことはよくあるのだ。企業の経営者、退職者、医師、プロのアスリートは皆、IMAこそ金持ちが大金持ちになるためにいく場所だと言われていた。そして彼らは皆、仲間に入りたがった。何の疑問も持たずに。

ライトが最低な投資家で、紛れもない詐欺師であるという単純な事実により、プレゼンテーションの資料で約束された利益が生じることは決してなかった。推奨された取引は赤字になるか、でっち上げたものだった。つまり、ライトの贅沢（ぜいたく）な暮らしぶりを維持する金はすべて、ファンドの新しい投資家から集めた資金が当てられていたのだ。自分のものではないお金を使うのは簡単だ。だからライトは20万ドルのランボルギーニを購入し、自分の結婚披露宴に50万ドル

も の大金を投じて盛大なパーティーを開き、100万ドルという多大な金額をかけて家をリフォームし、アップグレードした。

IMAに投資したアトランタ地区のふたりの麻酔医は、ライトと彼のチームが連絡を断ち、メールの返信が来なくなると、ようやく疑念を抱くようになった。彼らは訴訟を起こし、それは証券取引委員会が介入することを意味した。証券取引委員会はライトを告訴し、2006年の初めに業務を停止させた。1億5000万ドルから1億8500万ドルにもなる顧客の資金はほぼ全額回収不能だった。ただ……消えてしまったのだ。[17] 当局がついに逮捕したとき、ライトはマイアミのリッツ・カールトンにいた。どうやら、そのときすでにノースカロライナで新しいビジネスの登録をしていたらしい。当然のことながら、さらに多くの人から金を騙し取るために。[18]

IMAに投資したとき、アトウォーターは貯金、退職金、さらには子どもたちの信託基金からお金を手渡していた。ライトに対する起訴状には、ほかにも6人の元NFL選手が名を連ねており、それは主にアトウォーターの友人だった。詐欺が明るみに出たあと、アトウォーターは「親友を引き込んでしまった。お金を失ったことよりそっちが辛い」と打ち明けた。ライトは悪巧みのために自分の母親の金まで巻き上げていた。ライトが行った実際の取引について規制当局が徹底的に調べたところ、株の空売りをする一方、実際に行った取引では、文字どおりどれを取っても、損をしていたことが判明した。会社の会計簿や財務記録もこれといったもの

はなかった。確定申告書もなかった。唯一見つかったのは、「必要経費」と書かれた、取引とは関係ない勘定項目だった。ライトは投資家の金をその項目に移してから、自身の贅沢な暮らしをカバーする小切手を切っていたのだろう。[19]

ライトは詐欺と窃盗、計４件の罪で有罪判決を受けたが、その後、刑務所で自殺した。約５００人の顧客から調達した推定１億５０００万ドルから１億８５００万ドルの資金のうち、ＦＢＩが見つけた現金はわずか２万８０００ドルだった。ライトの資産と不動産の一部を売ることはできたが、大多数の顧客は彼に渡した金のほぼすべてを失った。取引による損失は総額で約３１００万ドルに上り、残りの資金はほかの投資やプライベートの出費で失われた。[20]ライトは史上最悪の投資家のひとりとして名を残すことになるかもしれない。

信用が行き過ぎたとき

人々はライトを信用した。なぜなら、彼のサービスを推薦した友人、チームメート、同僚を信用したからだ。裕福になったからといって、自分の資産に注意を払うことから免除されるわけではない。それどころか、金持ちは常に、強引なセールスマン、詐欺師、ペテン師の標的にされるため、金を手にした人たちは自分の財産管理により注意を払う必要がある。ウィリアム・バーンスタインはかつて、「裕福な人たちは、あなたやわたしと同じではない。彼らには富を奪い取られる手段がたくさん存在する」と記した。外部の専門家に委託することはできるが、判

断を他人任せにしてはいけない。それが自分の資産に関することであればなおさらだ。宿題を怠ったがためにお金を騙し取られた例は無数にある。

ＮＢＡ（全米プロバスケットボール協会）の殿堂入りを果たしたテレビ・スター、チャールズ・バークレーは、ドナルド・ワトキンズという男に６１０万ドルを投資した。長年、自分のファイナンシャル・アドバイザーを務めているグレン・ガスリーに相談もせず金を送ってしまったのだ。ガスリーには契約条項に目を通したり、投資関係の書類を精査したりする機会が一度もなかった。「あれがチャールズのやり方だったとしか言いようがない」とガスリーは言う。「［バークレーは］だれかを信用すると、全面的に信用してしまう」。ガスリーによれば、バークレーは「これはおれのものであり、おれの投資だ。おれはこれをやりたい」と言ったという。[21]

バークレーがその金を見ることは二度となかった。ワトキンズは銀行詐欺を共謀していたことが判明し、最終的に法廷で有罪判決を受けた。彼は投資家を騙し、自分は秘密の億万長者だと信じ込ませていたが、とんでもない。実際には、クレジットカードの負債、滞納税、残高がマイナスになった銀行口座を抱えて苦しんでいた。それで現金不足を補うため、プロのアスリート、銀行、友人、それにガールフレンドまで騙して金を出させていた。ワトキンズは、マサダという環境に優しい廃棄物処理会社の設立で忙しくしていると主張した。会社が設立されることはなかったが、ＮＦＬやＮＢＡの元選手を含む投資家たちに「いい投資がある」と売り込む際には、いろいろな事実が邪魔にならないようにごまかしていた。

ワトキンズは、ＮＦＬの元選手ふたりに、こんなことまで言っていた。「まずわたしがお金を預かり、それから友達にお金を手に入れてもらおうってことです。友情はお金より価値がありますからね。昔からそうだし、これからもそう。覚えておいてください」。これは嘘だった。預かった金はマサダの資金に使われることもなければ、そのような目的で預かったものでもなかった。会社はそもそも、ワトキンズのものでさえなかったのだ。[22]

サービス関連のビジネスでは、サービスが本質的に無形の財産であるため、大きな信用という要素が必ず絡んでくる。とりわけ金融サービス業界では、信用が将来への約束となる。しかし、ある人物が信用できるように見えるからといって、盲目的にその人のアドバイスを聞いてもいいということにはならない。やはり投資の判断をするときにはデュー・デリジェンスを実施し、自分がやろうとしていることを正確に理解し、自分が何に出資し、なぜそれに出資するのかわかっている必要がある。世の中には、価値ある投資機会よりも、口のうまいセールスパーソンのほうがはるかにたくさんいるのだ。そのときの状況に応じて考え、行動しなくてはならない。

宿題をする

ジム・チェイノスは、おそらく史上最も有名かつ成功した空売り投資家だ。チェイノスは１９８５年にキニコス・キャピタル・パートナーズを設立し、周知のとおり、２００１年に破

綻する前のエンロンを空売りした。しかし、ウルサスという長く続いている短期ファンドに代表されるチェイノスの短期投資がその間に出した損失は、年わずか1パーセント未満だ。[23] キニコスにはもうひとつ主力の募集ファンドがあり、これはレバレッジを利用して、資本の190パーセントで買い持ち、資金の90パーセントで売り持ちをする。空売りで下落に備えておけば、買い持ちの上昇待ちでより多くのリスクを取ることができるという考え方だ。よい子はまねしてはいけないが、報じられているところでは、このファンドは開始以来、S&P500で利益が倍増しているため、チェイノスにとっては明らかに効果があがっている。

しかし、史上最高の空売り投資家のひとりが、空売りで常に儲けているわけではないという点は注目に値する。市場は通例、長期にわたって上昇するという単純な事実により、空売りは金持ちになる方法というより、リスク管理のツールだった。株の空売りは、儲かる戦略のように聞こえるかもしれないが、実際に掘り下げて研究してみると、時間をかけて上昇する株式市場において、敗者を選んで株を買うことがいかに難しいか悟るだろう。

市場で儲けるのは決して簡単なことではなく、あなたに簡単だと言う人はだれであれ、自分自身を(さもなければ十中八九あなたを)を騙している。しかし、必要な時間と労力を費やし、あなたのお金があなたに代わってどのように管理されているのかを理解しなければ、このゲームはさらに難しくなる。ライトは株式市場で成功するための秘密のレシピを持っていると言ったが、実際にその秘密を投資家と共有したことはなかった。これは、投資ビジネスにおける、いわゆる危険信号だ。

多くの人は、プロのアスリートは自分のお金で何をしているのかわかっていないと思い込んでいる。何と言っても彼らは25歳になるころにはもう、大多数の人が生涯のうちに拝めたらと夢見る金額よりさらに多くのお金を稼いでしまう。だが、ライトの詐欺はプロのアメフト選手ばかりで成り立っていたわけではない。ほかにも、お金を渡してしまった博士や医者、有能な実業家がたくさんいた。過去に大金を稼いだ事実は、将来、お金を稼ぎたい人に起こり得る最悪の事態のひとつとなり得る。これは、わたしたちが自分の能力を過信し、成功は自分のスキルのおかげ、失敗は不運のせいにするためだ。

ジム・ポールは、シカゴ・マーカンタイル取引所のピットに立つ若き先物トレーダーで、当時、取引所の人々は妙な上着を羽織って注文を叫び合っていた（エディ・マーフィとダン・エイクロイド主演の映画『大逆転』を思い出してほしい）。ポールは若くして巨額の金を稼ぎ、その後、すべてを失った。自信過剰になったからだ。後に、ポールは自身の著書『１００万ドル失って学んだこと［*What I Learned Losing a Million Dollars*］』でこのエピソードを思い起こし、次のように説明している。

成功を個人のものとすることは、人を悲惨な失敗者に仕立て上げる。彼らは成功を、いいチャンスをものにした、ちょうどいいときにちょうどいい場所にいた、あるいは単に運

が良かった結果と見なすのではなく、自分が熟慮した結果と見なすようになる。

成功を個人のものとすることで、裕福な人たちは自分を無敵だと感じるようになるため、人につけ込まれる可能性も開くことになる。カリフォルニア大学サンタクルーズ校の心理学教授アンソニー・プラトカニスは、金融詐欺に遭った人たちのグループとそうではない人たちのグループを対象に、8つの質問からなるテストを行った。テストは基本的な質問だけでなく、これらの人たちの投資や市場に関する知識も試す難しい質問だった。詐欺被害者の正解率は平均58パーセント。満点ではない。だが詐欺被害者ではないグループの平均正解率は8問中わずか2問だった。つまり、詐欺被害に遭った人たちは、実は、そうではない人たちよりも投資について多くの情報を得ていたのだ。プラトカニスはこう結論づけた。「だれもが騙される。しかし、最も騙されるのは最も見識ある人たちだ[24]」

金融詐欺師が発揮する捕食者としての習性に関していえば、プロのアスリートや宝くじ当選者の背中には間違いなく的がついている。これはお金を持っている人ならだれにでも当てはまる。強引なセールスマンや怪しげないんちき薬のセールスマンは富裕層にいる人々を差別しない。お金を持っているなら、自分がどんな人物と仕事をするのか、何に投資するのか、そしてお金に関する重要な決定をするときは、ありそうな盲点に注意する必要がある。あなたのお金を心配する人はあなた以外にいないのだから。

第4章

知ってのとおり、これが世界の終わり

人はランダム性に抵抗し、市場は予言に抵抗する。
——マギー・マハール（アメリカの金融ジャーナリスト）

１９５４年12月17日、『シカゴ・トリビューン』紙にこんな見出しが躍った。

火曜日に世界は天災に見舞われると博士が警告

同紙はドロシー・マーティンの家でチャールズ・ラヘッド博士にインタビューをした。ラヘッド博士は、マーティンが「宇宙から」メッセージを受け取ったと同紙に伝えた。博士が記者に語ったところによると、宇宙からのメッセージは、大洪水によって世界は終わりを迎えるとマーティンに知らせてきた。大洪水の直後、地球上のほぼすべての生命は存在しなくなると

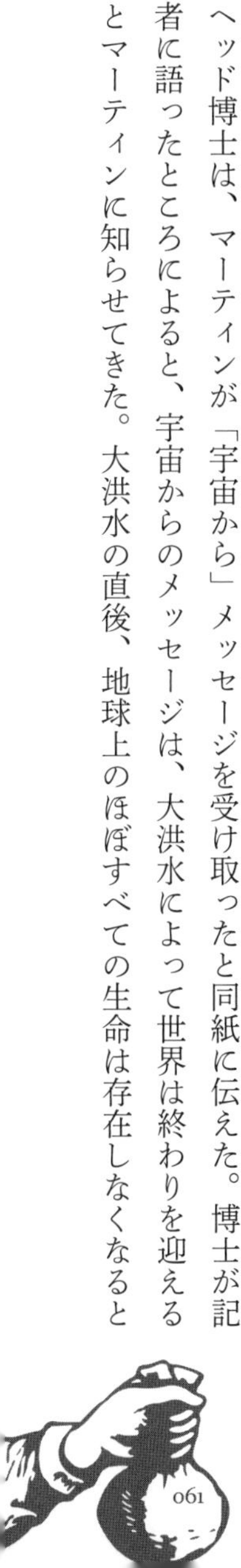

いう。ただし、マーティンの家で待機している少数の信者を除いて。マーティンは自分の支持者たちに、クラリオンという惑星の「至高の存在」がメッセージをよこし、真の信者のみ救ってやると約束してくれたのだと言って聞かせた。これらのメッセージは、地球外の惑星からやってきてマーティンの体を流れ、彼女がそれを文章にして、仲間である空飛ぶ円盤愛好家のグループに伝えていた。

ラヘッド博士はさらに説明した。「高波と火山活動があり、ハドソン湾（カナダ）からメキシコ湾にかけて地面の隆起が広がって、合衆国の中心部に深刻な影響を与えるでしょう。多くの人命が失われます。1955年にはほぼすべて失われる。世界が混乱しているのは事実です。しかし、至高の存在は、今知られているすべての陸地を沈め、今、海底にある地面を押し上げることによって、家の浄化をしてくれるつもりなのです」。博士はさらに、マーティンが至高の存在から秘密の情報を受け取ったと説明した。それは、マーティンのグループをこの大異変から救うため、至高の存在が宇宙船を送るという情報だった。

『トリビューン』はこのような予言をあまり信用していなかったのだろう。というのも、その日の新聞には三面に短い記事が掲載されただけだった。だがマーティンの支持者が彼女の言葉を心から信じていたことは間違いない。マーティンは信者たちに、わたしの教えに従っている限り、あなたたちは生き長らえると告げた。30人ほどのグループは、この大きな目的を達することにのめり込むあまり、持ち物をすべて売り払ったり、仕事を辞めたり、準備のために学校を辞めたりした。クリスマス・イブにはマーティンの家の外で腰を下ろし、聖歌を歌いながら、救済者の到来を待ちわびた。残念ながら、このグループが星間高速道路でヒッチハイクをするべく外で待つように言われたのはこれが4回目だった。毎回かたずをのんで待つのだが、彼らの宇宙船が到来することは決してなかったのだ。[1]

　宇宙船が現れないと、マーティンはそのたびに、来るのが遅れている理由がエイリアンから中継されてきたと言って、そのメッセージを信者に知らせた。いつも、もっともらしい理由があったため、信者は予言が実現しなかったたびに、今回は予行練習だったに違いないと自分に言い聞かせた。マーティンはグループの人々に、「守護者」はクリスマス・イブの真夜中に彼らを迎えに前庭の芝生へやってくることになっていると告げた。それが実現しなかったとき、彼らはマーティンの家の居間にじっと座っていた。混乱し、わらにもすがる思いで、エイリアンの兄弟たちが時間になっても現れなかった理由を考え出した。最初は言葉を失っていたマーティンだが、ようやく気力をかき集め、グループの人々にこう告げた。皆がこれほど多くの光を放ってくれたから、神が世界を滅亡から救ってくれたのだと。これはクリスマスの奇跡だ！

　メンバーは自分の姿を鏡で見て、終末予言は間違っていたと気づく選択もできたかもしれない。だがそのためには、これまで自分が取ってきた異様な行動、自分が信じてきたことすべてが誤りだったと認める必要があった。自分が間違っていると認める可能性と、もっといい言い訳を探す可能性に直面した場合、たいていの人はさっさと言い訳を探そうとする。予言が当た

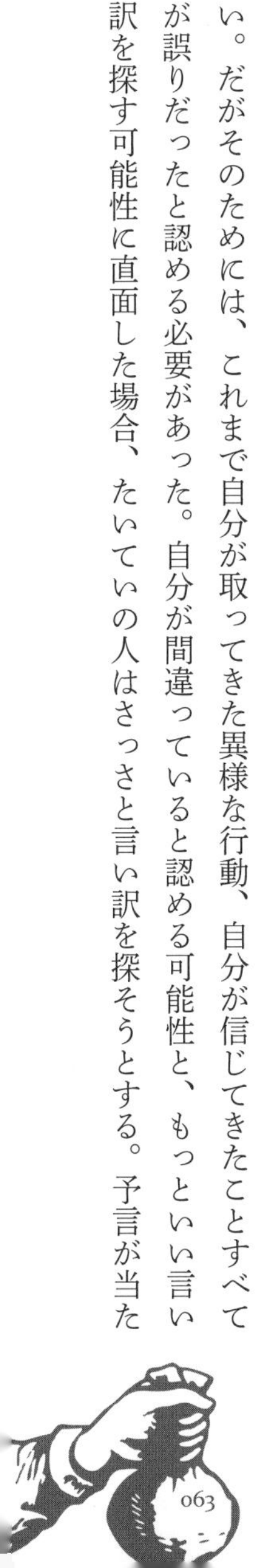

らなかった数時間後、ラヘッド博士は次のように述べた。

私は遠くへ行かなければなりません。私はもうほとんどすべてを捨ててきたのです。あらゆる絆を断ち切りました。すべての橋を燃やしてしまったのです。私は世界に背を向けたのです。もう疑う余地もありません。私は信じなければならないのです。それに、他に真理などありません。[2]（『予言がはずれるとき』水野博介訳）

映画『ショーシャンクの空に』の中で、アンディ・デュフレーンは脱獄を決意する前に「必死に生きるか、必死に死ぬかだ」と言う。強い信念体系を持つ人たちに言わせれば、このセリフは「必死に生きて、なおかつ必死に嘘をつく」といったところだろう。宇宙船と洪水が出現しなかった翌日、グループのメンバーは、せめてひとつだけでも実現することを願って、次から次へと異様な予言を続けた。荒唐無稽な結末にあまりにも多くのお金をつぎ込んでいたという単純な理由から、何が間違っていたのか、自己分析することがなかったのだ。

ある者は洪水が来る前にできるだけたくさん美しいものを身に着けようと、高価な新しい服を大量に購入した。またある者は仕事を辞め、蓄えで生活していくことにした。彼らがどれほどの確信を持っていたのか、あるメンバーの言葉がそれを物語っている。「私は、洪水が21日に来ることを信じないわけにはいきません。なぜなら、私は自分のお金をほとんど使ってしまっ

たからです。私は仕事をやめました。事務計算機学校もやめました。それに、アパートは1か月100ドルかかります。私は信じなければならないのです」（水野博介訳）。彼らは地球上の生命が終わりに近づいている、自分たちは空飛ぶ円盤でやってくるエイリアンによって救われると本気で信じていたため、ほぼ全員が仕事を辞め、持ち物を処分していた。[3]

認知的不協和

認知的不協和の概念は、1950年代に心理学者のレオン・フェスティンガーが生み出した。ひとりの人物が互いに矛盾するふたつの異なる考えを同時に抱く場合、認知的不協和が生じる。この矛盾が生じると、人間の心は不快感を引き起こし、それを軽減しようとするという理論だ。自分の態度、考え方、意見にこのような矛盾が生じるたびに、心の初期設定でこの不協和は取り除かれることになる。人間は時間とともに、不快感を避けるように進化してきた。同調できない問題に遭遇すると、あまり深く考えたり、労力を注いだり、推論したりすることなく、これは間違っていると単純に分類してしまうほうがはるかに楽なのだ。たいてい頭の中でベルが鳴り、今、矛盾が生じていると警告を発するので、わたしたちは、そのような内なる葛藤を避けるため、頭に休憩を取らせるのだ。

フェスティンガーは最初の実験で、一連の退屈な課題を1時間、被験者にやってもらった。課題を終わらせた被験者は、待機中の別の被験者に同じことをさせるため、自分たちがやって

いる課題はすべてとてもやりがいがあると伝えることになった。その後、被験者はふたつのグループに分けられ、課題はやりがいがあると演技をしたことに対して、1ドルもしくは20ドルの報酬が支払われた。その結果、20ドルをもらった被験者よりも、1ドルしかもらえなかった被験者のほうが、退屈な課題をこなす経験が実は楽しかったと評価していることがわかった。報酬1ドルのグループは、自分が行った活動は楽しかったのだと自分に言い聞かせ、実際には時間を無駄にし、報酬もほとんどもらえず、それについて他人に嘘をついた事実と心の中で折り合いをつけていた。この不協和は、自分がしたことは実際より楽しかったという誤った思い込みでしか抑え込めなかったが、20ドルの報酬をもらった被験者は、お金のためにやっただけだと認識することができた。つまり、認知的不協和は自己妄想につながるのだ。[4]

ほとんどの心理学実験は実験室や教室で行われるが、フェスティンガーの研究は経験に基づいている。フェスティンガーとミネソタ大学の研究チームは、マーティンと信者の話を耳にし、これは現実世界の研究としてまたとないチャンスだと判断した。1954年の秋、マーティンの信頼を得た研究チームは、信者が集結している彼女の家に潜入し、エイリアン到来の予想に至るまでの彼らの言動を観察することができた。研究チームは、このグループが終末予言に至る過程を目撃しただけでなく、その後の様子も目撃した。研究結果は、画期的な著書『予言がはずれるとき――この世の破滅を予知した現代のある集団を解明する』に記録され、認知的不協和の研究に影響を与えた。

相手に代わりの事実（オルタナティヴ・ファクト）を提示しているときでさえ、信念を持っている人物はとくに扱いにくい。フェスティンガーはこう記している。

> たとえば、心からあることを信じている人を考えてみなさい。さらに、その人がその信念に打ち込み、それ故に取り返しのつかない行動をとったとしてみなさい。そして、最後になって、まぎれもない否定のしようもない証拠によって、その人の信念が誤りであったことがわかったとしよう。そのとき、いったい何が起きるだろう？　その人は、信念がゆらぐどころか、以前よりもいっそう自分の信念を確信して、人前に立ち現れることが多いことであろう。実際、その人は、他の人々を確信させ自分と同じ考えに改宗させようとすることに、新たな情熱を示しさえするかもしれないのである。[5]（『予言がはずれるとき』水野博介訳）

１９８０年代にある研究が行われ、特定の社会問題に関して確固たる立場を取る人々のグループが、そのテーマで4種類の議論——賛成論がふたつと反対論がふたつ——に触れることになった。賛成論、反対論ではそれぞれ、非常に説得力のある議論と、著しく信じ難い議論がひとつずつ行われた。その結果、人は自分の考え方を後押しする説得力のある議論と、自分の考え方に反する信じ難い議論を記憶している傾向にあり、その逆に当たる議論は放棄している

ことがわかった。[6]

人は、自分がすでに信じていることを後押しする議論に執着し、自分の意見に反する証拠はたとえ説得力があっても無視してしまう。さらに、わたしたちは自分の意見を強める場合に限り、信じ難い議論を探し出す傾向にある。これこそ、今、わたしが自由に使えるたぐいの情報があふれているのに、それが必ずしも人の考えを変えることにはならない理由だ。非常に多くのデータ、分析、意見、情報が手に入るため、やろうと思えば、ほぼすべての議論を自分が有利になるように作り出すことができる。ほとんどの場合、結果はどうでもいいと言っていい。なぜなら、あなたの脳はすでに、自分は正しいと確信しているからだ。あなたの脳は、目前の問題の本質に迫るよりも、むしろ議論に勝つことを望んでいる。

ふと気づくと寒さの中、空飛ぶ円盤が黙示録さながらの大洪水から自分とカルトの仲間を救い出してくれるのを待っていた、という事態には決してならないだろうが、生きているあいだに、ほかの終末予言の試みにさらされることにはなるだろう。

水の上を歩いた男

ジョー・グランヴィルは人気絶頂期にあった1980年代の初頭、投資ニュースレターの購読契約で年間1000万ドル以上の売上をもたらしていた。異彩を放つ市場の予言者は、株式市場の売買推奨を購読者に送付するサービスを売り込むため、全国を回ってセミナーを催して

いた。グランヴィルは株式市場に関するアドバイスでよく知られていたが、彼をさらに有名にしていたのは、セミナーで披露されるおふざけだった。アリゾナ州トゥーソンでのセミナーでは、水面のすぐ下に隠された厚板の上を歩いてプールを渡りだし、聴衆に「ほら、もうバレてますよね！」と言ったりするのだ。アトランティック・シティでは、埋葬布を模した紙テープをまとって棺桶で運ばれ、聴衆の前でマティーニを片手に「復活」をしてみせた。[7] 講演会のさなか、グランヴィルはよくズボンを下ろし、株価情報が書かれたトランクスを聴衆に見せていた。人形やピエロの衣装といった小道具も、楽器と一緒によく使われた。このような見世物は皆の注意を引き続けたが、セミナーの目玉は市場に関する彼の予測だった。[8]

グランヴィルは株式市場について見解を述べるにとどまらず、33通りの地震指標に従うべきだと主張した。「わたしが知ったことを皆さんも知れば、もう黙ってはいられなくなりますよ」と言い、アリゾナのフェニックスはある時点で海辺の土地と化すと予測した。厳密に言えば、この予報士は、太平洋沿岸標準時午前5時31分と正確な時刻まで伝えたうえで、カリフォルニアはマグニチュード8の地震に見舞われてもおかしくないと予測した。この予測が木星と土星と水星の直列に基づいていたことは言うまでもない。[9]

だが１９８１年１月の初め、彼の最も有名、というより最も悪名高き予測がもたらされた。グランヴィルは「早期警戒（アーリー・ウォーニング）」の購読者３０００人に、深夜に録音された電話メッセージを送信し、「全部売れ」と伝えた。翌日はそれまでのニューヨーク証券取引所史上、最大の大商いと

なり、市場は2パーセント以上下降した。そしてグランヴィルは『ニューヨーク・タイムズ』の一面を飾ることになった。だが電話のタイミングはこれ以上ないほど最悪だった。取引量がほぼ倍増する中、グランヴィルは弱気相場の予測を続け、この予測に従ったニュースレターの購読者は、1980年代初頭の急激な上げ相場に乗り損なった。[10]

1981年1月になされたグレンヴィルの悪名高き売り判断は、タイミングが悪かったせいで酷評されることが多いが、この予測の奇妙な点は、わずか数日前、顧客宛てに送られたニュースレターの最新号で、彼が「積極的に買え」と述べていたことだ。[11] 自分のやり方の誤りに気づいたあと、グランヴィルは「二度と株式市場で重大な間違いは犯すまい」と述べた。ところが、それを犯してしまうのだ。その後、80年代が終わるまで、グランヴィルのミスはヒットをはるかに上回っていた。マーク・ハルバートは数十年にわたり、数々の投資ニュースレターの成績を追跡してきた。売買タイミングの判断という観点でグランヴィルの長期的な業績記録を見たところ、1980年から2005年1月まで、当時の株式市場の年間利益が12パーセントだったのに対し、年間1パーセント近くの損失を出していたことがわかった。同じ時期、彼がより積極的に推奨していた銘柄は、年間10パーセントの損失を出していた。[12]

自身の予測システムに自信を持ちながら、完全に見当はずれだった人物にしては、グランヴィルには長年にわたり、たくさんの客がいた。猛烈な弱気相場の底に近づいていた1974年、同じく、投資ニュースレターを発行していたジェームズ・ダインズは「**ダインズ・レターが**

これほど弱気だったことはない」という広告を出した。ダインズはこう述べている。「今後6か月以内に本格的な暴落が起きる。街では暴動があるかもしれない」。翌年、ダウ平均は600ドルから1000ドルで、予測よりはるかに高くなり、本格的な暴落は起きなかった。

1982年、カリフォルニアのコンピュータ・トレーディングの会社、ウィリアム・フィネガンの雑誌広告は、こんな約束をしていた。

ダウ・ジョーンズ平均株価が今から80営業日後にどうなるか知っていれば、ご友人になかなかの好印象を与えることができます。取引銀行は言うまでもありません。そう、知ることができるのです。

ダウの将来の株価に関するこのような知識を得るには、今後80日間の市場予測を吐き出してくれるコンピュータ・プログラムを購入する必要があった。フィネガンモデルが最初に公開されたとき、そのモデルは、それから80日間毎日、市場の下落を予測した。初日の予測は7・5パーセントの損失。しかし、市場はその80日間で1000ポイント上昇した。[13]

何が起こるかはだれにもわからない

グランヴィルの弁護のために言っておくと、彼は実際には投資顧問というよりエンターテイ

ナーだった。１９８９年には『ウォール・ストリート・ジャーナル』で、「人は楽しんでいると、より多くの情報を覚えていることに気づいた」と認めてさえいる。また別の機会には、人は楽しんでいるとき、３倍の情報を覚えていると気づいた。[14] 予言とアドバイスには大きな違いがあるが、予言のほうが魅力に勝るため、大多数の人は予言にすがりつく。予測はわくわくするものかもしれないが、未来に何が用意されているのか何も教えてくれない。

リントン・ウェルズは国家安全保障の専門家であり、ビル・クリントンおよびジョージ・W・ブッシュ両政権下のホワイトハウスでさまざまな役割を果たした。ブッシュ大統領の国防次官補として、ウェルズは「２００１年に向けて、４年ごとの国防計画見直しについて思うこと」と題した覚書を発表した。それは１９００年から10年ごとに、各年代初頭の世界情勢に注目したもので、以下のことが書かれていた。

◉あなたが１９００年に世界一の大国で安全保障政策の立案者だったとしたら、あなたはイギリス人で、宿敵フランスに目を光らせていた。

◉１９１０年までに、あなたはフランスと同盟を結び、敵はドイツとなっていた。

◉１９２０年までに第１次世界大戦が戦われて勝利を収め、あなたはかつての同盟国アメリカと日本との建艦競争に従事していた。

◉１９３０年までに海軍の武器制限条約が発効し、大恐慌が進行していた。そして防衛計画

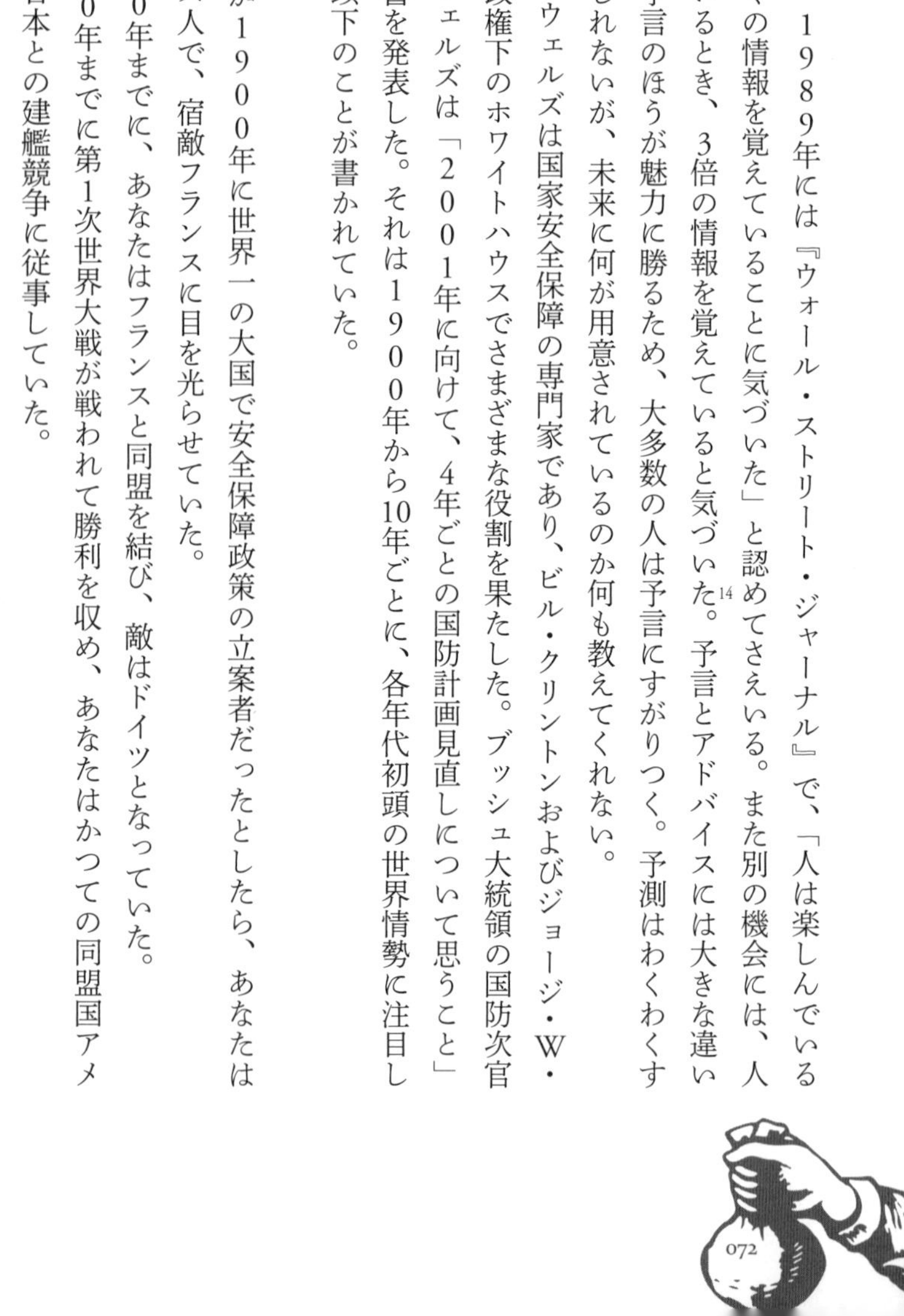

の標準として「10年間戦争はない」と書かれていた。

◉9年後、第2次世界大戦が始まった。

◉１９５０年までに、イギリスはもはや世界一の大国ではなくなり、原子力の時代が幕を開け、朝鮮で「軍事行動」が進行していた。

◉10年後、政治的焦点は「ミサイル・ギャップ」にあり、戦略パラダイムは大量報復から柔軟な対応へとシフトし、ヴェトナムの話を聞いたことがある者はほとんどいなくなっていた。

◉１９７０年までにヴェトナムへの関与は終了し、ソ連との緊張緩和が始まり、わが国は湾岸地域の子分として皇帝（シャー）（イランのパフレヴィー2世）に聖油を注いだ。

◉１９８０年までにソ連はアフガニスタンに侵攻し、イランは革命の真っただ中、わが国の「実体のない戦力」と「脆弱性の窓」が話題となり、アメリカは世界に類を見ない最大の債権国となった。

◉１９９０年までに、ソ連は崩壊まで1年足らずと迫り、砂漠の米軍は、実体がないどころの話ではないことをまさに証明しようとしており、アメリカは世界に類を見ない債務国となり、インターネットについて聞いたことがある者は皆無に等しかった。

◉10年後、ワルシャワはＮＡＴＯ加盟国の首都となっており、非対称の脅威が地理を超え、情報、バイオテクノロジー、ロボット工学、ナノテクノロジー、高密度エネルギー源の並

行革命は、ほとんど予測の域を超える変化の前兆を示していた。

◉以上のことがあっても、2010年がどのような状況になるか、わたしにはよくわからないが、われわれが予期したとおりになることはほとんどないと確信している。したがって、われわれはしかるべき計画を立てる必要がある。

これが大統領に送られたのは、9・11で世界がひっくり返るわずか半年前のことだった。その後の10年間は、世界中で戦争や政治的混乱、大金融危機、無数の地政学的危機が起きた時期だった。わたしたちが人類として立ち向かう一定不変のものとは、説明のできない不確実性だ。あなたがジェフ・ベゾスであろうが、ジョージ・ソロスであろうが、アメリカ合衆国大統領であろうが関係ない。先のことはだれにもわからないのだ。

もちろん、だからといって、将来何が起きるか、わたしが推測を試みるのを妨げるものではない。多くの点で、わたしたちの日々の行動は、それを認めるかどうかは別にして、予測に基づいている。わたしたちは、自分の人間関係、キャリア、財務状況、他者との相互作用を予測する。しかし、将来がどう進展するか正しく予想することと、市場やビジネスの世界で成功することには大きな違いがある。

フィリップ・テトロックは、まあ、ほかの専門家の予測を追跡する専門家といったところだ。さかのぼって1980年代、テトロックはさまざまな分野の専門家、約300人の予測トーナメントの結果を追跡した。この専門家グループは20年にわたり、地政学、経済学、市場に関する3万件ほどの予測を行った。その結果、これらの専門家の予測が正しかった数より、間違っていた数のほうが多いことがわかった。それればかりか、彼らが予測しようとした結果に、単純に等確率を割り当てていたら、もっと正確な予測になっていた。また、遠い将来に対する予測は、短期的な予測よりも精度が低かった。極端な予測にも同じことが言えた。おそらく、この追跡で最も意外な発見は、予測者の専門知識のレベルが高いほど、予測の精度が低くなることだ。自分がどの程度うまく予測しているかという判断と、実際の成果とのあいだには反比例の関係さえあった。ある問題について豊富な知識を持つ人は、実は、知識が乏しい人より悪い予測者になってしまう可能性がある。社会において、専門家は多くの点で重要な役割を果たしているが、その中に将来の予測は含まれていない。[15]

悲観主義が楽観主義より受け入れられる理由

コラムニストのフランクリン・ピアス・アダムズはかつて「いやな思い出ほど古き良き時代を思い出させるものはない」と述べた。ジョー・グランヴィルの予測が弱気に傾いていたのは、父親が史上最悪の暴落といういやな記憶を抱えていたせいかもしれない。父親は銀行家で、大恐慌の際、市場の暴落ですべてを失っていた。グランヴィルはかつてこう述べた。「暴落は市場のせいではない。ウォール街のせいだ。わたしが今教えていることにあのころの父が従ってい

たら、暴落で800万ドル稼いでいただろう」[16]

現実世界について語ろうが、市場や経済について語ろうが、終末予言は必ず聴衆の支持を得る。大多数の人にとって、現実肯定より現実否定のほうが受け入れやすいからだ。否定的な話は肯定的な話よりも長くわたしたちをとりこにする。この現象を理解するには、毎日欠かさずニュースを見るだけでいい。いいニュースと悪いニュースは展開する時間の範囲がまるで異なっている。というのも、悪いニュースは目まぐるしく起きるが、いいニュースは徐々に進展していくからだ。

かつてビル・ゲイツが言ったように「ある意味、見出しが人を誤解させる。悪いニュースは見出しを飾るが、段階的に改善していくものは見出しにならないからだ」。悪いニュースよりいいニュースのほうが多く報道されれば奇妙に思えるのだし、報道界を責めるわけにはいかない。経済学者のマックス・ローザーはかつて、過去25年間、次の見出しが毎日読まれていてもおかしくなかったと指摘している。

極貧状態にある人々が
昨日から13万7000人減少

これは信じ難いほど素晴らしい成果だが、プロセスであって、出来事（事件）ではないため、

普段だれも気にしていない。わたしたちが現在、24時間のニュースサイクルの中で暮らしているという事実は、楽観論がニュースになることをさらに難しくしている。いいニュースは人々の関心と釣り合わないのだ。

ハーヴァード大学の心理学教授スティーヴン・ピンカーは、①世界は時間とともに良くなっているが、②大多数の人が世界は悪くなっていると思っていることについて詳細に記し、悲観的な専門家に巨大市場が用意されている理由をこう伝えている。

不合理な悲観論は、うまくいかなくなることとは何かという病的な関心によっても駆り立てられる。それに、うまくいく方法よりも、うまくいかなくなる方法のほうが数多く存在するのが常だ。そのおかげで、うまくいかなくなる可能性があるのに、わたしたちが見落としているかもしれないものごとを思い出させる専門家のための市場が生み出される。聖書の預言者、論説ページに登場する専門家、社会批評家、ディストピア映画の制作者、タブロイド紙に登場する霊能者は、この世の終わりが迫っていると警告すれば、手っ取り早く重々しい素振りを身につけられるとわかっている。世界は良くなっていると指摘する人たちは――データを読み上げるだけの冷静なアナリストであっても――おめでたいうぶな連中として片づけられてしまいかねない。[17]

楽観主義者はわかりきっていることを口にする人たちで、悲観主義者は間違ってはいないが、言う時期が早すぎる人たちだと、わたしたちは考えている。悲観主義のほうが知的に感じられ、楽観主義を見ると、自分が知的な群衆の仲間になったように感じられるのだ。

「わからない」ことの価値

アメリカの深夜番組『ジミー・キンメル・ライブ』に「ライ・ウィットネス・ニュース」（番組がでっち上げた嘘のニュースに関し、街の人に意見を聞く企画）という短いコーナーがあり、キンメルがハリウッド大通りに出向き、現在起こっている出来事について、道行く人たちにインタビューをしていた。２０１４年のサッカー・ワールドカップ・ブラジル大会の最中には、自称サッカーファンを探しに出た。そして、アメリカのスター選手、ランドン・ドノヴァンのプレイがどうだったか、多くの人に尋ねてみた。サッカーの大ファンだと主張する人たちからの回答の一部を紹介しよう。

「彼はすごくいい。あともう1勝しないとな」

「ワールドカップでもっといいプレイをしているのを見たからわかるんだ。今は力を発揮できてないね」

彼らの分析の問題点は、ワールドカップが始まる前にランドン・ドノヴァンがアメリカ代表

チームからはずされていたことだ。代表チームに入っていなかったのだから、ドノヴァンは２０１４年のワールドカップでは1試合もプレイしていない。公平を期して言えば、おそらくキンメルの制作チームは、いちばん自信を持っていそうな人たちを選んで引っかけたのだろう。テレビに出るためならほぼ何でもする、どんなことでも言う人たちがたくさんいるのだと思う。

だが行動心理学者による研究と、地球上のほぼすべての人間に伴う日常体験は、わたしたちが皆、ときとして自信過剰の愚か者になれる才能を持っていることに目を向けさせる。これはダニング＝クリューゲル効果と呼ばれ、何らかの分野で自分の不適格性を認識するのが難しくなるという概念だ。ウォーレン・バフェットは投資に関するふたつのシンプルなルールを定めている。「ルール１：絶対に損をするな。ルール２：絶対にルール1を忘れるな」。ダニング＝クリューゲル効果の場合、ふたつのシンプルなルールはこんなところだろう。

ルール１：だれもがときどき自信過剰の愚か者になる。
ルール２：愚か者になっているときは、必ずルール1を忘れている。

わたしたちは皆、自信過剰の愚か者のように振る舞えるという事実を克服するため、チャールズ・ダーウィンは、自身の理論と矛盾する考えを思いついたときの鉄則を作っていた。自分

が間違っていた場合に備え、これまでの研究結果と矛盾する観察結果が出ればすぐに書きとめ、別の一面を見ることができるようにしていたのだ。ダーウィンは自伝の中で「というのも、経験から、そのような事実や考えは、自分に都合のいい事実や考えよりもはるかに記憶から抜け落ちやすいことがわかったのだ」と書いている。近ごろの多くの集団は、正しいことよりも勝つことに関心がある。脳は自分が同意しないニュースや意見とおのずと戦ってしまうから一筋縄ではいかないものの、偏見にとらわれない心を持つのに費用は一切かからない。

確実性というレンズを通して世界を見る人たちを避けてほしい。未来に関することならなおさらだ。未来の出来事に関しては、確率論的レンズを通して考えるのが常に最善の策なのだ。予測の専門家テトロックは、専門家グループの研究の結論として次のように述べている。「自分がどれだけうまく予測しているかという予測者自身の認識と実際の成果は、なぜか反比例関係にあることが多い[18]」

未来の予測は達成不可能な目標だが、謙虚さと自己認識はともに、すべての人たちの手に届くところにある。

第5章 巧妙なごまかし

悪魔が仕掛けた最大のトリックは、
ソゼなど存在しなかったと世の中に信じ込ませたことさ。
――ヴァーヴァル・キント（映画『ユージュアル・サスペクツ』の登場人物）

モリー・ブルームは全米スキーチーム最高ランクにいるメンバーのひとりだったが、20代半ばにはもう、スパイダーマン、バットマン、ジャック・ドーソンなどがテーブルを囲むハリウッド最大のアンダーグラウンド・ポーカー・ゲームで采配を振るう人物へと転身していた。そこへ至るまでのいきさつはまさに、ハリウッドにうってつけの物語だ。ブルームはコロラド州のスキー一家で育った。弟のジェレミーはフリースタイル・スキーの選手として世界チャンピオンに3度輝き、オリンピックに2度出場したほか、コロラド大学とフィラデルフィア・イーグルスでアメリカン・フットボールもプレイしていた。モリー・ブルームはアメリカのスキー

チームのメンバーで、1990年代後半には全米3位にランクされていた。

スキー選手としてのキャリアが閉ざされたとき、ブルームは虚飾の町（ハリウッド）でうまくやっていけるかどうか試してみようと、カリフォルニアへ行く決心をした。そして仕事を点々とした後、ある不動産開発業者のアシスタントとして働くことになった。この開発者はエンタメ業界とのつながりがあり、それがきっかけでハイローラー（ギャンブルで大金を賭ける人）たちとともに、毎週ポーカー・ゲームをするようになった。ブルームの新しい役割のひとつは、雇い主とその友人たちのためにゲームを仕切ることだった。この友人たちの中に、たまたま世界で最も有名な俳優が何人かいたほか、エンタメ業界、プロスポーツ、実業界からも複数の人間がゲームに参加していた。ゲームの常連には、レオナルド・ディカプリオ、トビー・マグワイア、ベン・アフレック、映画監督のトッド・フィリップス、不動産業界の大物ボブ・サファイ、ヒューストン・ロケッツのオーナー、レスリー・アレクサンダー、アレックス・ロドリゲス、ロサンゼルス・ドジャースのオーナーといった人々が名を連ねていた。[1]

このような秘密のポーカー・ゲームに実に多くのハイローラーが心引かれた理由はたくさんある。ゲームが規制を受けない状況で行われるということは、高額な賭け金で一か八かの勝負ができるということだ。バイイン（ゲームに参加するために必要な金額）は10万ドルに及び、年間の儲けと損失が7桁に達するプレイヤーも珍しくなかった。初代のスパイダーマンを演じたトビー・マグワイアは、ブルームのあるゲームに参加したあと、「今年はポーカーで1000万ドル稼ぐつもりだ」

と言い、いたくご満悦だったらしい。[2]

ブルームは高級ホテルのスイート・ルームにゲーム会場をセッティングし、ディーラーを雇い、ボディーガードが配置されていることを確認し、各プレイヤーの儲けと損失の記録をつけ、ゲーム終了後に支払いの手続きを行うことで、莫大な報酬を得ていた。ゲームはビバリーヒルズの最高級ホテルのいくつかで開催された。ゲームの閉鎖性と秘密性により、プレイヤーはお金や投資、芸術、ワインのほか、ありとあらゆることをテーブルで自由に話すことができた。ブルームはマッサージ、プライベート・シェフ、ボトルサービスなど、プレイヤーが望むものは何でも用意し、それ以上のものも必ず備えておくようにしていた。素敵な隠れ家とプライベートな環境は、プレイヤーをくつろがせる役に立ったが、シングル・ハンドで数十万ドルの勝ち負けが生じ得る最大の理由は、エゴ、張り合い、自信、そして力が関係している。ブルームは自身の暴露本で次のように書いている。

お金を稼ぐチャンスを目にすると、人に何かが起こる。とくにポーカー・テーブルでは、欲望に自暴自棄が加わってプレイヤーたちの目の色が変わり、人間性が消え、彼らが血に飢えた、目の据わった捕食者に変わる瞬間が訪れる。[3]

ブルームがカジノ以外の環境でこのようなゲームを運営できた唯一の理由は、ビジネスを構

築した手段にある。ブルームは、手数料や賭け金の何パーセントかを受け取るという、カジノの経営者がやるような方法で稼ぐことはしなかった。手数料ではなく、あくまでも、ゲームに参加する裕福なプレイヤーが払ってくれるチップだけで稼いでいたのだ。しかも、そのチップが月並みな金額ではなかった。ブルームはサービスを提供することで、ひと晩、約3万ドルを荒稼ぎしていたと推定される。弁護士にも相談したところ、ブルームのやり方はグレーゾーンで、法律に違反してはいないはずだが、やや違反と言えなくもないとの答えだった。ただ、もぐりのギャンブル組織にしては、ものごとは驚くほど公明正大に行われていた。

ブルームが大いに稼いでいたことが一部のプレイヤーには面白くなかった。とりわけマグワイアを苛立(いらだ)たせてしまい、結局、彼女のロサンゼルスでのゲームは派手に頓挫した。[4] 勢いを失いたくなかったブルームは、自身の才能をニューヨークに持ち込み、東海岸のハイローラー向けに同様のゲームを開始した。ニューヨークのポーカー・シーンは、ロサンゼルスほど規模は大きくなかった。そこで、ブルームはこの移行期間に初めてゲームの手数料を取るようになった。警察の目から見れば、絶対にやってはいけない行為だ。彼女がかつていたグレーゾーンはもはや存在せず、この商売は今や違法な賭博事業となった。あるとき、ロシア・マフィアが一枚噛(か)ませてくれと言ってきた。その申し出を丁重に断ると、ギャングがブルームの家にやってきて、彼女の口に銃を突っ込み、彼女を殴り、金品を奪ったうえ、これは仲間を拒絶した報いだと言った。

意外にも、これらの行為はいずれも、賭け金の大きなポーカー・ゲームを画策したブルームの役割に対し、ＦＢＩが彼女を起訴する引き金にはならなかった。引き金は、だれも予想しなかった別のことだったのだ。

バッド・ブラッド

２００６年、ブラッドリー・ルダーマンというヘッジファンド・マネージャーが、ハリウッドのエリートと親しくお付き合いしたいと、ブルームがロサンゼルスで行っていたゲームに参加を希望した。ルダーマンは物腰が柔らかで、湯水のように金を使い、人畜無害に見えた。プレイヤーたちがこのアンダーグラウンド・シーンにルダーマンを入れてやった最大の理由は、ポーカーが下手(バッド)で、金をたくさん持っていたことにある。実際、テーブルでついたルダーマンのニックネームは「バッド・ブラッド」だった。ハイローラーたちは勝ち負けを競うゲームを楽しみつつ、金持ちのヘッジファンド・マネージャーから定期的に金を巻き上げることなどだれひとり気にしておらず、当の本人も、一見、テーブルに着くたびに負けているように見えたが、それを気にしている様子はなかった。ルダーマンがゲームをしながらもうひとつのゲームをしていたことに常連たちが気づくには、何年も要することになった。

ブルームは自伝の中で、ルダーマンは今まで見た中でいちばん下手なプレイヤーだったと述べている。

ブルームによれば、「彼はバイインをしては負け、気がつけば、テーブルのほぼ全員が稼がせてもらい、彼が融資係という状況になっていた。プレイヤーたちは餌の奪い合いを繰り返しながら、あきれ顔でわたしを見ていた」そうだ。

ゲームの前になると、ほかのプレイヤーから「ブラッドは来る？[5]」とメールが送られてくるのがお決まりのジョークだったとブルームは言う。ポーカーが下手すぎて、バッド・ブラッドが座ると、だれもが使いたい放題使える金が来たと考えるほどだった。彼はまるで負けようとしているかに見えた。後にルダーマンは、ギャンブル中毒になったと主張したが、ゲームに参加しては負け続けていたのには隠された動機があった。彼はヘッジファンドの新たな投資家を探していたのだ。ポーカー・ゲームは、ヘッジファンドに投資してくれる資産家を見つけるにはうってつけの場所だった。人を出し抜いてやろうという気持ちとねたみが渦巻き、そこは裕福なカモが生息する肥沃な繁殖地と化していた。

ルダーマンは自分の金をほかのプレイヤーに「寄付」することで完璧なお人好しを演じた。ヘッジファンドの新規投資家に請求する手数料で稼げる金額に比べたら、ポーカーの負けははした金だった。それに、結局のところ、彼が求めていたのはヘッジファンドの法外な手数料だけではなかった。ルダーマンは友人、家族、裕福なハリウッド関係者の金を騙し取り、４４００万ドルのポンジ・スキームを働いていた。だからその茶番を維持し、前からいる投資家に金を支払うには、ファンドの新しい投資家が必要だったのだ。

ポーカー・テーブルでの話題は、決まってビジネスや金融の問題に向けられた。ルダーマンは、自分のヘッジファンドは年間で最大60パーセントのリターンがあると主張した。証券取引委員会が起こした訴訟によると、実際、ルダーマンは顧客や見込み客に次のような年次リターンを示していた（下表）。

このような利益はあまりにも現実離れしており、人々の頭の中でたちまち警告ベルが鳴ってもおかしくなかったはずだ。だがものごとが順調に運んでいるときの投資家は、話がうますぎると思えても、実は自分にだけ当てはまるのではないかと期待して、デュー・デリジェンスを緩めがちになる。金融詐欺の歴史には、市場の暴落に見舞われるまではうまくいっていたありとあらゆる実例であふれている。バーナード・マドフ（史上最悪の巨額詐欺事件の犯人）と同様、ブラッド・ルダーマンは２００８年の株式市場暴落と深刻な不況にさらされた。強気市場は最悪な金融詐欺でも継続させることができる。弱気市場では、どんなに巧妙な詐欺でさえ持ちこたえるのは難し

年	伸び率
2002	55.99%
2003	60.56%
2004	32.17%
2005	23.30%
2006	22.02%
2007	19.09%
2008	14.99%

報告されたバッド・ブラッドのヘッジファンド・リターン

くなる。ルダーマンは、ポンジ・スキームが明らかになっただけでなく、相当な借金を抱え込み、ついにはポーカー・テーブルでの負けが大金へと膨れ上がることになった。

裁判所の提出書類によると、バッド・ブラッドは自身のファンドにさらに多くの顧客を呼び込もうとして、賭け金の高いポーカー・ゲームで520万ドル近くの負けを作った。巨額の損失を見つめているときのギャンブラーや投資家がたいがいそうであるように、ルダーマンも実は、スランプから抜け出せれば、少なくとも元は取れるだろうと思っていた。そして2009年3月まで茶番を続けるのだが、これが彼のファンドが破産宣告を余儀なくされるひと月前のこと。同じ月に市場の暴落で株価が底を打ったのだから、当然の成り行きだ。ルダーマンのポンジ・スキームで最大の損失を被った人たちの中には、NBAデトロイト・ピストンズのオーナーにして億万長者のトム・ゴアズも名を連ねていた。[6]

ルダーマンの詐欺が明らかになり、2009年に有罪判決が出されると、もぐりのポーカー・ゲームをしていたハイローラーたちがマスコミに暴露された。裁判所の宣誓供述書で、ルダーマンはブルームのポーカー・ゲームでいちばん負けた相手として、トビー・マグワイア、アレックス・ロドリゲス、ニック・カサヴェテス監督の名をあげていた。[7] 供述録取の際、ルダーマンはこう白状している。「ぼくもギャンブラーならだれだって、というか、病的なギャンブラーならだれでも考えるようなことを考えるんです。実際の数字なんか常に把握していませんよ。こう考えるんです。大当たりがそこまで近づいてるぞって。これがエネルギーになるんです」。この男はポーカー・プレイヤーとしてもヘッジファンド・マネージャーとしても世界最悪の部類に入るが、それでも本人は、とにかく粘って続けていればきっと運が向いてくると思っていた。ルダーマンは金を失っただけでなく、自分のファンドから顧客の金を直接引き出し、彼個人のために使っていた。[8]

ブルームはルダーマンの主張により、召喚されることになった。自分は彼女のゲームのせいでギャンブル中毒になり、モラルを見失った、それで坂道を転げ落ち、ポンジ・スキームに手を染めるようになったというわけだ。[9] 法的文書には、ルダーマンが1年半余りポーカーをプレイし、その間、ブルームのサービスに50万ドル近くチップを支払ったと記録されている。[10] ブルームは都合のいいスケープゴートにされたが、バッド・ブラッドがモラルの限界を超えるのに、あまり助けは必要としていなかったように思える。FBIは、ルダーマンが詐欺の過程で顧客の資金を900万ドル近く費やしたと断定し、その中にはマリブのビーチハウス、ポルシェ2台、プロスポーツのイベントのチケット数回分が含まれていた。[11]

ルダーマンはファンドの投資家に、自分は8億ドル以上の資本を投じていると語った。現実には、資産はわずか65万ドルだった。ミルケン財団の会長ローウェル・ミルケン、その兄で投資家のマイケル・ミルケン、オラクルのCEO、ラリー・エリソンがファンドの投資家だと主張することで、バッド・ブラッドは数人の顧客をうまく誘い込んでいた。だが、そんな話は嘘だった。三者ともファンドには投資していない。これは、ほかの金持ちも投資していると考え

ることによって富裕層に投資をさせる策略だった。というのも、信じ難いことだが、ブラッドの顧客の多くは知名度のある人物ばかりだったのだ。

２００９年の初頭には状況がかなり悪化し、ルダーマンは、金融危機を受けて金を返してもらわないと困ると言ってきた初期の投資家に金を払って黙らせるため、仕方なく新しい投資家の資金を流用した。[12] ブルームが訴訟手続きに巻き込まれた唯一の理由は、ルダーマンの不運なヘッジファンドで騙された投資家が、訴訟を起こせばポーカー・テーブルで失った金の一部を取り戻せると信じたからだ。ブルームはいくつかの軽い罪を認め、1年間の保護観察と何らかの社会奉仕、少額の罰金を言い渡された。そしてバッド・ブラッドは8年間刑務所で過ごすことになった。[13]

マジシャンが秘密を明かす

お金にまつわるあらゆるペテンには、必ずと言っていいほどゲーム内で演じられているもうひとつのゲームがある。すべての詐欺には、うまい話、緩んだモラル、いくつかの誤った指示が組み合わさっている。１９００年代初頭、フレッド・ゴンドルフとチャーリー・ゴンドルフの兄弟は、モリー・ブルームが1世紀以上あとに行ったのと同様、ニューヨークの高級ホテルのスイート・ルームにしゃれた賭博場を開いた。ゴンドルフ兄弟は裕福な人物に見えるようタキシードを身に着けており、それがほかの金持ちをゲームに引き寄せた。このような物語で

何度となく繰り返されるのは驚くべきことだが、富に関する不安を強調するだけで、いとも簡単に裕福な犠牲者を誘い込めてしまう。どうも富の誇示は、ほかの金持ちをつり上げるための疑似餌のように思えてならない。ゴンドルフ兄弟の標的となった人たちは、自分の社会的地位を向上させるため、いつも喜んで何勝負かしてくれた。彼らは兄弟が開くポーカーのいかさまゲームで必ず負けることになる。富の誇示という詐欺のバリエーションを活用したこれらのいかさまゲームは、15年間で兄弟に１５００万ドル以上の金をもたらした。[14]

ルダーマンの巧妙なごまかしには、金持ちに負けて金を失い、ポーカーでいくら負けても構わないほど自分は裕福なのだと見せることが必要だった。市場であれほど高いリターンを約束したヘッジファンド・マネージャーがこれほどひどいポーカー・プレイヤーになり得るのはおそらく危険信号だったはずだ。だがルダーマンは投資の売り込み方をそこそこ知っており、はったりをかけて適格投資家（訂正：金持ち）の資本を手に入れることができた。皆、金融市場で異様に高いリターンを信用するほど愚かではないはずだが、現実的な予想を立てようとすると、わたしたちの脳はそれに逆らってしまう。巧妙なごまかしが目の前で行われていても、わたしたちはそれを見るには適していないのだ。

心理学者のノーマン・トリプレットは、人を騙すことを生業（なりわい）とするマジシャンを活用した。１９００年、トリプレットは「ごまかしを呼び起こす心理」と題する論文を発表し、当時最も卓越したマジックの隠れた秘密をいくつか明らかにした。実験のひとつは、巧妙なごまかしに

よって、人間の脳がいかに簡単に騙されるか証明するために行われた。あるマジシャンがいくつかの教室に出向き、机の後ろに座ってボールを3回続けて空中に放り上げた。1投目の高さは1メートル弱。ボールが落ちてきた瞬間、マジシャンは両手を机の真下に下ろし、観客から手が見えないようにした。2投目の高さは1メートルから1・5メートルだったが、このときは、ボールが落ちてきた瞬間、脚のあいだにボールを挟んで隠した。そして最後の試みでは、投げる動作はしたものの、ボールは実際には膝から離れることはなかった。腕を動かす際、マジシャンはボールが空中に投げ出されるのをじっと見るふりをし、次の瞬間、ボールはふっと消えた。少なくとも、多くの観客にはそう見えた。

このトリックはデヴィッド・ブレイン（耐久技で知られる奇術師）風のマジックというわけではなかったが、これを目の当たりにした多くの観客に驚くほどの効果を発揮した。研究グループは教室の参加者に、自分が何を見たか、ボールが消えたことに気づいたのはいつか書いてもらった。消えるボールのトリックを見た人は全部で165人。そのうち78人は、ボールが上がり、突然消えてしまうのを見たと主張した。回答の一部を紹介しよう。

ボールが放られるのを2回見た。ボールは天井まで半分ぐらいの高さまで上がって消えた。

3回目を除き、ボールが落ちてくるのを見た。高さは30センチぐらいだった。

ボールが落ちてくるのを見なかった。ボールは天井まで半分の高さまで上がって消えた。

トリプレットはこの錯覚をさまざまな状況で研究し、人が騙されるように導く最大の資質はマジシャンが見せる自信だという結論に達した。だがそれと同時に、より科学的なアプローチも試み、「観客が目にするのは反復されたイメージであり、その一部が目に対する残留刺激として作用し、一部が中枢性の興奮となっているのは明らかだ」と述べている。[15]

何かを2回続けて見たあと、わたしたちの脳が反射的かつ無意識のうちに、3回目の反復を見るだろうと期待することを考えると、トリプレットの反復理論は現実に即しているかに思える。[16] しかし、当時はトリプレットの仮定を検証するためのテクノロジーがなかった。そこで現代のマジシャン、グスタフ・クーンがより現代的な手法を用いてトリプレットの理論を検証することにした。目の前でボールが消えたと多くの人が思い込んだ理由を突き止めるため、クーンは消えるボールのトリックをふたつのバージョンで試みた。

最初の実験では、トリプレットとまったく同じやり方でトリックを実行し、ボールを空中に投げてから、こっそりつかむこと2回、最後の3回目の試みではボールを投げるふりをした。また、投げるふりをしたボールは、目で道筋をたどるようにした。これで第2バージョンのトリックを検証することが可能になり、第2バージョンでは、第1バージョンとまったく同じやり方をするものの、3回目ではボールが上がるところを目で追わず、ボールを持っていないほうの手を見下ろしていた。

1900年代初頭には利用できなかった高級な機器をいくつか用い、クーンは研究に参加した人たちの眼球運動を測定することができた。第1バージョンでは、参加者の約3分の2が、ボールが消える錯覚を経験し、3回目の試みではマジシャンがボールを投げるところを見たと主張した。彼らは、ほかのだれかがボールを捕ったに違いない、あるいは、ボールがマジック用のもので、なぜか天井にくっついたのだと思い込んでいた。その後、ビデオで確認したとき、参加者は実際に起きていたことを見て驚いた。彼らの頭の中では、3回目に投げたボールは本物だったからだ。

幻覚を売り込むには、単純な視線の力が重要だった。トリックの第2バージョンで、投げたふりをしたボールが空中に上がるのを見ていなかった場合、錯覚効果がはるかに低かったのだ。これは、だれもが飼い犬と1度や2度やったことがある「ボールを投げたふり」ゲームと一緒だ。トリックは売り込まなければほとんど効果がない。クーンの研究結果は、この単純な幻覚が期待によって引き起こされたことを示している。トリックが行われているときの観客のビデオをさらに詳しく見てみると、ほとんどの観客はマジシャンの顔を見ていた。自分はボールを見ていたと主張していたにもかかわらず。彼らは実際のボールを目で追う代わりに、マジシャンの顔を見て近道をしていたのだ。

クーンは自身の著書『不可能を体験する［*Experiencing the Impossible*］』で、次のように結論づけている。「人間の脳は、SF小説並みの非常に巧妙なトリックを駆使して、わたしたちが過去に生きることを防ぐ。そして、わたしたちは未来を見通すのだ。人間の視覚系は継続的に未来を予測しており、あなたが今、認識している世界は、過去に自分の視覚系がこうなると予測した世界であり、それが現在なのだ[17]」

つまり、実際に未来を予測できる人でない限り（大丈夫、あなたは該当しない）、あなたは常に、現在を生きつつ、さまざまな形で過去を経験することになる。なぜなら、わたしたちが見るものの大部分は、自分の記憶が形成したものだからだ。それゆえ、投資家たちは、ブラッド・ルダーマンのようなヘッジファンド・マネージャーから伝えられた業績のとてつもない数字にすっかり魅了されてしまう。投資にはたいがい「過去の業績は将来の結果を示すものではない」という標準免責事項がついてくる。だが多くの投資家が、逆も真なりと信じたがる。これこそが、でっち上げたリターンが絶え間なく入ってくるなどという投資詐欺が決してなくならない理由だ。

わたしたちは、そのような数字が真実だと信じたがる。過去にほかの投資家にはそれが真実だったと信じるのはもちろんのこと、将来の自分にもずっと真実だと思いたがる。リターンに関する魔法の数字はこれからもずっと人を誘い込むだろうが、だれかが桁はずれのリターンに対して桁はずれの約束をしてきたときは、疑ってかかるのがいちばんだ。

第6章

成功を受け入れられないとき

経験は最悪の教師だ。教訓を与える前に試験をするのだから。
――ジム・ポール

大学時代、わたしは毎年春に友人らとミシガン州北部の人里離れた田舎に出かけ、マニスティー川でカヌー下りをしていた。夏休みに入る前の最後のばか騒ぎといったところだ。卒業を控えた最後の川下りの際、わたしたちは日差しの中で長い1日を過ごし、その後、カヌーのレンタルショップのオーナーが車で迎えに来てくれて、キャンプ場に戻った。オーナーは30代半ばから後半の男性で、わたしたちのグループは、彼と哲学的なワックスがけを始めた。

オーナーは、妻や幼い子どもとの田舎暮らしがどういうものか話してくれた。それはミニマリストのシンプルなライフスタイルだった。小さなおんぼろトレーラーハウスに住み、物をあまり持たず、カヌーのレンタルビジネスでもあまり稼いではいない。オーナーも妻も冬場はアルバイトをして何とか暮らしている。

あれは大学生活最後の時期で、わたしと同期の仲間たちが最初の仕事を探しているときだった。皆、自分はどれぐらい稼ぐことになるのか、自分が就くことになる仕事の状況はどうなのか心配していた。わたしはこの男性とその妻に感銘を受けたことを覚えている。彼らは人里離れた場所で非常にシンプルな生活を送り、今あるものに完全に満足していた。夏のあいだは外で働き、一日中水の上にいる。仕事のスケジュールは融通が利き、だれからも指図されない。彼らは毎日夫婦で一緒に働き、互いに充実した時間を過ごすようになった。物質的な所有物という点ではあまりモノを持っていなかったが、さほど必要ともしていなかった。彼らの話はあれからずっとわたしの心に残っている。人生における成功と幸福は、すべての人にとってまったく同じ道をたどるとは限らないと教えてくれたからだ。

豊かな人生を送るというのは、人によって意味が異なる。さまざまな所得水準、生活水準で幸せを見つける方法はたくさん存在する。だが、もっとたくさん欲しいという誘惑に常にとらわれているなら、それは自分の人生や経済状態に完全に満足する日が決してやってこないことを確実にする唯一の方法だ。金融ライターのニック・マレーはかつて「いくらお金を持っていても、いまだ心配が尽きないのなら、あなたは裕福ではない」と記している。[1]

純資産が多いことと、豊かな生活を送っていることはまったく別物だ。２５００万ドル以上純資産（主たる住居を除く）を持つ人たちを対象にした調査によると、このグループのほぼ４

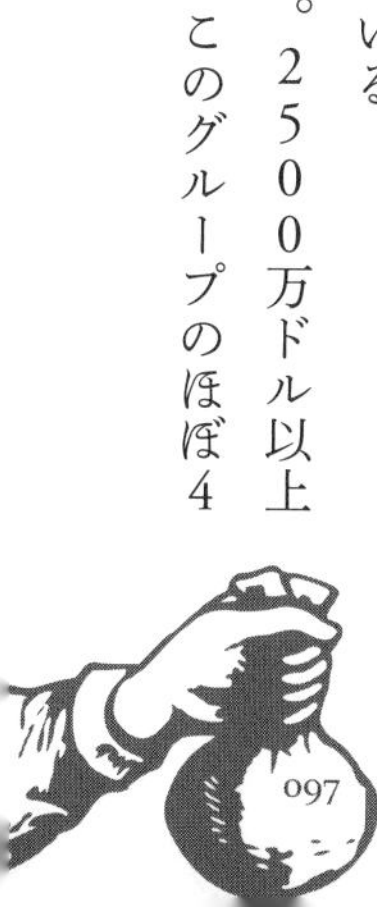

分の1が自分の経済状況を「絶えず」心配していることがわかった。[2] 幸福の研究者マイケル・ノートンは、100万ドル以上の純資産を持つ人2000人以上にインタビューし、自分がどれくらい幸せか、10段階で答えてもらった。次に、今の段階から最高レベルの10に到達するにはあとどれくらいお金が必要か尋ねた。ノートンによると「基本的に全員が、所得と富の階層を登り詰め、これ以上ない幸福に到達するには、2倍から3倍のお金が必要だと述べている」[3]

これはいろいろな点で、進歩に対する人間の願望や、人生で自分の地位を向上させようとする意思について多くを物語っている。しかし、足るを知ることや、自分が持っているもののありがたみを知る能力にも何かしら良い点はある。経済的にかどうかは別にして、人生である程度の成功を収めている場合はなおさらだ。問題は、自分より裕福な人、成功している人は、この先も常に存在するということ。したがって、人生における自分の地位の評価を、そのような人たちに代わりにやらせてしまっては、他者との比較が止まらなくなるだろう。今より多くのものが欲しくなるこの誘惑は、わたしたちの中で最も成功した人たちであっても、終わりのない現象になり得るのだ。

品性に敗れる

ユリシーズ・S・グラントは、歴史上の偉大な軍事戦略家のひとりだ。軍事史家のジョン・キーガンはグラントについて、「戦争における最も偉大な将軍であり、いつでも、どの軍隊でも

秀でた活躍をしたであろう」と述べている。[4] グラントの時代はアメリカの歴史の大きな節目、南北戦争の時期に当たる。グラントは北軍勝利の立役者だった。リンカーンの暗殺後は国をまとめ、アフリカ系アメリカ人が投票権を持てるよう、合衆国憲法修正第15条が確実に守られるようにした。グラントは、奴隷制を違法にするというリンカーンの使命をやり遂げた。言葉を巧みに操ることで有名なウォルト・ホイットマンはかつてこう書いた。「戦争の混乱の中から、堂々とした偉大なる人物、リンカーンとグラントが現れた」[5]

グラントの名声は戦場では役に立ったが、軍人としての日々が終わると、その名声が、政治家および実業家としてのグラントの足を引っ張ったのだろう。結果として偉大な将軍は、投機家やペテン師を信じて疑わないようになってしまった。大統領として在任中、グラントはジェイ・グールドの狡猾なやり口に屈した。グールドは冷酷な実業家にして投機家であり、グラントをうまく利用して利益を得ようとした。マーク・トウェインいわく、グールドが現れる前から「人々は金が欲しいと強く望んでいた」。「ただグールドは、ひれ伏して金をあがめることを人々に教えた」のだ。[6] 1869年、グールドは財務省の措置を通じて価格を引き上げることにより、金市場を買い占める計画を考え出した。グールドは数か月間、ひそかに金を備蓄したのち、金準備の売却を避けることは財政上、理にかなっているとグラントを納得させた。財務省という市場における最大の売り手が取り払われれば、投機家が価格をつり上げる可能性があり、彼らはまさしくそれをやってのけた。グラントはこれがどういうことかようやく悟った

が、財務省が大量の金を市場に売却すると、価格は暴落した。株式市場も20パーセント下落し、多くの金融機関が破綻、経済にも影響を与えた。[7]

グラントはホワイトハウスに入るときも金持ちではなかったし、ホワイトハウスを去るときも金持ちではなかったが、大多数の人より暮らし向きが良かったことは間違いない。1869年から1877年まで大統領を2期務めた後、グラントは退職後の生活資金を積み立てることができなかった。最大の理由は、大統領選に立候補した際、軍人年金をなげうっていたからだ。ウォール街の銀行集団は、史上最も多くの勲章を受けた将軍のひとりでもある元大統領にふさわしい年金として、十分なお金を提供できるよう25万ドルの基金を設立した。援助者は、ニューヨークの5番街に家を買えるよう、グラントに10万ドルの資金まで提供した。これだけあれば十分なはずだったが、グラントはもっと必要だと思った。

何とかしてビジネスの世界で自分の居場所を見つけようとしたグラントは、29歳のフェルディナンド・ウォードとパートナーシップを結んだ。そして彼らの金融会社はグラント・アンド・ウォードと呼ばれることとなる。ウォードは「金融界の若きナポレオン」と呼ばれていた。ビジネスや金融に対するウォードの考えに厳密に従っていれば、百万長者になる日もそう遠くはないだろう、とグラントは思っていた。事業を軌道に乗せるため、グラントは5万ドルを出資した。ウォードやほかの銀行家も創業資金を出すことになっていたが、実際に現金を用意したのはグラントだけであることがわかった。パートナーシップは不吉なスタートを切ったが、

グラントはそれがさらに悪化することになるとはほとんどわかっていなかった。[8]

グラント・アンド・ウォードの事業計画の最大の問題は、事業計画がまったくなかったことだ。ウォードは初期の投資家たちに、月に15〜20パーセントの利益をもたらすと約束していた。これを総体的に見ると、年換算のリターンは４００〜８００パーセントにもなってしまう！　にもかかわらず、なぜそんなに大きな利益が得られるのかとわざわざ尋ねる投資家はほとんどいなかった。そしてウォードは、投資家からどうやってそんな莫大な利益をあげたのかと聞かれると、グラントが秘密裏に考案した商品で、政府と大規模契約を結んだのだと答えていた。もちろん、そのような契約はこれっぽっちも存在しなかった。

会社にとって、グラントはほぼお飾りだった。ビジネスの実務経験がまったくなかったため、彼の唯一の仕事はより多くの投資家を呼び込むことだったのだ。北部連合の退役軍人たちが、グラントの名前だけで基金に金をつぎ込んでくれた。ウォードは会社を運営し、小切手に署名し、帳簿をつけ、無限の実権を握っていたが、これは多くの金融詐欺に共通するテーマだ。グラントが取引を見直したり、弁護士を雇ってビジネス上の契約を見てもらったりすることは一度もなかった。ウォードが書いた手紙に目を通しもせずにサインをしてしまうこともよくあった。元大統領は帳簿を見たことがなく、ウォードが作成した毎月の明細書だけを見て、これなら申し分ないと思い込んでいた。グラントは高いリターンについて、人には得意気に話していたが、高い利益をあげる仕組みについては、ちらりとも考えたことがなかった。妻には、

子どもたちの将来のために取っておくお金については心配しなくていいと伝え、「ウォードが家族全員を豊かにしている。子どもたちも、わたしたち自身も」と言ったそうだ。ビジネスはうまくいっているのかと聞かれると、「この1年で、ウォール街のどの会社よりも稼いだと思う」と答えていた。ウォードについては、「あんな有能な若いビジネスマンにお目にかかったことがない」と褒めそやした。そしてウォードには、かの有名な将軍から、ヒョウの毛皮、日本刀、竹の絵が手描きされた屏風などが惜しみなく贈られた。どれもグラントが世界中を旅して手に入れた品々だ。グラントはウォードの馬小屋に一家の馬を2頭預けることまでしていた。[9]

グラントは思いも寄らなかっただろうが、ウォードは陰でグラントのことを「ビジネスに関しては子ども」と言い、自分がひそかに行っていた詐欺は、グラントには絶対に見抜けないと踏んでいた。ウォードは「誠実さを装い、他者が見たかったイメージをそのまま見せてしまうサイコパスの能力」を有したと言われている。グラントは友人からビジネスの利益が疑わしいと忠告されたあと、次のように答えた。「ウォードが関わっている人々は経験豊富なビジネスマンだ。愚かなたくらみに加担する可能性は低い」[10]

ヨギ・ベラ（メジャーリーグの名選手）はかつて「おれをメンバーとして受け入れるようなクラブには入りたくない」と言った（もともとはコメディ俳優グルーチョ・マルクスの言葉）。商取引の世界を見るとき、この言葉はグラントの鉄則になるべきだった。ウォードは同じ有価証券を担保にして複数のローンを組み、巨額の借金を重ねるようになった。しかも、それらの有価証券を利用できるのはウォードだけだった。グ

ラントは廃業せんばかりの勢いで金を使って贅沢な暮らしをし、ウォードはといえば、文字どおり廃業への道を確実に歩んでいた。ウォードは絶えず町を走り回り、グラントの名前を使っては、自分のたくらみにてこ入れをすべく、新しい銀行融資を確実にものにするための扉を開いていた。コーネリアス・ヴァンダービルト（資本家、鉄道王）の息子で、当時世界一の大富豪だったウィリアム・ヴァンダービルトは、会社を破綻させないための支援として、グラントに15万ドル融資した。翌日、ウォードはヴァンダービルトにあと50万ドル出させようとしたが、このときは拒絶された。[11]

このようなことが展開されているあいだ、グラントはすべてが順調だと思っていた。だがある日、オフィスに近づいていくと、金を返せと怒り狂う群衆に迫られることになった。そして、元大統領の名を冠した会社のせいで銀行が破綻したと告げられた。これは驚くべき展開であり、業務は大成功していると思い込んでいた男にとっては完全に不意打ちだった。グラントはその日、友人に次のように語った。「今朝、ダウンタウンに行くとき、わたしには巨額の財産があると思っていた。今は１ドルあるのかさえわからない。それに、息子たちもおそらく、すべてを失っただろう」。老後の蓄えは消えてしまった。計画段階では百万長者になれると思っていたグラントだが、残された財産は妻の分と合わせても２１０ドルだった。[12]

財務報告によると、帳簿上の資産額がわずか6万９０００ドルだったのに対し、会社が投資家に支払うべき金額は１７００万ドル近くに及んでいた。ウォードは自分が個人的に使う

ため、投資家の小切手を1枚残らず、ひたすら現金化していたことがわかった。拘留されたウォードはその後、次のように白状した。「彼（グラント）は何も知りませんでした。わたしの言葉を信用していました。彼が持っていた情報は顧客と一緒です。それに抱いていた幸福も。つかの間の幸福でしたけどね」。投資家に大々的に宣伝した政府との契約については、詐欺の犠牲者からそれを見せてくれと言われたことは一度もないとウォードは主張し、勝ち誇ったように「大きな利益があると見せつけてやったら、連中はそれはもう満足しましてね、見かけだけの配当金で喜んで買い乗せしてくれましたよ」と言った。この惨事の余波で株式市場は暴落した。ほかにふたつの銀行が、7つの証券会社とともに巻き添えを食って閉鎖を余儀なくされた。[13]

グラントは公職を退いたときに設定された100万ドルの信託基金の4分の1を丸々失った。ウォードはその金を使ってある会社の債券に投資したが、その会社が債務不履行に陥ったのだ。グラント家は老後の基本的な生活費をかき集めざるを得なくなった。彼らは友人からの施しを受け入れた。南北戦争の英雄であり、アメリカで最も有名な男であり続けたグラントのもとに、あふれんばかりの同情が限りなく寄せられた。グラントはすっかり屈辱にさいなまれ、当時、こんな告白をしていた。「どうすれば、また人を信頼できるようになれるのかわからない」。グラントがあまりにも困窮していたため、市民は請求書の支払いができるよう、お金を送り始めた。南北戦争における北軍勝利のもうひとりの立役者、ウィリアム・テカムセ・

シャーマンは、友人のグラントについて「すべてを失ったが、評判はさらに高まった」と述べている。[14]

それから1年も経たないうちに、グラントは致死性の喉頭がんにかかった。将軍は本の執筆を何年も先延ばしにしてきたが、余命がわずかと知り、この世を去る前に、いくばくかのお金を家族に残したいと考えた。そこで、ようやく回顧録の執筆に着手し、本はマーク・トウェインの出版社から刊行されることになった。グラントが回顧録を書き終えたのは1885年、亡くなるわずか1週間前だった。喉のがんは痛みがひどく、本の大部分は最後の数か月で妻に口述することを余儀なくされた。『自著克蘭徳（グラント）一代記　一名南北戦争記』（原書『*The Personal Memoirs of U.S. Grant*』は70章まであるが、邦訳では39章まで）は、かつて刊行された軍事回顧録の中でも第一級の傑作として広く知られている。書籍は上下2巻で30万部以上を売り上げた。それまで、かくも短い期間でこれほど多くの部数を売り上げた本はなかった。グラントの妻は本の売上から50万ドル近くを受け取った。

グラントは信義を重んじる男だった。回顧録では自分の偉業について書くことは拒み、代わりに自分の行動に自身を語らせた。マーク・トウェインは本の出版に尽力した。トウェインも生涯にわたり、投資で度々痛い目に遭っており、後にこう述べた。「グラントの名が有する申し分のない信頼性と社会的地位があったからこそ、フィッシュ（ウォードのビジネス・パートナー）とウォードは大衆を騙すことができた。自分たちだけの評判では、あんな詐欺はできなかっただろう」。グラントの伝記を書いたロン・チャーナウは、グラントはこの試みにおいて、「自身の基本的品性」に敗

れたのだと述べている。グラント自身は決して詐欺師ではなかった。ただ、ビジネスの取引においても、金持ちになりたいという願望においても、はなはだしく無知だったのだ。

2度金持ちになろうとしてはいけない

ユリシーズ・グラントが公職を退いた際の信託基金（25万ドル）とニューヨーク市の自宅（10万ドル）の価値は、現在の数百万ドルに相当する。グラントは自分を金持ちだとか、ビジネスの成功者だとは考えていなかったが、この国の最高権力者の職を辞したあとの人生に向けてかなりの金額の年金が設立されていた。グラントの問題は、その金を利用して何倍にもしようとしたことだ。もちろん投資は何ら悪いことではない。実際、ほとんどの退職者は老後の自己資金を増やすため、投資を続ける必要がある。なぜなら、寿命は延び続けており、それは、あなたのお金が退職後何十年も続く必要があるかもしれないことを意味するからだ。しかし、慎重な投資と投機には違いがある。見事なタイトルの書籍『投資家のヨットはどこにある？』の著者、フレッド・シュエッド・ジュニアは次のように書いている。「投機は、少ない金を大金にしようとする試みで、大金が少なくなってしまうのを防ごうとする試みで、おおむね失敗する。投資は、成功しなければおかしい[15]」。グラントは2度金持ちになろうとして、すべてを失ったのだ。

ウォーレン・バフェットがメリーランド大学でＭＢＡ課程の学生に話をしたことがあった。

ある学生がオマハの賢人（バフェットの愛称）に尋ねた。成功した人たちがお金で犯す共通の過ちをいくつかを挙げてくださいと。バフェットは学生たちにこう言った。「2度金持ちになった者はばかだ。なぜ必要でもないもののために、自分が必要とし、手にしているものを危険にさらすのか？　あなたがすでに金持ちなら、余計なリスクを背負ってもメリットは何もないが、恥をかくことはデメリットになる」[16]。金持ちになるのは確かにうれしい悩みだが、成功を収めていながら経済生活で失敗したり、壮大なスケールで詐欺に引っかかったりした無数の人々から学べる教訓は山のようにある。大きな損失を出したり、金を騙し取られたりする人たちの多くは、それを酌量すべき事情のせいにしがちだ。グラントは信義を重んじる男であり、自分以外のだれかのせいには決してしなかった。だが、たったひとつのミスであれ、それがそれなりに大きな誤算であれば、富を消滅させ得ることに気づいていなかったのだ。一歩間違えただけで、富はぱっと消えてしまう。

自分が理解していないものに1度、有り金をすべて投資するだけで、あなたはそれが消え去るのを見ることになる。ペテン師や強引なセールスマンに老後の蓄えを1度渡すだけで、あなたは骨の髄までしゃぶられることになる。自分の投資スキルを1度、過信するだけで、投資を集中させる姿勢が完全に不利に働くのを目にすることになる。不適切な個人や組織に1度、信頼を置くだけで、あなたは未来の経済状況を台無しにすることになる。

だが、この逆もまたしかりだ。

お金を管理の仕方を1度、学びさえすれば、苦労して貯めたお金を失わずにすむ。しっかりした事業アイデアを1度思いつきさえすれば、強力な収入源を生み出すことができる。幸運を1度、手に入れさえすれば、自分のキャリアや収益、ビジネス・チャンスが軌道に乗るのを目にすることができる。財務を1度、整備しさえすれば、有意義な結果が見られるようになっていく。

大多数の人は、有名になったり、持続可能なビジネス・ベンチャーを構築したり、革新的なビジネス・アイデアで大儲けをしたりすることは決してないだろう。だが、自分のお金の支出と貯蓄について賢い意思決定をすれば、個人の資産を管理することができる。お金の管理や金融面での意思決定のノウハウを1度でも学ばなければ、何度幸運に恵まれようが関係ない。最終的にあなたの運は尽きる。裕福になる方法はごまんとあるが、裕福であり続けるための簡単な方法はごくわずかしか存在しない。そして、裕福であるかどうかは常に自分の過去の状況との比較であるから、これらのアイデアは、あなたがいくらお金を持っていようが適用できる。ほとんどの人は、1度でさえ金持ちになることはないだろう。だが、賢い資金計画を作成し、お金に関するより適切な決定をすれば、あなたの運を改善できないとも限らない。政治やビジネスの舞台で収めている成功のレベルに関係なく、適切な決定を行う方法をいくつかご紹介しよう。

お金と生活を多角化する。金持ちになるには投資を集中させるべきだが、金持ちであり続けるには、投資を分散させろと古くから言われている。この言葉は最も成功している実業家や投資家には当てはまるかもしれないが、生存者バイアスのにおいも放っている。

サクセス・ストーリーには必ずと言っていいほど、幸運なきっかけがある。アップルは、１９９０年代後半にマイクロソフトからの融資で救済された。それがなければ、世界最大の上場企業に仲間入りはできなかったかもしれない。コカ・コーラは、だれかが薬用シロップに誤って炭酸水を加えてしまったときに誕生した。プレイ・ドー（同名ブランドの小麦粘土）は、もともと壁紙クリーナーになるはずだった。歯磨き粉が日常的に使われる製品として普及したのは、だれかが泡を追加し、歯磨き粉が実際に口に何かをしているという感覚を人々が得られるようになってからのことだ。

多角化は、どのレベルの富を持つ人にとっても重要だ。ピーター・バーンスタインはかつて「多角化は、われわれの無知を合理的に分散させる唯一の手段だ」と述べた。これはあなたのキャリア・パスだけでなく投資にも言えることだ。すべての人的資本をひとつのベンチャーに投入した場合、消費者の嗜好、経済、悪いタイミング、単なる不運といった予測不可能な変化にさらされる可能性がある。自分の資産やビジネスの利益を分散し損なったとき、あなたをへこませる可能性があるのは金融詐欺だけではない。

十分と思えるレベルを把握する。グラントは公職を辞したあと、序列上の地位と自分の資

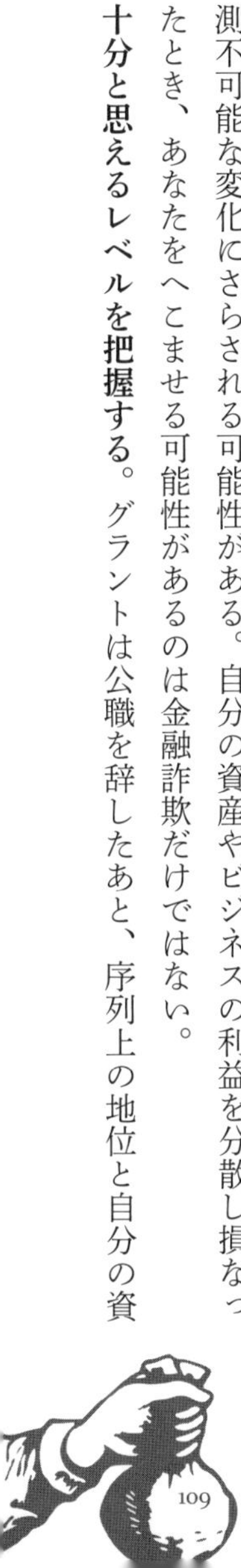

産を釣り合わせるには、百万長者になってしかるべきだと考えた。グラントはお金では買えないもの、すなわち国と世界全体からの尊敬を手にしていたのだからおかしな話だ。地球上のビジネス・オーナーや投資家は皆、グラントが世間から得ていた尊敬と称賛を手に入れたいと思っていたのに、こと自分の資産に関して、とにかくグラントはこれで十分と言うべきときがわかっていなかった。『クロニクル・オブ・フィランソロピー［*The Chronicle of Philanthropy*］』（非営利事業の専門誌）がある調査を行い、財産を相続した人たちに「完全に安心できるために必要な金額はいくらか」と尋ねた。相続した金額、すでに手にしていた金額にかかわらず、多くの人が挙げた金額は常に、相続した金額のおよそ2倍だった。[17]

　バークシャー・ハサウェイの副会長のチャーリー・マンガーはかつてこう述べた。「昔から言われていることだ。〝ねたんで何になる？　ねたみは唯一楽しむことができない原罪である〟。ねたみは１００パーセント破壊的な感情だ。憤りはばかげている。復讐もばかげている。ねたみもばかげている。人生の早い段階でこれらの感情を取り除いておけば、人生はずっとうまくいく」。残念ながら、あなたより多くのお金を稼いだり、多くの称賛を受けたり、良い肩書きを手に入れたり、大きな権力を振るったりする人はこの先も常に出てくるだろう。ＳＮＳなどに謙虚を装った自慢やら、偽りの生活やらが出現し、最近では、周囲に目をこらすまでもなく、自分は取るに足らない人間だと感じてしまう。

　自分を向上させようとするのは何ら間違ったことではない。過去数百年にわたり、わたしたちがこれほど多くの進歩を経験した最大の理由のひとつは、朝起きて、人生における自分の地位を向上させたいと思うのが人間のありようの一部になっていることだ。しかし、もう十分と見極める時期がわからない人は、隣人に負けまいと張り合い、いつの間にか苦境に陥る可能性がある。人生というレースにおいて、あなたは自分の仲間や同僚、友人、あるいはＳＮＳのスターと競っているのではない。あなたは自分自身、いやそれよりも、自分の以前のバージョンと競っているのだ。お金のことで満足を見出す場合はなおさらだ。リチャード・カールソン（わたしとは無関係）はかつてこう記した。「物をたくさんもつことが悪いとかまちがっているというのではなく、もっともっと多くの物を求めるのが狂気の沙汰なのだ。「モア・イズ・ベター」と考えているかぎり、けっして満足することはない[18]」（『小さいことにくよくよするな！』小沢瑞穂訳）

いくら持っていれば自分にとって十分なのかわからずにいると、あなたは簡単な結論として、常により多くのものを求めようとするだろう。

第7章

詐欺が繁盛するとき

約束の現金価値が上がるとき、未来の日々が早々と売られるとき、
詐欺師はいち早く得をする人々だ。

——ジョナサン・クウィトニー（アメリカの調査ジャーナリスト）

これまで注意を払ってきたのであれば、ペテン師、詐欺師、詐欺が発生しやすい環境に多くの類似点があることに気づくはずだ。状況は常に異なるため、すべての詐欺はそれ自体が独特のものだが、詐欺が本当に繁盛するときにありがちな状況を示すテーマがいくつかあるので指摘しておこう。

よくできた話をする「専門家」がいるとき

ジェリー・サインフェルド（アメリカの俳優、コメディアン）はかつてこう言った。「世界中で毎日起きるニュー

スの量が新聞のニュースといつもぴったり一致するのは驚きだ」。作家のマイクル・クライトンはあるスピーチの中で、メディアが見合わない信頼性を帯びることがよくあると述べた。そしてこの状況をともに議論したノーベル物理学賞受賞者、マレー・ゲルマンにちなみ、ゲルマン健忘効果と呼んだ。ゲルマン健忘効果について、クライトンは次のように説明している、

　ゲルマン健忘効果とは簡単に言えばこうだ。あなたが新聞を開き、自分がよく知っている分野の記事を見る。マレーなら物理学。わたしならショー・ビジネスだ。あなたは記事を読み、これを書いた記者は事実も問題点もまるで理解していないと気づく。多くの場合、記事はひどく間違っていて、実際には話が逆転している。因果関係が逆なんだ。わたしはその手の記事を「濡れた歩道が雨を降らせる」記事と呼んでいる。新聞にはそんな記事があふれている。

　いずれにせよ、あなたは記事にある複数の誤りを、憤慨したり面白がったりしながら読んだあと、ページをめくって国内情勢や国際情勢の記事に目をやり、今読んだばかりのたわごとに比べたら、新聞の残りの記事は正しい、とにかくパレスティナについては正確だ、といった感じで読んでいく。ページをめくると、わかっていたことを忘れてしまうのだ。

この考え方は金融の「専門家」にも当てはまる。普段の生活で、話に尾ひれをつけたり、嘘ばかりついたりする人を見つけるのは簡単だが、いざ自分の資産のこととなると、わたしたちは、最初に現れる蝶ネクタイをした知的な物言いの人物を信用してしまう。ある人物がいい加減なことは言っていない印象を与えたり、約束をたくさんしたり、あなたが理解していない専門用語を使ったりするなら、その人物は自分が何をしているのかわかっているに違いない、ということでいいだろうか？　まったく逆だ。

人間は嘘をつく生き物であり、人を詐欺や悪徳商法へと追い込む詐欺師は、長々と作り話をする達人だ。投資ビジネスの不幸な現実のひとつは、投資家から資本を呼び込む場合、ほかのすべての条件が同じなら、才能のある営業スタッフが才能のある投資スタッフを打ち負かしてしまうことだ。だが、これは合法的な資金管理ビジネスでの話。詐欺師やペテン師に関して言えば、予想はつかない。そして多くの場合、詐欺師たちはウォール街で最も優秀な人材よりも販売とマーケティングに長(た)けている。

クライトンはまた、いわゆる専門家が大げさな約束をして、結果が期待はずれという典型的な成り行きを説明する逸話も披露した。それはクリスマスの朝、ある男の子が階下に下りていくと、部屋のツリーの周りに馬糞(ばふん)が山になっていたという古いジョークだ。両親は、喜んで飛び跳ねている男の子に、馬糞だらけの部屋を見て何がそんなにうれしいのかと尋ねる。すると男の子は「こんなに馬の糞があるってことは、きっとポニーがいるんだよ」と答える。[1]

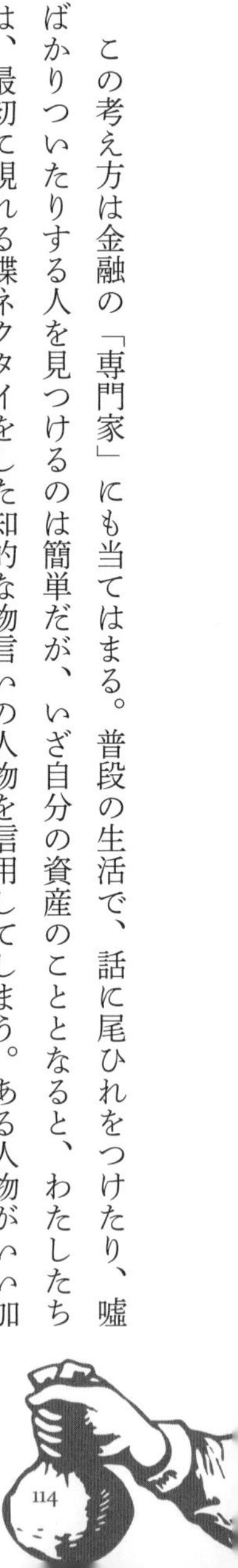

昔ながらの「きっとポニーがいる効果」は、金融詐欺や不正行為の蔓延に不可欠な要素だ。残念ながら、うまい話につきものの金銭的約束にもポニーはまずついてこない。そんな約束はでたらめの山なのだ。

欲が満ちあふれるとき

チャールズ・キンドルバーガーは、名著『熱狂、恐慌、崩壊――金融恐慌の歴史』の中で、バブルの5つの段階について概説している。

第1段階・ずれ。期待を急激に変化させる出来事や革新が生じる。この段階は通常、現実と善意が土台となっている。

第2段階・膨張。その出来事に関する話が広がり、人々が資産価格をつり上げ始める段階。

第3段階・陶酔。この時点ではもう何が起こるかわからない状態になっている。だれもが簡単に、あっという間に金持ちになれると思い込んでいる。成り行き任せでリスクを冒し、その後遺症を心配する者はひとりもいない。インターネット・バブルのさなか、人々が本職の仕事に通うより、ＩＰＯ（新規公開株式）のデイ・トレードのほうがずっと稼げるに違いないと思ったのがこの時期だ。陶酔により、人々はいい時が永遠に続く、少なくとも、形勢が一転したときに貧乏くじを引くのは自分ではないと考える。

第4段階・危機。ブームの向こう側には当然、崩壊が待っている。この段階では、インサイダーが売りに走り、パニック買いがたちまちパニック売りに転じる。

第5段階・伝染。陶酔によって価格が上方にオーバーシュートするのと同様、悪いニュースが伝染して広がり、人々が事態は二度と好転しないと考えると、価格はしばしば下方にオーバーシュートする。[2]

第3段階がこのサイクル全体のかなめとなる。なぜなら、欲がなければ、恐れはないからだ。バブルがなければ崩壊もない。そして、欲とバブルがなければ、詐欺はまず起こらない。傑作映画『ウォール街』でマイケル・ダグラスが演じたゴードン・ゲッコーは、次のように述べた。「皆さん、ほかにいい言葉が見つからないのですが、要するに、欲は善なのです。欲は正しい。欲は役に立つ。欲はものごとを明確にし、道を開き、進化の精神の本質を如実に示します。〝欲〟にはいろいろある。生命欲、金銭欲、愛欲、知識欲。いずれにせよ、欲は人類を向上させる推進力となってきました」

この言葉は極端だと言う人もいるだろうが、実際にはそうでもない。ゲッコーはいくつかもっともなことを述べている。問題は、わたしたち人間が常に度を超してしまうため、ひとたび欲が市場に感染すると、抑制が効かなくなることだ。そのサイクルは次のように展開する。

◉市場が暴落し、その後、経済や企業の先行きが最悪から少々悲惨な状況へと移行すると、市場は上昇し始める。なぜなら、市場は絶対的（良いか悪いか）ニュースよりも相対的（良くなったか悪くなったか）ニュースに関係しているからだ。だが、人々は自分たちの周囲に市場や経済の悪化で流れた血が残っているのを目にしているので、相場が持ち直してもだれも信用しない。

◉ようやくほかの投資家が、ひっくり返らない上昇市場に注目する。価格の下落が買い手を引きつけるのと同様、価格の上昇は売り手を引きつける。したがって、資産価格が上昇すると、それが自ら実現する予言のようなものになり、上昇が（当面）続いていく。

◉市場の上昇がそれなりに継続すると、人々は近所の人が金持ちになっていくのを目の当たりにしたり、他者が儲けている記事を『ウォール・ストリート・ジャーナル』で読んだりするようになる。すると群集心理が働いて、欲が勝るようになる。そして同じことが繰り返される。

弱気市場はわたしたちをばかみたいな気持ちにさせるが、それと同様、強気市場はわたしたちに、自分は無敵だと信じ込ませる。真実は両方のシナリオの中間にあるのだが、この無敵という感覚により、一緒に働くにふさわしい人間を選ぶ場合、意思決定プロセスがいい加減になる可能性がある。

詐欺師にとって投資家がいいカモになるのは、市場のサイクルがこの欲の段階にあるときだ。楽に利益を手にすることが難しくなってくると、欲はあなたの視界を曇らせる。楽に得られる利益が消失すると、今度は自分にもらう権利があると感じる報酬を手にするため、人はあえてより多くのリスクを冒そうとする。それで、市場には何らかの貸しがあると思うようになり、手を出すべきではない投資や戦略に手を伸ばしてしまう。これは強引なセールスマンにとっては夢のシナリオだ。必死に頑張るまでもなく、疑うことを知らない犠牲者につけ込めるのだから。

ジョセフ・〝イエロー・キッド〟・ウェイルは1900年代初頭に最も成功した詐欺師のひとりで、さまざまな詐欺を駆使し、人々から金を騙し取っていた。偽の商品の販売、珍しい高価な犬種を販売用に飼っているふりをする犬の詐欺、偽の懸賞企画、自分のものではない土地の販売など、40年にわたる詐欺師稼業で300万ドルから800万ドル稼いだと推定される。晩年、ウェイルは「わたしのような男は、被害者のやたらと欲しがる嘆かわしいほどの欲がなければ存在できなかった」と認めている。[3]

資金が盲目になるとき

ウォルター・バジョットは、19世紀半ばから後半にかけて『エコノミスト』誌の初期の編集者を務めた。バジョットは評論集の中で、狂気の瞬間が襲い、資金がリスクに目をつぶるときに何が起こるかについて記している。

時折、現在の目的に合わない理由により、これらの人々の金——国の（いわゆる）盲目資金——がとりわけ大量に必要とされることがある。盲目資金はそれを食い尽くしてくれる者を求め、そこに「過剰」が生まれる。そして、盲目資金がそれを使い尽くしてくれる者を見出し、そこに「投機」が生まれる。そして盲目資金は使い尽くされ、「恐慌（パニック）」が起こるのだ。[4]

ペテン師や詐欺師はだれよりもこのダイナミクスをよく理解しており、資金が盲目になると、間違いなくそこに現れ、いつでも襲いかかってやると待ち構えている。時として資金が盲目になるのは、あなたがあまりにも多くの資金を持つがゆえ、ガードが緩んでしまうからだ。キングこと、エルヴィス・プレスリーの身に起きたことはまさにそれだ。キャリアが終わりを迎えようとしていたころ、エルヴィスがめったに使わない自家用機を所有していたため、父親のヴァーノンはそれを売りに出し、力になってやろうと思った。そこへ急降下してきたのがフレッド・プロという手練れ（てだれ）の詐欺師で、プロは自家用機だけでなく、エルヴィスのお金もいくらか頂戴しようと、手の込んだ詐欺を企てた。取っ掛かりをつかむため、プロは航空業界のベテランであることを証明する詳細な履歴書をでっち上げた。相手の信頼を得るや、詐欺師は

自分の計画を伝えた。それは、例の自家用機を買い取ってエルヴィスが借りていた残りのローンを完済したら、今度はその飛行機をプロ自身にリースし、この取引によって、キングは毎月かっきり１０００ドルの利益を得るというものだった。プロはパイロットとして飛行機のチャーター契約をし、自分の損失を埋め合わせるつもりだと言った。

プロははるばるニューヨーク市までテスト飛行を行い、その飛行機を担保に１００万ドルのローンを組んだ。取引を成立させるため、プロにはエルヴィスから頂戴すべきものがもうひとつあった。それは34万ドルの小切手だ。この金額はエルヴィスの飛行機の純資産額に相当するが、機体の改修費として使われることになっていた。実は、プロには自家用機をリースするつもりなどまったくなかったため、改修はまったく行われなかった。それどころか、プロは34万ドルを持って姿をくらまし、やはりと言うべきか、彼がリース料の支払いに発行した小切手はどれも不渡りになって戻ってきた。にもかかわらず、プロと彼の詐欺仲間たちは、おおねただで手に入れた自家用機で数か月間全国を飛び回り、やがてエルヴィスが死んだという記事を読んだ。プロはその時点では、飛行機を担保権のない状態で所有できると思い込んでいたが、ヴァーノン・プレスリーが飛行機を騙し取られたと気づき、ようやく当局に訴えた。

ヴァーノンはＦＢＩに次のように語った。「こう考えたんです。あの男はもしかして……彼が改修用の金を要求した理由は、自分で使うためだったんじゃないか、飛行機のためじゃなくてって。これは最初から仕組まれた取引だったのかもしれない」[5]

うーん……皆さんはどう思う？

プロの計画は最初から、逃すにはもったいないおいしい取引でプレスリー親子の目をくらますことだった。親子はこの取引で儲けられるという考えに踊らされ、プロが言ったこと以外に、買い手側へのデュー・デリジェンスを実施し損ねたのだ。

伝説的な投資信託マネージャー、ピーター・リンチは「最低でも冷蔵庫を選ぶときと同じくらいは時間をかけて株式の調査をしてください」と述べたことがある。ここで言いたいのは、多くの場合、人は今後何年にもわたって影響を与える可能性のある決断よりも、お金に関する小さな決断がもたらすメリットについて議論することに多くの時間を費やすということだ。金銭的に大きな決断をする場合、特別な注意を払うのは当然だろう。残念ながら、資金が盲目と化すと、わたしたちはしばしば慎重さを忘れ、その結果、つけ込まれてしまう可能性が出てくる。

銀行業界が関与するとき

大金融危機について書かれたマイケル・ルイスの傑作『世紀の空売り』に登場するスティーヴ・アイズマンは最も記憶に残るキャラクターのひとりだ（映画版『マネー・ショート』ではスティーヴ・カレルがアイズマンを演じた）。サブプライム・ローンが金融システムに引き起こしている連鎖的問題を知った後、アイズマンとそのチームは、バンク・オブ・アメリカ、

UBS、シティグループ、リーマン・ブラザーズといったウォール街の銀行株の空売りを開始した。これらの企業はバランスシートにサブプライム債を抱えており、そのすべてが大打撃になると賭けたのだ。アイズマンは、今や消滅会社となったメリル・リンチも空売りし、メリルはその後、バンク・オブ・アメリカに買収された。なぜメリルを空売りしたのかと聞かれたとき、アイズマンは次のように答えた。「素朴な持論に従っただけですよ。災難は必ず訪れる。災難が訪れたとき、そこには必ずメリル・リンチがいる」(東江一紀訳)。この考えについて、マイケル・ルイスはこう続けた。

オレンジ郡が誤った助言を受けて財政を破綻させたときも、メリルがいた。インターネット・バブルが弾けたときも、メリルがいた。さかのぼって一九八〇年代、手綱を解かれた初の債券トレーダーが数億ドルもの損失を出したときも、メリルはそこにいて、直撃を受けた。アイズマン流に解釈すれば、それがウォール街の序列というものだ。図体の大きなゴールドマン・サックスは、この界隈のがき大将で、ゲームを取り仕切っている。小柄で太っちょのメリル・リンチは、いつもいちばんうだつの上がらない役をあてがわれるが、仲間に入れてもらえるだけで喜んでいる。そして、下っ端がむち打たれるゲームが、延々とくり広げられる。メリル・リンチは、序列のいちばん下の地位にずっと甘んじてきたのだ。[6](東江一紀訳)

これらの銀行株は金融危機ですべて破綻したのだから、アイズマンが正しかったことは言うまでもない。だが過去のすべての危機でメリル・リンチが果たした役割はそれほど多くない。というのも、水に血が滴っているとき、その周囲をぐるぐる旋回するのがウォール街だからだ。銀行には市場が急騰するとその火を煽るといういやな癖がある。なぜなら、実体経済(メインストリート)から逃げ出す金があるとき、皆、ウォール街で置いてきぼりを食いたくないと思うからだ。そして人々が金儲けをしているとき、途中のどこかで間違いなく詐欺が関わっている。FBIの報告によると、住宅熱に沸いた2000年から2006年にかけて、住宅ローン関連の詐欺は5倍に増加した。

ハウスホールド・ファイナンス・コーポレーションは1870年代に設立されたが、2000年代初頭の不動産バブルのさなか、今までになく速いペースで貸し付けを行っていた。成長の源は、妙な販売戦術を用いた二番抵当だった。彼らは上昇する住宅市場で自分の家を担保に金を引き出そうとしている人々に、固定金利の15年ローンを提供していた。ただ、見込み客にはその15年ローンを30年ローンに見せかけ、仮に返済を30年に引き伸ばしたとしたら支払いの流れはどうなるかということを提示していた。借り手はこれにより金利が7パーセントになると言われたが、実効金利は実際には12・5パーセントだった。これは見え透いた詐欺であり、ある新聞記者がハウスホールドの販売戦術を調査し始めると、多くの借り手が事の次

第を理解した。ハウスホールドは集団訴訟で罰金の支払いを余儀なくされたが、その後間もなく、別の銀行に売却された。[7]

ウォール街の企業が必ずしも詐欺の加害者とは限らないが、市場が熱を帯びてくれば、彼らがその機に乗じるべく待ち構えていると思っていたほうがいい。それに、銀行がすべての取引をまったくごまかしがないようにしたとしても、自身の存続のため、詐欺を行うまで追い込まれてしまう企業がほかにも出てくるだろう。その点はごまかしようもなく確実だ。

個人が大勢から手掛かりを得始めるとき

わたしには幼い子どもが3人いるので、スーパーへ行くのはなかなか大変だ。だから出かける手間を省くため、食品や日用品に関しては、アマゾンでたくさんのものを購入している。ジェフ・ベゾスにしっかり仕込まれたおかげで、家で必要なものを探す店の第1位は、たいていアマゾンだ。新しいものを購入するとき、特定のブランドを考えていないのであれば、たいてい「Amazon's Choice」のマークがついたものを選んでしまう。わたしとしては理にかなっていないように思えなくもないが、人はどう反応すればいいのか、何らかの決断をどう下せばいいのかわからないとき、正しい行動がどうあるべきかを理解するため、他者に目を向ける。

これが、あなたのお気に入りのコメディ・ドラマの多くで、すべてのジョークに――面白いか否かは別にして――偽の録音された笑い声(ラフトラック)が入る理由だ。研究により、ラフトラックがジョークのあとに続くと、それがいかに陳腐であれ、使いすぎであれ、聴衆はより長く、より頻繁に笑うことがわかっている。また、視聴者はそのネタをより笑えると評価し、最悪のジョークでさえ、より大きな効果を発揮する。わたしたちは、ある状況でどう反応すべきか判断するため、他者に目を向けることがよくある。なぜなら、人間は地位を求める生き物であり、皆、ジョークについていけないのは（たとえ面白くなくても）いやだからだ。

ロバート・チャルディーニは、この影響力という名の武器を社会的証明の原則と呼んでいる。社会的証明とは、行動がより適切と見なされるのは、他者がその行動を取っているときであるという考え方だ。これは両刃の剣となる。理由はこうだ。たとえば、初めて訪れた店で支払いをどこですればいいか知るには、支払いを待つ他者の列を見つければいいなど、大勢の行動に従うのは、ある状況下では便利なライフハックになるかもしれない。しかし、こと自分の資金に関して手っ取り早い方法を取ると、群集心理につけ込んでやろうと手ぐすねを引いている人々に対して無防備になってしまう可能性がある。詐欺がウイルスのように広がりやすい理由のひとつは、他人が手っ取り早く稼げそうなものを手にしているのを見るのは耐え難いからだ。

１９００年代初頭、オスカー・ハーツェルは、５０００パーセントのリターンを約束することで、アメリカ中西部の約7万人をペテンにかけた。ハーツェルはナイジェリア詐欺に似た計画を用い、１５００年代にスペイン船から大金を略奪したとされる海賊、サー・フランシ

ス・ドレイクの相続財産から数十億ドルを入手すると請け合った。ドレイクの話は完全にでっち上げられたもので、実はハーツェルの母親がこの詐欺に引っかかっていた。それで、息子はほかの人間にこの詐欺を試してみようと考えたのだ。中西部の各地で農民たちがハーツェルの話に騙された。そして当局が詐欺をやめさせようとしたとき、市民から何千通もの怒りの手紙が舞い込んだ。彼らは、長年所在不明だった相続財産から数百万ドル受け取るという自分たちの夢を、アイオワ州の検事総長が狂わせるのではないかと心配していた。つまり、非常に多くの人たちがお金の存在を信じており、ハーツェルがイギリスからアメリカへ財産を運ぶのを手伝うべくお金を渡した人は皆、話を信じるしかなかったのだ。

ジョン・ケネス・ガルブレイスはかつてこう記した。「確かに、ひょっとするとチャンスはある。紅海の床にその財宝はあるのかもしれない。豊かな歴史は証拠を提供してくれる。だが、しばしば、というより、たいてい、そこには妄想や自己欺瞞があるにすぎない」。ハーツェル自身も、自分がでっち上げた話にはまってしまい、最終的に当局が彼の詐欺に終止符を打ったあと、この話は事実だと監獄の中で何度もわめき散らした。

市場が揺らいでいるとき

ものごとが本当に良いとき、あるいは本当に悪いとき、詐欺の肥沃な繁殖地が生み出される。市場の過熱と急後退はわたしたちの気持ちをもてあそぶが、その形はさまざまだ。金融詐

欺という形により多くの人々を引き込むのは、普通、急後退より過熱のときだ。周囲の人間が皆、儲けているとき、だれだって取り残されたとは感じたくない。そのため、事が順調に運んでいると、リスク管理は消えてなくなり、人々はデュー・デリジェンスのプロセスがいい加減になり、だれもが稼げるベンチャーをより信用するようになる。

急後退には必ず、それに先立つ過熱があるはずで、大恐慌に先立つ過熱は、「狂騒の20年代」だった。１９２０年代には、大衆消費者がこれまで経験したことのないような技術革新が導入された。人々には、現代のわたしたちが当たり前と思っているいくつかの贅沢が紹介された。ラジオ、冷蔵庫、洗濯機、アイロン、自宅の電気、個別の室内トイレ、セントラル・ヒーティング、エアコン、自動車、ほかにもたくさんある。そして、大勢の人々にこのような生活向上を可能にさせた技術革新は、この時期、消費者の借金を急増させた。歴史上初めて、人々はこぞって商品をクレジットで買うようになった。

株式市場はかつてないほど過熱した。そのあとに続いた市場の暴落は過熱を巻き戻し、さらに後退させた。フレデリック・ルイス・アレンの著作『オンリー・イエスタデイ――１９２０年代・アメリカ』は、この市場の過熱を取り巻くムードとその余波を見事にとらえている。

繁栄とは、単なる経済状態以上のものである。それはひとつの精神状態をあらわす。大強気市場は、景気の周期の頂点以上のものであった。それは、アメリカの大衆の思考と感

情の周期のひとつの頂点でもあった。繁栄によって、いく分なりと生活に対する態度に影響を受けず、また、突然の残酷な希望の崩壊によって影響を受けなかった男女は、この国に存在しなかったといってもいい。大強気市場は去り、繁栄の時代が終わろうとするとき、アメリカ人はやがて自分たちが別の世界に住んでいることに気づくのである。その世界では、新しい適応と、新しい思想と、新しい思考の習慣と、新しい価値の体系が要求されている。心理的風土が変わりつつあった。つねに動いているアメリカの日常生活の流れは、新しい水路に向かって流入しつつあった。[8]（藤久ミネ訳）

いろいろな意味で、金融詐欺は、それを広める人たちと、標的として騙される側の人たち双方の精神状態なのだ。

チャンスがやってきたとき

詐欺的行為にはいくつかの理由がある。時として人は生涯にわたり、他者を騙す詐欺師であり続ける。なぜなら、そのゲームを完了させるとわくわくし、裕福になれるからだ。自分の行動に都合のいい理屈をつける内的正当化によって他者のお金を騙し取る者もいる。このような状況は合法的なアイデアとして始まるが、成功に向けて次のレベルに引き上げる必要がある場合、詐欺へと姿を変える。それから、ゆがんだ動機のため、あるいは経済的必要性や欲求を認

識したため、詐欺に走る動機を得るケースが出てくる。

ただし、これらの状況が起きるには、必ずなくてはならないことがひとつある。チャンスだ。きっかけがなければ、欲深い被害者がいなければ、無駄なシステムがなければ、ところどころにあるべき管理の欠如がなければ、人につけ込むチャンスがなければ、詐欺は絶対にうまくいかない。そして、チャンスはときどき、ばかげた形でやってくる。

スペインの小さな町の兄弟が、18世紀後半から19世紀初頭のスペインの画家、フランシスコ・デ・ゴヤの絵画を購入した。本物だと思って買ったのだが、手付金を払っても鑑定書が届かず、兄弟はすぐ、騙されたと気づいた。この件は裁判にかけられ、専門家は絵が実際には偽物と判断し、兄弟はこの契約で負っていた残りの借金を免除された。

苦い経験をした兄弟は教訓を学んだが、それは必ずしも大多数の人が想像するようなものではなかった。自分たちの過ちから学ぶのではなく、自分たちが引っかかった詐欺と同じ詐欺で他人を騙せるかどうか確かめようとした。２０１４年、兄弟はこの贋作をアラブのある族長（シーク）に手付金１７０万スイスフランで売ろうとした。自分たちが騙されて買った同じ贋作を売ろうとしただけでなく、買った価格より高値で売ろうとしたのだ！　どうやら贋作市場でさえ、かなりいいリターンがあるらしい。悲しいかな、この詐欺にはまた別の偽造が関わっていたのだが、今回は絵の偽造ではなかった。兄弟が絵の手付金をユーロに換えようとしたとき、その金が偽造されたものであることが判明した。そして、何より最悪だったのは、この取引を結ぶた

めに兄弟が30万ユーロの手数料を請求されたことだ。お金が偽物だったと判明した途端、シークと手数料を受け取った仲介人はともに姿をくらましてしまった[9]。

チャンスが与えられれば、だれもが同じ道をたどっていたわけではない。だが、さあつかめと言わんばかりにチャンスがそこにあるように思えたという理由だけで、おおむねまっとうに見える人たちが詐欺に走ってしまうこともあるのだ。

人間が関わるとき

エドウィン・ルフェーブルの『欲望と幻想の市場――伝説の投機王リバモア』が最初に出版されたのは1923年だった。ルフェーブルはこう記している。「(若い頃に得たもうひとつの教訓は、)ウォール街では目新しいことは何もない、ということだ。投機という行為がはるか昔から行われていたことを考えれば、当然でもあろう。今日相場で起こっていることは、かつて起こったことであり、将来再び起こるであろうことなのだ」(林康史訳)。この文の「相場」を「詐欺」に置き換えても説得力がある。

J・H・ケリーは、「実践的科学システム」を通じて医学的奇跡を起こすことができると主張した。このシステムは、病んだ人たちがケリーの手助けで一生懸命意識を集中させ、自身のすべての問題を「考えることで追い払う」というものだった。荒唐無稽な話に思えるが、ケリーは何度も億万長者になった。1900年には、彼の癒しの力を求める人たちから1日何千通も

の手紙を受け取っていた。請求する治療代は1000ドルから1600ドル。これを受け取るとハガキを1枚送り、悩める人たちが脳を明晰にすることによって病を治すための正確な日時を教えるというわけだ。[10]

ジュード・デヴローはロマンス小説のベストセラー作家で、約30作が『ニューヨーク・タイムズ』のベストセラーリストに入っている。本の売上で何度も大金持ちになったデヴローは、金融詐欺の格好のカモになった。事故で息子を亡くし、離婚を経験し、気弱になっていたときに、ある霊能者の餌食となったのだ。霊能者は偽名を使い、この作家に、あなたの銀行口座にお金が残っているなら、それが災いを引き寄せると言った。デヴローは推定1700万ドルを渡してしまった。詐欺師の霊能者について裁判で証言したとき、デヴローは次の点を認めた。「今振り返ると、とんでもないことでした。わたしはどうかしていたんです」[11]

市場、経済、規制、テクノロジーは絶えず変化し、適応していくが、人間の本性は昔から変わらぬままだ。人間が地上を歩く限り、その本性につけ込む人々がいるだろうし、つけ込まれる人々が必ずいるはずだ。

革新がはびこるとき

大きな技術的変化が起きる時代には、金融詐欺にうってつけの雰囲気がもたらされる。自分のお金に関して人々が現実に疎くなり始めるのは、「パラダイム・シフト」といった言葉を耳に

するこのような転換期だ。急速な変化によって手っ取り早くお金が稼げるようになるとだれもが信じたくなるからこそ、金融の好況期、政局の混乱期、技術革新時、ものごとの転換期には詐欺師が勢いづくのだ。こうした転換期は大きな希望をもたらすが、将来に対する大きな不透明感ももたらす。希望は決して良い投資戦略ではないものの、素晴らしい販売戦術にはなる。わたしたちは皆、今より健康で裕福になれればと夢見ることが大好きだ。そして、このような夢を簡単に売り込めるのは、人々の頭が楽観に満ちている時をおいてほかにない。

大きな変化の時を迎えている場合、わたしたちは現状のリスクを低く認識する。それゆえ、実際に投資環境は安全になっていると感じるため、自分のお金でリスクを冒す傾向が強くなる。技術革新は数え切れないほどのやり方で世の中を改善してきたが、このような転換期は人々にとってリスクの見極めが難しくなりがちだ。車にアンチロック・ブレーキが取りつけられたとき、人々の運転はすっかり荒くなった。商船がレーダー技術を導入したとき、海上衝突は少なくなると想定された。だが実際には、船長が無謀な運転をする傾向が高まった。[12]

次の章では、対象とする期間によって、テクノロジーの進歩がプラスの結果とマイナスの結果を同時に招き得る様子を見ていく。

第８章

新技術の誘惑の言葉

ゴールド・ラッシュは衝動的な投資を促す傾向がある。利益を生む投資もいくつかあるだろうが、熱狂が峠を越すと、わたしたちは失敗に終わったベンチャーの残骸を振り返り、信じられないといった面持ちで考えるだろう。「だれがこんな会社に資金を提供した？　何を考えていたんだ？　熱狂だけでこんなことになったのか？」

――ビル・ゲイツ

ガラスは何百万年も昔、彗星が地球に衝突した際に生み出された。衝突時に化学反応を起こすレベルの熱が放出されて二酸化ケイ素が液体化し、それが冷えて固まったのだ。だが、ガラスが多くの目的を果たすのは、もうひとつの発明によって息を吹き込まれてからのことだ。ヨハネス・グーテンベルクの印刷機が登場した結果、ヨーロッパ中の人々が活字を読もうとして

自分が遠視だと気づくこととなり、老眼鏡の需要がぐんと高まった。この需要の高まりによってほかの分野にも革新の波が押し寄せ、科学者がさまざまなレンズの実験を開始した。レンズの実験は顕微鏡をもたらし、顕微鏡は体の細胞内部の働きに対し、わたしたちの目を文字どおり開いた。その後、1970年代にコーニング・グラス・ワークス社の研究者が驚くほど透明なタイプのガラスを開発した。ベル研究所の科学者がそのガラスから繊維(ファイバー)を取り出し、光信号を使ってそのファイバーにレーザー光を伝送し、それが0と1を使用したコンピュータ・コーディングのような機能を果たした。透明なガラス繊維とレーザーという、一見無関係な発明を一緒くたにして、現在、光ファイバーとして知られているものが作り出された。光ファイバーは、ほかのケーブルより広い帯域幅で電気信号を送るのに極めて効率的であることがわかっている。この効率性のおかげで、光ファイバー・ケーブルは、過去に使われていたもともとの銅ケーブルより信号の長距離伝送に優れている。大西洋には10種類の光ファイバー・ケーブルが敷設されていて、世界中の音声データ通信の大部分を瞬時にして簡単に伝送できる。光ファイバー・ケーブルは信号処理の効率が非常に高く、すべての音声およびデータ・トラフィックを北米・ヨーロッパ間で意のままに送受信できる。[1]

おりしも、インターネットと呼ばれるちょっとした代物がいよいよ登場し、光ファイバー・ケーブルなら提供できる、より広い帯域幅が必要となった。というわけで、今やガラスは情報を伝達するために使われ、わたしたちは仕事、遊び、エンタテインメント、社交、時間の無駄

遣い用にガラス製の小さなスーパー・コンピュータをポケットに入れて持ち歩き、毎日情報を消費している。１９９０年代のインターネット・バブルがなければ、このシステムのインフラ整備はもっと長い時間がかかっていた可能性が高い。

バブルというと、大衆の熱狂と、避け難い崩壊のさなかに訪れる痛みにまつわるさまざまな物語が思い出される。投機家は、「ニュー・エコノミー」としてもてはやされていた現象の中で技術革新が事をどこまで推し進めることができるのか理解しようとしたが、インターネット・バブルは間違いなく多くの熱狂と、最終的な損失をもたらした。１９９０年代にＩＴ業界最大級の寵児であったインテル、シスコ、マイクロソフト、オラクルは、１９９５年の初めには合わせて８３０億ドルの価値があった。わずか5年後、ＩＴバブルが天文学的レベルにまで膨らむと、このグループは、合計時価総額2兆ドル近くにまで成長した！　5年間で２１００パーセントを優に上回る増加、つまり年間80パーセントをはるかに超える増加だった。１９９９年だけでも13のハイテク株が１０００パーセント以上上昇している。これには最大の勝者クアルコムが含まれ、２７００パーセントという驚異的な上昇を果たした。1年前にはアマゾンが９６６パーセント上昇している。[2]

２０００年の初頭、ついにバブルが弾けた。これらのビジネスのファンダメンタルズ（業績、財務状況といった経済の基礎的条件）が株価の異常な伸びにそぐわなくなると投資家が気づいたのだ。アマゾンは95パーセント近くも下落した。アップルの価値はほぼ80パーセント下落し、シスコ（86パーセント下

落）、インテル（78パーセント下落）、オラクル（84パーセント下落）、クアルコム（83パーセント下落）、マイクロソフト（60パーセント下落）もことごとく同様の大きな損失を被った。悪名高きペッツ・ドット・コムを含め、ほかにも1990年代に公開された多くの株が完全に市場から消え去った。

とはいえ、この急騰急落の結果がすべて悪かったわけではない。バブル期の行き過ぎた投資競争、設備過剰、非常に高い期待は、バブルがついに弾けたとき、貧乏くじを引いた人たちに莫大な損失をもたらす可能性がある。しかし、投資の一部が生産的な目的に使われる場合、それが実際に使用されたとき、社会に利益をもたらす可能性がある。インターネット・バブルが崩壊する前、通信会社は、将来に賭けることに熱心だった投資家から、2兆ドル近くの資本と6000億ドルの負債を調達した。これらの企業は1億2870万キロ以上の光ファイバー・ケーブルを敷設し、これはその時点でア

企業	インターネット・バブル 崩壊時の株の損失
アマゾン（AMZN）	-95%
アップル（AAPL）	-80%
シスコ（CSCO）	-86%
インテル（INTL）	-78%
オラクル（ORCL）	-84%
マイクロソフト（MSFT）	-60%

インターネット・バブル崩壊時の IT 株の損失

郵便はがき

料金受取人払郵便

新宿局承認

4399

差出有効期限
2022年9月
30日まで

切手をはらずにお出し下さい

343

東京都新宿区
新宿一ー二五ー一三
（受取人）

原書房

読者係 行

1608791343 7

図書注文書（当社刊行物のご注文にご利用下さい）

書名	本体価格	申込数
		部
		部
		部

お名前　注文日　年　月　日

ご連絡先電話番号（必ずご記入ください）　□自宅（　）　□勤務先（　）

ご指定書店（地区　）（お買つけの書店名をご記入下さい）　帳合

書店名　書店（　店）

5876
お金で騙す人 お金に騙される人

愛読者カード　ベン・カールソン 著

＊より良い出版の参考のために、以下のアンケートにご協力をお願いします。＊但し、今後あなたの個人情報(住所・氏名・電話・メールなど)を使って、原書房のご案内などを送って欲しくないという方は、右の□に×印を付けてください。　□

フリガナ
お名前　　男・女（　　歳）

ご住所　〒　　-

市　　町
郡　　村
TEL　　（　　）
e-mail　　@

ご職業　1会社員　2自営業　3公務員　4教育関係
5学生　6主婦　7その他（　　）

お買い求めのポイント
1テーマに興味があった　2内容がおもしろそうだった
3タイトル　4表紙デザイン　5著者　6帯の文句
7広告を見て(新聞名・雑誌名　　)
8書評を読んで(新聞名・雑誌名　　)
9その他(　　)

お好きな本のジャンル
1ミステリー・エンターテインメント
2その他の小説・エッセイ　3ノンフィクション
4人文・歴史　その他(5天声人語　6軍事　7　　)

ご購読新聞雑誌

本書への感想、また読んでみたい作家、テーマなどございましたらお聞かせください。

メリカに設置されていた全デジタル配線の4分の3以上に相当した。配線構築による設備過剰は度を超していたため、こうした光ファイバー・ケーブルの85パーセントは２００５年後半の時点でいまだ使われていなかった。そしてインターネット・バブルの終焉から4年以内に、広帯域幅にかかるコストは90パーセント低下した。というわけで、この時期、オンラインの利用者は日ごと増えていたにもかかわらず、コストは下がり、利用可能なネットワーク容量があり余っていたため、取り残された人々が今日のインターネットを構築することができたのだ。[3]

列車が走行するには、その前に線路を敷設する必要がある、と言えば、次なるペテン師、ジョージ・ハドソンと19世紀の鉄道バブルにおける彼の役割を紹介する完璧なつなぎとなるだろう。

鉄道のナポレオン

技術革新は詐欺が起こる必要条件ではないが、詐欺の発生をはるかに簡単にすることは確かだ。革新は変化を生み、変化は感情を生み出す源となり、そこにお金が絡めば、感情は事態を悪化させる。金融バブルがしばしば熱（マニア）と呼ばれるのには理由がある。バブルはエネルギー、興奮、活動レベルの高まりを誘発するのだ。ミレニアル世代がアボカド・トーストに引き寄せられるように、強引なセールスマンは金融熱に引き寄せられる。なぜなら、人類が「新たな時代」、あるいは「パラダイム・シフト」に入りつつあると考えるとき、人は騙されやすくなるか

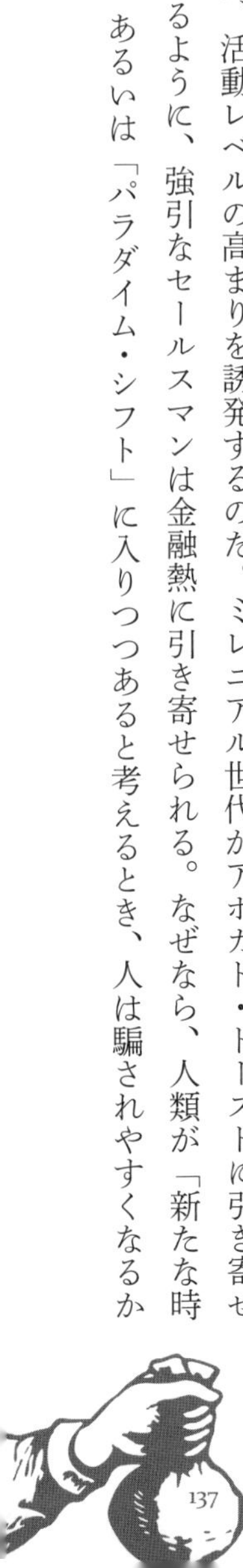

らだ。そのような時期、自己アピールに長けた者たちはうぬぼれのレベルをもう一段階引き上げ、他者の欲につけ込もうとする。19世紀の半ばにイギリスで鉄道バブルが起き、ジョージ・ハドソンは、世の中の興奮した雰囲気に乗じて利益を得る絶好のチャンスと見なした。革新の波が押し寄せ、手っ取り早く金持ちになろうとしていた大衆の感情は、ある歴史的バブルを引き起こしたが、このバブルは歴史に記録されているものの中では過小評価されているほうに入る。

大多数のバブルと同様、この鉄道熱は、実はひとつのいいアイデアとして始まった。ただ、それに対して投資家や鉄道プロジェクトを売り込む人々が度を超した反応をしてしまっただけなのだ。最初の通勤列車は1820年代にイギリスでお目見えした。列車は時速20キロ程度でしか走行しなかったが、ロンドンからグラスゴーまでの移動時間は24時間に短縮された。『レイルウェイ・タイムズ』紙は、皮肉のかけらもなく、「分別のある者なら、これ以上何を望むだろう?」と問うた。[4] 最初の鉄道熱は、1825年に最初の蒸気鉄道が開通したときやってきた。だが経済の悪化があらゆる投機を押しつぶし、1840年には主な鉄道会社の株式は発行価格を割り引いた価格で売られていた(当時の株式は、株式というより債券に近い役割を果たしていた)。この時点で約3200キロに及ぶ線路が完成していたため、イギリスの鉄道路線はすでに完成しているのではないかと推測する人も出てきた。[5]

金儲けができると考えるとき、人の記憶は短くなるため、鉄道株に関する最初のちょっとし

た熱狂は、１８４２年の夏には遠い昔の記憶になっていた。このとき、王室のアルバート王子の勧めで、ヴィクトリア女王が初めて列車の旅をした。それは列車、すなわち鉄道株に飛び乗っても大丈夫だという、投資家が必要とする合図となった。１８４４年を迎えるころ、投資家は鉄道株について、安全確実、値上がりの可能性大いにありと見なしていた。その慎重な楽観主義が無謀な投機へと変わっていくのにさほど長くはかからなかった。[6]

ジョージ・ハドソンは元祖近代資本主義者のひとりだ。宣伝、販売技術、個人崇拝を利用して、大衆から莫大な資本と善意を引き寄せた。ハドソンはまさに、同時代の人々の表現にふさわしく、精力的で、無愛想、横暴で、けちで、規則を曲げ、太りすぎだったが、抜け目のないビジネスマンで、自分や自分の会社にとって最善のことをするよう人々を説き伏せるすべを心得ていた。[7]革新のおかげで、列車がより遠くまで、より重い荷物を運んで移動できるようになったため、ハドソンは１８３０年代に自身の鉄道会社を作り、このチャンスに飛びついた。一連の吸収、合併、計略、賄賂、買収、それに並はずれた売り込み能力を通じて、ハドソンの鉄道会社は業界のどの鉄道よりも権力基盤を強化し、最終的にイギリス最大の鉄道会社となった。ハドソンは１８４４年までに、イギリスで運行中の全線路のうち3分の1で采配を振るい、その距離は１６００キロを超えていた。そして瞬く間に多くの鉄道会社の会長となった。[8]

会社の社長には、今日のＣＥＯなら稼げる天文学的な金額は支払われておらず、ハドソンは自分の仕事に対して支払われる金額の少なさに不満を抱いていた。そこで彼は、影響力のある

自分の立場を利用して、自力で実現することにした。当時、会計監査は基本的に存在しなかったため、ハドソンと取締役たちはやりたい放題することができた。また、仮にほかの重役たちがハドソンに挑もうと思ったところで、彼と同レベルの知識や販売技術を持つ者はいなかったのだ。ハドソンはすでに手にした名誉やモラルに甘んじることなく、厳しい支配を敷いた。ハドソンのやり口は、仲間の取締役や株主に会社の内情を隠し、完全に秘密裏に行動することだった。たとえば、財務会議の開催を拒む、会計処理方法を変える、自分が率いる会社の財務諸表全般をわかりにくくするといったことだ。１８４２年にある鉄道会社の取締役会に加わったとき、ハドソンが真っ先に手をつけた仕事は、会社の会計処理方法を早急に変更すると発表し、「今後、わたしの鉄道に統計は存在しない！」と宣言することだった。[9] これは明らかな危険信号だが、人が金儲けをし、変化が起きているとき、危険信号に注意を払う者はほとんどいない。

１８４５年の夏には新しい鉄道会社が５００社近く存在し、この分野の株価は５００パーセントも上昇した。１８４０年代には株価が上昇し、それにつれてハドソンの銀行口座の残高も上昇した。ハイドパークの入り口に立つ、ハドソンが購入した宮殿のような邸宅は、ロンドンでは最大の私邸だった。ハドソンは「ビジネスの成功」と同義となり、新しい鉄道プロジェクトがあれば、プロモーターがハドソンの名を口にしただけで、株式の売却に十分な信頼性を提供することになった。ハドソンは、富、名声、カリスマ性を併せ持ち、19世紀イギリスの社会階層および政治支配階層において、最も著名な人物のひとりとなった。[10]

ハドソンは売り込み能力に長けてはいたが、このような新規プロジェクトに投資をさせるべく人に圧力をかける必要があったわけではない。追い風で疾走するウサイン・ボルトよりも速く、資金は流れ込んできた。旅行の将来に関する楽観論は熱狂の域に達しており、ありとあらゆる種類の投資家が、基本的にハドソンが支援する鉄道プロジェクトに資金を投じていた。１８４５年の６月には、商務省が１万２８００キロを超える新規鉄道の建設を検討していた。これは既存の鉄道網の4倍、イングランドの全長の20倍近くの距離に相当した。それこそ、どこから始まり、どこへ向かうのかもわからず、予定されている停車駅もない路線の青写真だけがあったのだ。検討中だった約１２００の鉄道の推定コストは、５億６０００万ポンドを超えていた。この数字を総体的に見ると、国民総所得を上回っていた！[11]

この一連の資金流入で何よりも度肝を抜かれる側面は、資金源がほぼすべて個人投資家だった点だ。自国のインフラに投資していたのが政府ではなく、金持ちになろうとする投資家だったのだ。過剰投資によって鉄道バブルが膨らむと、ハドソンの自制心は緩んだ。その壮大なアイデアと集権的意思決定プロセスから、人は彼を「鉄道のナポレオン」と呼んだ。投資家を引きつけるため、鉄道各社は多額の配当金の支払いを提供していた。ハドソンが経営していた企業は、買収発表の前日に疑わしい価格の急騰が見られることでも知られており、これは、事前に買収について知っていたハドソンと仲間の取締役によるインサイダー取引の明らかな兆候だっ

た。[12] このバブルには、メディアの存在感の高まりという促進剤も含まれていた。

バブルにおけるメディアの役割

技術革新は、将来の見通しに関する人々の気分を上向きにするだけでなく、自分以外の人たちが周囲で起きていることを把握しやすくもする。ニュースや情報にアクセスしやすくなると、周囲の人々が金持ちになっていることを耳にしやすくなる。チャンスを逃すことへの不安を広める移行のメカニズム、それがメディアだ。ノーベル経済学賞の受賞者ロバート・シラーは、自身の著書『投機バブル　根拠なき熱狂』の中で、バブル時はニュース・メディアが集団化された思考に油を注ぐと述べている。

> ニュース・メディア――新聞、雑誌、放送およびこれらのメディアの関連サイト――は、市場での出来事に対して公平無私な観察者という立場を取っている。だが、実はメディア自体が、これらの出来事において不可欠な役割を演じている。市場での大きな出来事は、多数の人間からなるグループが同じ考え方をしないかぎり発生しない。そして、ある考えが伝播するうえで、ニュース・メディアは必須の手段なのである。[13]（植草一秀監訳、沢崎冬日訳）

メディアが投資について大げさな主張をするのは仕方ないが、情報の自由な流れがなければば、バブルを起こすことは難しい。情報化時代が両刃の剣である理由はそこだ。わたしたちは、先祖が生涯で目にした情報よりも多くの情報に１日でアクセスできるが、消防ホースから噴き出るその情報は、しばしば合理的思考の妨害物として機能する。また、メディアはしばしば集団思考と確証バイアスを煽る。

１８４０年代の初め、鉄道に関する定期刊行物は『レイルウェイ・タイムズ』紙をはじめ、３紙しか存在しなかった。だが、熱狂が頂点に達する１８４５年には、隔週の鉄道新聞が14紙、日刊紙が２紙、朝刊と夕刊の両方が発行される日刊紙が１紙、世に出ていた。そして新聞や定期刊行物には広告があふれかえっていた。ヴィクトリア女王が列車の旅に出ると、メディアはその機会に飛びつき、鉄道は人類にとって革命的発展だと宣言し、鉄道旅行のありとあらゆることに対する一般大衆の関心に火をつけた。ハドソンはメディアが持つ力と、それを自身の帝国拡大に利用するすべを理解しているという点で、他者よりかなり先を行っていた。３つの新聞に金銭的利害関係があることは有利に働き、新聞はハドソンが新たな投資家を引きつけられるよう、彼の鉄道プロジェクトについてお世辞をかき立てるのが常だった。ハドソンが『デイリー・ニュース』という急進的な新しい新聞の発行を支援し、チャールズ・ディケンズを編集者に迎えようとしていたとの噂もある。ディケンズはハドソンが好きではなく、「そんな新聞を支持するわけがない」と述べたと言われている。[14]

ハドソンのスキームは次のような仕組みだったのだろう。新聞広告で、新規鉄道プロジェク

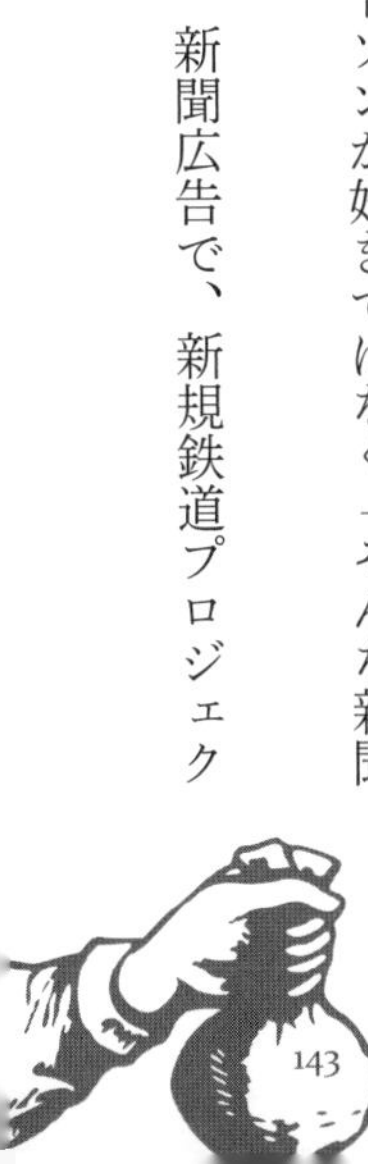

トに資金を投じた人には10パーセントの配当を約束する。プロジェクトに十分な資金が集まったら、取締役は新設会社で大幅な株の割当を維持できる。こうすることで新規の投資家が殺到し、株価を押し上げるに十分な希少性が生まれる。その結果、取締役はプレミアム価格で株を販売でき、市場には彼らの株があふれることになる。ジョージ・ハドソンはこのスキームの達人であり、特定の銘柄の株価をつり上げるため、50パーセントという持続不可能な配当利回りを約束していたが、これはハドソンと会社の取締役たちよるインサイダー取引をいっそう促しただけだった。[15]

1845年の初頭には、新規16路線の企画が進行しており、この需要を満たすべく50を超える会社が新たに設立された。これらの取引を推進する人々は、プロジェクトに関連する実際の費用を非常に過小評価しており、多くの場合、膨大な付帯費用を放棄し、工事費と資材費のみの最低価格で見積もりをしていた。一般の人々にまずはお金を工面してもらえるように、また、派生する問題やコストの予算超過にあとで対処できるように（つまり、利益目的で株が売られてしまえば、まったく対処できない）、費用は意図的に過小評価されていた。実際の費用は推定価格のおよそ2倍に上った。[16]

わたしは本章の準備として、ある途方もなく長い研究論文を読んだ。それは、鉄道株価の上昇によってどのような価格設定がなされたのかを、経済成長、利益、売上高、路線および乗客の対応可能な市場規模といった変数の定量化を試みた研究なのだが、当時はだれひとり、このような試みをしていなかった。熱狂のさなかにある人たちは、期待値の基本水準など設定しない。当時、このようなファンダメンタルズがいかに持続不可能であるかと、投資家に警告する人たちはたくさんいたものの、短期間で稼げるお金が存在するとき、ファンダメンタルズについて話したがる者はいないのだ。

鉄道熱にはメディアが深く関わっていたため、バブル時は一般大衆が最大の投資家になった。実際、1845年の夏にイギリス議会が発表した報告書では、2000ポンド以上の鉄道株を引き受けた約2万人の投資家の身元が明らかになった。そこにハドソンの名があったことは言うまでもないが、157人の国会議員と260人近くの牧師も名を連ねていた。[17] 投資家の中には、チャールズ・ダーウィン、ジョン・スチュアート・ミル、ブロンテ姉妹らも含まれていた。ダーウィンは鉄道熱の余波で最大60パーセントの損失を被ったと言われているが、実際には、その後の大不況時の投資で被った損失よりははるかにましだった。[18] 残りの大多数はほぼ一般人で、それは投機がいかに広く行われていたかを物語っている。多くの投資家は、かつて望んだことがないほど多くの株式を引き受けたが、彼らは皆、実際の鉄道プロジェクトを立ち上げるべくすべての資本が回収される前に、プレミアム価格で株を売るチャンスがあると考えていた。ほとんどの人たちが、これには大ばか理論（本来的価値をすでに上回っている株に投資するばか者がいても、世の中にはより高値で買う大ばか者がいるから、利益をあげられるという理論）が適用されると想定していたが、最後のばかになるつもりだった者はひとりもいない。投資家がいいタイミングと不屈の精神で大ばか理論を実現することはめったにない。

鉄道熱は郊外ではとくに激しかった。なぜなら、新しい路線のインフラの構築により、最大の影響が見られる可能性があったからだ。ある町には株式仲買人のグループがいて、1日2回急行列車に乗り、鉄道株価の変化に関する最新情報を町から町へと伝達していた。鉄道の建設費は事実上、すべて個人からの投資だった。1850年までの投資額は約2億5000万ポンド。それは当時のイギリスのGDP（国内総生産）のほぼ半額に相当し、現在のGDPで換算すれば約1・25兆ドル（現在のアメリカのGDPで換算すると約10兆ドル）に相当する。[19]

反対側

1845年の夏、金利の上昇は、鉄道バブルにおける最初の針のひと刺しとなった。それでも、国会の1846年会期には、あとにも先にもないほど記録的な数の鉄道法案が提出された。株価が下落し始めたあとも、プロジェクトに対する需要は続いた。昔から、市場は上るときは階段、下るときはエレベーターを使うと言われているが、鉄道株もまたしかりだった。競争の激化と過剰投資により、ついにこれらの企業も現実に引き戻された。1年後の1846年、破産件数が過去最高を記録した。鉄道熱が絶頂を迎えてからわずか1年後のことだ。あらゆる職業、地位の人たち、あらゆる裕福度の人たちが破産した。1850年の初頭までに、鉄道の株価は平均85パーセントという天文学的数字で下落した。[20]

1849年には、鉄道王としてのハドソンの役割はあっさり終わりを告げた。彼が深く関

わった鉄道会社のうち4社が調査を受けた。そして個人的な闇取引、会社の基金の横領、利益の水増し、プロジェクトの推進を目的とした国会議員の買収、インサイダー取引のスキームがすべて公表された。ハドソンの商取引について作成された12の報告書は、かつて崇拝された実業家に対する世間の認識を一変させた。ハドソンが何とか仲間入りをしようと躍起になっていた上流社会はたちまち彼に背を向けた。当時の証券取引法は、現在のように株主を保護するものではなかったため、ハドソンが起訴されることはなかった。しかし、彼は世論という法廷で起訴され、有罪判決を受け、エリート階級から追放された。これはハドソンのとてつもなく大きなエゴにとってさらなる打撃となったかもしれない[21]。

マスコミは、事が順調に運んでいたときにはハドソンをほめそやしたが、事がうまくいかなくなると、彼に背を向けた。『レイルウェイ・タイムズ』は、簡単に言ってしまえばハドソンの事業の〝死亡記事〟を発表したが、尻馬に乗った投資家たちのことも批判した。

ナポレオンがフランス革命を引き起こしたのではないのと同様、ハドソンが鉄道熱を引き起こしたわけではない。ハドソンはその子どもであり、装飾品であり、自慢の種だった。彼には驚くべき組織化の才能があった。彼の力に比べれば、いかなる労働者集団も投機も大きすぎることはないかに思われた。ハドソンは国庫に対し、１００の攻撃集団を組み合わせ、組織化した。あらゆる運賃を引き上げ、速度を下げ、事業所を減らし、あらゆる報

告書を「でっち上げ」、あらゆる株を3倍にした。株主は配当が倍になり、自分たちの株がそれ相応の市場価格に引き上げられることを望んだ。だが、そのような成果が正直なところ、どの程度実行可能なのか計算したり、頼るべき手段について検討したりすることは一度もなかった。彼らは一気に成果が上がることを望み、ハドソンはそれを実行する人物だった。[22]

バブル崩壊後、ハドソンは政治の世界で数年間は何とかやっていたが、結局は借金を返済できずに逮捕され、数年後に亡くなった。

市場の暴落がもたらす明るい希望

インターネット・バブルが崩壊したあと、一見良さそうなアイデアを持っていた多くの技術系新興企業（スタートアップ）が廃業した。だが、あの時代は次に押し寄せる技術革新の種をまき、ユーチューブ、フェイスブック、ツイッター、グーグル等のサービスを提供した。ベンチャー・キャピタリストのマーク・アンドリーセンは、次のように述べている。「あのころのアイデアはすべて、今日機能している。あの時代のアイデアで、今日機能していないものはひとつも思い浮かばない」[23]

鉄道の好況と不況もいくつかのプラスの結果をもたらした。この抑えが利かない投機と、欲と、会計詐欺の時代からすべてが失われたわけではない。イギリスでは1855年までに

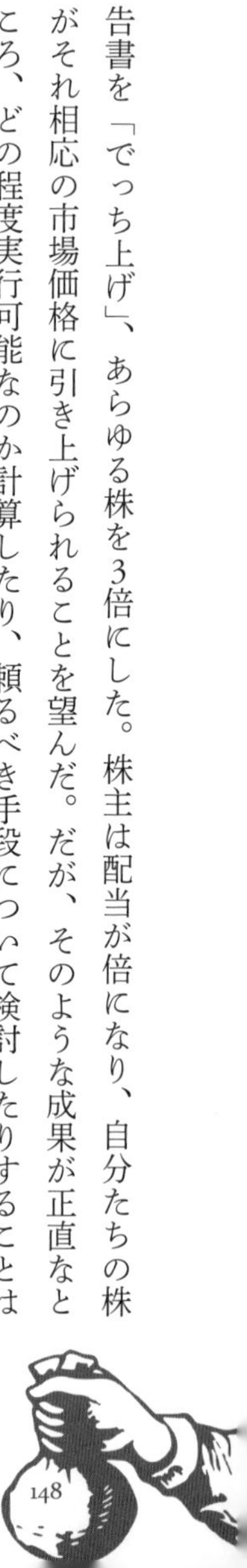

1万2800キロを超える路線が稼働し、その距離はフランスやドイツの7倍、世界で最も密度の高い鉄道となった。現在のイギリスの鉄道網は、全体の90パーセントがバブル期に敷設された鉄道となっている。原料や完成品や乗客をより安く、より速く輸送する手段ができたことで、全国の人々とビジネスが効率の大幅な向上を実感した。また1840年代には、これらの路線を実現するため、50万人以上が鉄道会社に雇用された。飢饉に見舞われた数年間は、アイルランドからやってきた何万人もの人々に雇用が提供された。多くの点で、これは金持ちおよび中流階級の投機家から労働者階級への富の移転となったが、それと同時に、待望の交通インフラを国に提供することになった。[24]

ニュース配信が広がり、資本市場はより成熟した。全国の都市に新しい証券取引所が設立された。1830年には6社だった株式仲買会社が、1847年には30社近くにまで増えていた。18世紀の産業革命では、もっと大きな技術革新があったが、鉄道ブームのほうがはるかに多くの資本、すなわち投資家を必要とした。鉄道ブームは、自分のお金を投資することに関する中産階級の考え方を変えたのだ。[25]

この種の技術革新から派生する経済的問題を予想しようとする人々にとって何が問題かと言えば、経済的影響がいつも同じスピードで発生するとは限らないことだ。投資家は既知の技術革新を漠然と将来に当てはめて予測するため、株価は極端かつ急速に変動することになる。だが可燃性の燃料で動くエンジンが馬や馬車に完全に取って代わるまでには時間がかかった。イ

ンターネットが約束したことはほぼすべて実現したが、そこにたどり着くには、まずバブルの崩壊があり、数年にわたる不毛の年月を経ねばならなかった。新しいテクノロジーが発表されると、興奮が広がる。だが、初期の自動車会社の大半は燃え尽きてしまった。人々が自動車を所有するようになった1920年代、アメリカには108の自動車メーカーが存在したが、1950年代には、生産量の大部分を担っていたビッグ3に絞り込まれていた。[26] 空の旅が生み出されてから1世紀のうちに、航空業界は全体的におおむね赤字になるか廃業する運命となった。

だが、投資家は熱中するあまり、うまくいかなくなる可能性は何かと立ち止まって考えたりはしない。世界がどう変化するのか、そして何よりも、変化の過程で自分がどれほど裕福になれるかということしか考えていないのだ。技術革新の誘惑とは、わたしたちが光輝く新しい代物に集団で興奮するたびに、新しいゴールド・ラッシュが必ずやってくることを意味している。このような技術革新はわたしたちの生活を変えるかもしれないが、だからといって、その過程であなたが裕福になれることを意味するわけではない。

技術革新は、詐欺が発生する多くの要素のひとつだ。次の章では、ある壮大な詐欺で、時代遅れの製品でさえ、人々が集団で理性を失う原因になり得ることを見ていこうと思う。

第９章

「チャンスを逃すことへの不安」は人を誘惑する力になる

人生のすべては自信の上に成り立っている。
――イーヴァル・クリューゲル

トーマス・エジソンは１８７９年に電球を発明した。この技術革新は、計り知れないほど多くの点で世界を変えたが、それは一夜にして実現したわけではない。エジソンが飛躍的な発明をしてから1年というもの、電気が引かれた家は1軒もなかったが、１９４０年には都市部の家の１００パーセント近くに電気が引かれていた。[1] それまでの数十年間、人々は相変わらず、光と暖かさを得るためにしなければならないことがあった。いつでもどこでも電気が使える現代ではなかなか想像し難いことだが、19世紀後半から20世紀初頭にかけて、マッチは生活必需品だった。家庭の必需品の順番で見ると、マッチは食品や衣類、頭上の屋根にさほど遅

れを取ってはいなかったのだ。マッチはさまざまな用途で使われた。石油ランプ、ガスストーブ、ろうそく、火、コンロ、そして当時みんなのお気に入りだった致命的習慣、喫煙。アメリカにおける巻きたばこの生産は1929年までの10年間で倍増し、マッチは必需品と悪習、両方の用途で使われていた。

スウェーデン人は、マッチ箱の側面をこすって発火させるために用いる、安全なリンを塗った側薬を最初に開発した。当時、側薬を用いたマッチは安全マッチと呼ばれ、大ヒットした。この技術革新により、スウェーデンはたちまち世界最大のマッチ輸出国となった。1920年代には、ひとりのスウェーデン人男性が世界で使用されるすべてのマッチの製造・販売の4分の3を支配し、世界35か国に200以上のマッチ工場を所有していた。[2]

多くの詐欺は合法的なビジネスやアイデアから始まるが、そこに欲やモラルの低下、自信過剰が組み合わさって、度を超したものになってしまうのだ。ひとたびボールが転がりだし、お金がつぎ込まれ、ある程度の力が得られると、流れを止めるのは難しくなる。お金と権力が永久に続くようにするためなら、ほぼ何でもするという人たちもいる。スウェーデンのマッチ王、イーヴァル・クリューゲルもそれは同じだった。

1929年10月28日、クリューゲルは『タイム』誌の表紙を飾った。金持ちで、影響力があり、なおかつ謎めいたところがあったため、当時はアメリカで最も話題にされる人物だったのだ。マッチ王は北海に自身が所有する島があり、世界中にアパートを所有していた。同じスウェーデン人の有名女優、グレタ・ガルボは彼の親友だった。[3] アメリカのハーバート・フーヴァー大統領は私的な会合で、仕事に関するアドバイスを彼に求めた。クリューゲルはノーベル賞の授賞式で重要な役割を果たし、世界の指導者や首相たちと商取引を行った。有名人という点で見ると、現代で匹敵する人物はイーロン・マスクが妥当だが、クリューゲルのほうがもっと謎めいていた。彼の物語を題材にアメリカン・ドリームを描く長編映画の企画まであったのだ。だが、クリューゲルを取り囲む詐欺の帝国が崩壊して間もなく、１９３２年に彼が銃で自殺をしたため、映画が日の目を見ることはなかった。[4]

独占企業を作る方法

そもそもクリューゲルがどのようにしてこの地位に就いたのかを理解するには、彼が商取引を始めたころまでさかのぼる必要がある。この男は技術者としてスタートし、しばらくアメリカで働いていた時期もあったが、１９０７年までにストックホルムに戻り、ポール・トールとともにクリューゲル＆トールという建築会社を設立した。数年後、クリューゲル＆トールはマッチ以外の投資やマッチ工場の買収用にちょっとした持株会社として利用することにして、彼はマッチ事業に参入した。[5]

インターナショナル・マッチ・コーポレーションはすぐに、マッチ業界では世界最大規模の企業となったが、その主たる理由はＣＥＯの断固としたビジネス手法にあった。プロセスの第

一歩は現地市場に参入し、現地価格でより高品質の製品を販売し、市場シェアを獲得することだった。市場を占有し、その後地元の工場を自分たちのものにしてしまうと、インターナショナル・マッチ社は、マッチの質を下げ、コストを削減した。買収したマッチ工場は近代化され、販路は海外へと拡大していった。クリューゲルは生産用の機械を製造する会社も買収し、工場のコスト削減と効率化を図った。謎めいたCEOは、ほかの企業トップよりもはるかに先を行っており、イギリスが金本位制を放棄したら、国際金融と貿易がどれほど開放されるか前もって予測することまでやっていた。クリューゲルはよりグローバル化された経済に関与したいと望んでいたが、何よりも欲しかったのは、市場を独占して専売企業を作り、価格をつり上げる力だ。1915年にはスウェーデンだけで10軒のマッチ工場を支配下に置いていた。クリューゲルの企業コレクションは増え続け、2年目には儲けが出始めていた。そして、世界中のビジネスを大いに縮小させた第1次世界大戦中も、彼の会社は利益をあげている数少ないヨーロッパ企業のひとつとなっていた。だが、マッチ事業は非常に競争が激しく、市場に参入する障壁がほとんどなかった。競争は価格を引き下げる。事業を長持ちさせるには独占力が必要だと、クリューゲルにはわかっていた。[6]

クリューゲルの事業計画は詰まるところ、「独占貿易をするための融資」ということになった。さまざまな国のマッチ会社にアクセスするため、クリューゲルの会社のひとつが困窮する国に有利な条件で金を貸す。すると、それらの国の役人が地元のマッチ工場を買収する許可をクリューゲルに与える。「持ちつ持たれつ」のビジネス戦略だ。これにより、インターナショナル・マッチ社はポーランド、ペルー、ギリシア、エクアドル、ハンガリー、エストニア、ユーゴスラヴィア、ルーマニア、ラトヴィアといった国で自由に市場を支配できるようになった。『タイム』誌のカバーストーリーにはこうある。

独占はけしからんと言っていられない政府の観点からすれば、クリューゲル氏とのビジネスは良いビジネスとなっている。政府は必要としていた多額の現金を受け取り、マッチにかけた税金でローンを返済する。[7]

これらのローンでは通常、クリューゲルに6〜8パーセントの利息を返し、彼のマッチ会社と金融持株会社は定期的に2桁の配当を投資家に支払い、ピーク時の配当は最大25〜30パーセントになった。6〜8パーセントの利息を受け取ると同時に20〜30パーセントの配当を支払う取引では利益にならないことぐらいだれだって理解できる。利率の開きの中で固有の不足を補うとなれば、巨額の利益が必要になる。時代のせいか、そんなことがどうすれば可能になるのか、わざわざ尋ねる投資家はいなかったのだ。

クリューゲルの会社の基礎となる財務状況についても、わざわざ尋ねる者はいなかった。それに、尋ねたところで、本当の答えは得られなかった。クリューゲル以外のだれひとり、イン

ターナショナル・マッチ社や彼の持株会社の実際の損益の数値がどうなっているか知らなかった。クリューゲルはさまざまな帳簿外のルートを400ほど作って金を動かし、実態を隠し、投資家や取締役や監査人を騙していた。これらの融資取引がどのように機能し、どのような条件だったのか、だれひとり見当もつかなかった。あるときクリューゲルは、インターナショナル・マッチ社の取締役会に、彼が返済期限を延長したスペインが、融資の利子を16パーセント支払うことになっていると語った。彼以外で融資の書類を見た唯一の人物は、書類は偽物だと思った。クリューゲルはナポレオンの言葉「軍隊には一流の頭脳がひとつあれば十分だ」に従って生きていた。[8] やがてそのつけが回ってくることになる。

取締役会のメンバーがオフィスにやってくると、クリューゲルはダミーの電話を使い、世界の指導者たちと会話をするふりをしていた。「おはようございます、首相！」と、つながっていない電話に向かって大声で話すのだ。ジョン・D・ロックフェラーの甥に当たるパーシー・ロックフェラーは取締役会の一員だった。あるとき、このような偽の電話での会話に非常に感銘を受けたパーシーは、ほかの取締役にこう言った。「彼（クリューゲル）はヨーロッパの政府首脳とだれよりも親密な関係にある。みなさん、われわれは実に幸運なことに、イーヴァル・クリューゲルと関わりを持っている」

他者を経済的に利用する人間をよく表している特徴のひとつは、自分が言っていることを相手に信じさせる能力だ。クリューゲルはその場の空気を読み、人に自分を信頼させるすべを心得ていたが、それは自分がしていることをきちんと把握しているかのように振る舞っていたからだ。ハーバート・フーヴァー大統領でさえ、1929年の株価暴落時にはクリューゲルに頼り切り、大恐慌の襲来に向けてどう対処すべきかアドバイスを求めていた。[9] 史上最大規模の金融詐欺を働いていた男が、アメリカ大統領にビジネス上のアドバイスをしてほしいと頼られたのだ。これはバラク・オバマがバーナード・マドフに世界金融危機の対処方法を尋ねたようなものだろう。

狂騒の20年代

20世紀前半と同様、テクノロジーが飛躍的に進歩するとき、人は過去よりも未来に賭けることを好む。クリューゲルにとって、過去はマッチを売ることであり、未来は金融証券を売ることだった。本当のところ、理由はだれにもわかっていないのだが、1923年か1924年ごろ、彼のビジネス戦略の中で何かが変わった。理由は飽くなき欲望と考えるのが妥当だろう。金と力の両方を求める人々にとって、環境が熟したのだ。それまでクリューゲルは合法的事業を営んでいたと思われる。

1920年代は金融詐欺や不正行為の温床だった。クリューゲルは実業家から株式発起人へ、製造業者から金融業者へと転身し、だれの話を聞いても、そこそこ正直だった男から完全な詐欺師へと変わってしまった。クリューゲルのマッチ事業は1920年代にはほとんど進

歩がなかったが、彼が作った持株会社は、アメリカだけでも2億5000万ドル相当（今日のドルで約36億ドル）のさまざまな証券を販売した。『ウォール・ストリート・ジャーナル』は、クリューゲルが資金を調達するために取った革新的手段を称賛した。ある証券アナリストは1923年の新規公開株について、「バケツに入ったガソリンにマッチで火をつけるようなものだった」と述べている。実際に資産を持っていた会社はひとつもなかった。1920年代、投資家はウォール街に関係することなら何でも熱狂した。金を荒稼ぎし、チャンスを逃すことへの不安があれほど強まったことは、あとにも先にもなかったかもしれない。1920年代の終わりには、年間100万ドル以上の収入に対して税金を支払ったアメリカ人の数が4倍に増えていた。新規発行の金融証券は、1923年の690から、1929年には2000近くに急増していた。投資家に対する銀行融資はこの時期、4倍に増加した。[10]

1920年代、投資家は「できすぎなほど好調」な市場に参入しており、これぞまさしくマッチ王が彼らに提供したものだった。1923年から1929年にかけて、クリューゲルはアメリカで調達した資金を3倍にした。取引の多くは複雑なデリバティブ商品を含んでいた。投資家はクリューゲルが売りに出した証券にそのようなプレミアムをつけたため、彼らが資金調達用に申し込んだ実際のローンよりも、これらの証券の値上がりによって、クリューゲルはより多く金を稼ぐようになった。

当時、新会社の設立は、紙1枚に記入すれば済んでしまうくらい簡単だったため、クリューゲルは新しい持株会社を設立し、既存の会社のひとつから新しい会社へと金を移した。ほら！これで実際の資産はないが、何も知らない投資家を騙すには十分な新会社のできあがりだ。ディケンズの言葉を言い換えれば、最良のときと最悪のとき、詐欺を犯すのはずっと簡単になる。１９２０年代は最良の時代だったが、やがて最悪の時代へと姿を変えていった。

クリューゲルは、自分が世界のエリートに属していること、これ以上の富の製造機はこの世に存在しないことを証明したかった。ものごとをもう少し長くまとめていられれば、自分がついているあらゆる嘘と不正行為も、いつかは嘘でも不正行為でもなくなると本当に信じていたのだと思う。そして、世界がこれまで目にしたこともない最大の株価暴落がなければ、あともう一歩でそうなるところだったのだ。

潮が引いたとき

クリューゲルはかつて「さまざまな市場に十分な影響力を持ち、われわれに深刻な害を及ぼすほどの競争相手はひとりもいない。われわれにとって重要だと言えるほど大きな意味を持つ市場はない」と述べた[11]。マッチ事業ならそうだったかもしれないが、彼にはもっと気にかけるべきだった市場がもうひとつあった。株式市場だ。

ウォーレン・バフェットはかつて「潮が引いてようやく、だれが裸で泳いでいたかがわかる」と言った。大恐慌の際にはこれまでにないほど潮が引き、こうした市場の暴落と景気後退の前

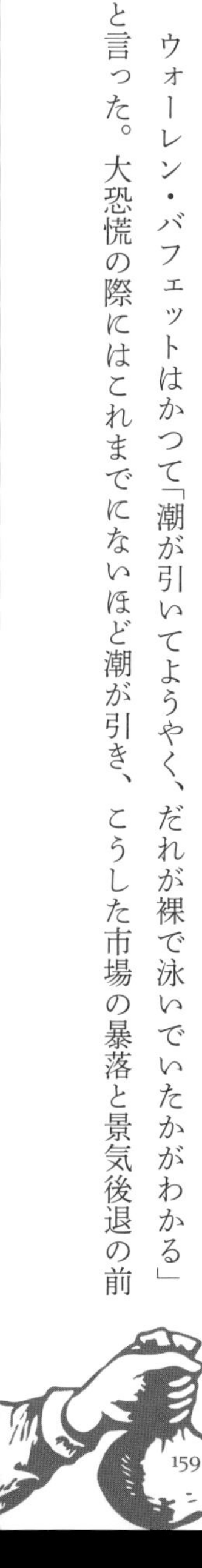

段階で水泳パンツをはき忘れていた人が大勢いたことが明らかになった。１９２９年の初頭までに、クリューゲルの金融持株会社、クリューゲル＆トールへの投資は、世界で最も広く売り出されている証券となっていた。彼らは額面価値（あるいは内在的価値）に対して７３０パーセントという信じ難いプレミアムをつけて売っていた。その後、市場の足元で床が抜け落ち、１９２９年の秋に株価が暴落した。１９２９年10月24日には、ダウ平均株価が11パーセント下落。４日後、ダウはさらに13パーセント下落した。狂騒の20年代は何の前触れもなく、突然終わりを告げた。

『タイム』誌は、クリューゲルに表紙を飾らせた決断をすぐさま後悔した。同じ週に市場が暴落したからだ。同誌は手のひらを返したように論調を変え、クリューゲルのスキームや、あれほど高額な配当を払い続ける会社の能力について疑問を呈する別の記事を追って掲載したが、投資家はまだ気にしていないようだった。１９２９年、クリューゲルは投資家が船を見捨てるのではないかと心配になり、配当を25～30パーセントに引き上げて、景気後退が短期間で終わることを祈った。だが、そうはならなかった。１９３１年６月から同年12月まで、クリューゲルの証券価値は株式市場とともに80パーセントも下落した。

ペテン師の明確な特徴は、ものごとがうまくいかなくなったときにゴールポストを即座に動かし、責任転嫁を試みる能力だ。クリューゲルは自分の行動に責任を取ることには一切、関わりを持ちたくなかった。自社の過剰レバレッジに対する非難を受け入れず、それどころか、自

分のビジネスが「ずるいマスコミのキャンペーンの対象となり（中略）20ほどの新聞が脅し文句を並べて、われわれの証券を絶えず攻撃している」と不満を述べた。さらに、国際的に組織された空売りシンジケートが自分をやっつけようとしていると、陰謀説をまくし立てるようになった。[12]

大恐慌のあいだ、クリューゲルの事業はことごとく利益が急落したが、砂上の楼閣が完全に崩壊するまでには数年を要した。事業が減速したのはもちろんのこと、クリューゲルは自身の事業向けの有価証券に多くの場合、数回にわたって証拠金を払い、問題に対する担保を偽った。１９３２年までに２２５の子会社を所有し、ロシアを除く先進国では、一国に一社はその子会社があった。クリューゲルは24か国に専売企業を作り、多くの政府が借入に苦労していた時期に、４億ドル近い金額をヨーロッパ各国政府に貸し出していた。第１次世界大戦後、インフラの再構築や為替レートの安定化にこれらの融資を実際に役立てた国もあったのだ。

クリューゲルは世界最大のマッチ会社を支配しただけでなく、不動産、電話会社、新聞、鉱業会社、銀行も所有していた。だがこの強大な帝国も、大恐慌時の容赦ない金融市場には耐えきれなかった。１９３２年３月12日、クリューゲルは銃で自殺した。その後の監査により、彼の会社が破産したことが明らかになった。彼の財産に対する請求額は10億ドルを超えていた。クリューゲルが自ら命を絶ったとき、彼がやってのけた詐欺の実態や規模に気づいていた者はほとんどいなかった。これが、世界で最も有名かつ裕福で、尊敬される実業家に数えられる人

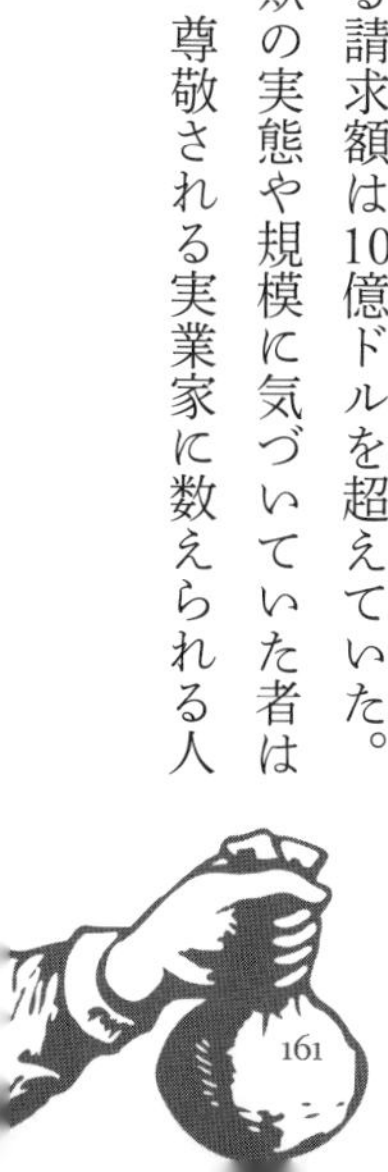

物の正体だった。なぜ彼はこのようなことをしたのだろう？[13]

ポンジではないが、当たらずとも遠からず

クリューゲルは本来の意味でのポンジ・スキームは行っていない。その要素があるにしても、彼が行った事業の規模は、チャールズ・ポンジがやろうとしたものよりはるかに大きく、継続した期間もはるかに長い。しかも、クリューゲルが調達した資金はポンジの50倍、継続期間は10倍だった。新たに調達した資金で、古くからの投資家に支払いをしていたときもあったが、本人もそれが永遠に続くわけがないとわかっていた。多くの点で、クリューゲルは合法的な事業を営んでいた。問題は、彼が資本をうまく配分していなかったことであり、会社とその証券が多額の負債を抱えていたため、果たしたくてもとても果たせそうにない約束をしていたことだった。配当性向の高さは、質問攻めを回避する役には立ったが、それと同時に実行可能なビジネスモデルとして長期的に取り組むことをほぼ不可能にした。外見を保つため、外部資本を継続的に調達できるかどうかが問題だったのだ。

マッチ王はまた、自分のビジネス・コレクションによって生み出された資金を完全に支配し、それらの資金で自分がしたいことをした。クリューゲルは壮大な事業の帳簿をつけてはいたが、その情報を投資家はもちろん、社員にさえ共有しない選択をした。帳簿は帳尻合わせをするため、良い年も悪い年もごまかされていた。前の借金を返済するには、高配当を続けることができる程度に事業を成長させさえすればいい。これがクリューゲルの考えだった。しかし、資金燃焼率（バーン・レート）がほぼ5倍で収益を上回っていれば、いずれ破産することになる。この複合企業がどのようにしてあれほどたくさんの金を稼いでいたのか、財務諸表には何の説明もなかった。帳簿の分類で最大の項目には「ほかの投資からの利益」とあった。監査人を遠ざけておくため、クリューゲルは、各国政府との取引は政治的に慎重な対応が求められるので、開示はできないと告げるのが常だった。[14]

クリューゲルの死後、監査人は会社が完全に支払い不能に陥っていると主張した。貸借対照表に記された会社の財務状態と金融資産は著しく不正確だった。損失はスウェーデンの国の負債を超えていた。帳簿を綿密に調べた会計士は、持株会社クリューゲル&トールの貸借対照表は「会社の本当の財務状況を著しく誤って伝えている」、「故クリューゲル氏の個人的な指示のもと」、虚偽の記載がなされていたと言明した。議会の討論において、クリューゲルは「史上最大の詐欺師」と呼ばれた。1年後、議会は証券取引委員会を創設し、アメリカ人に詐欺で企業を訴える権利を与えた。クリューゲルの会社の崩壊は、このような新しい規定や規制を作るうえで「おそらく最も強力な促進力」になったと言う者もいた。[15]

「チャンスを逃すことへの不安」は人を誘惑する力になる

コカインやモルヒネでハイになり、再びドラッグをやる気でいる人の脳は、投資で儲けよう

としている人の脳と見分けがつかない。[16] これは、元手から手っ取り早くリターンを得ようとする投資家だけでなく、詐欺を画策するペテン師にも当てはまる。詐欺ビジネスにも、ちょっとしたゲートウェイ・ドラッグ（より強いドラッグにのめり込む入り口となる薬物）が存在し、それは、われわれ人間が必ずと言っていいほど市場で無理をしてしまう主な理由のひとつだ。わたしたちは利益の中毒となり、ひとたび、そのような利益を手にすると、毎回、前回より大きなヒットを手にしなければ、自分の欲求を満たせなくなる。「チャンスを逃すことへの不安」は、他者が金持ちになるのを目撃することから生じる。その結果として、急激な上昇相場という名の炎に点火燃料を注ぐことになるのが普通だ。同じようなたとえを使うなら、１９２０年代の投資家は、炎を煽り立てるのに、要するにダイナマイトを使っていたわけだ。

これだけ長い年月を経てもなお、何が大恐慌の引き金となったのか、納得のいく説明はなされていない。フレッド・シュエッドは、著書『投資家のヨットはどこにある？』の中で、あるエピソードを紹介しており、これは、大恐慌が起きた原因の説明に近づいている。

一九二九年当時、平日の朝にペンシルバニア駅まで行く豪華なゴルフクラブ専用列車があった。（中略）ドアの近くには五セント硬貨のたくさん入った銀のボウルが置かれていた。地下鉄に乗ってダウンタウンに向かう人は、そこから乗車賃用の硬貨を一枚取るのだ。代りに何かボウルに入れる必要はない。その硬貨は「お金」ではなく、無料のつまようじと同じ、ささやかなサービスのひとつだからだ。たかが五セントである。

一九二九年一〇月に起きた突然の大暴落の原因についての説は多数ある。私のお気に入りの説は、怒りの神の眼が、その年の一〇月にたまたまそのボウルのなかに向けられていたというものだ。我慢の限界を超えた神（無理もない）が、米国の金融システムを蹴飛ばし、無料の五セント硬貨入りのボウルが永遠に消え失せるように差配したというのである。[17]（岡本和久監修、関岡孝平訳）

クリューゲルはあの10年間のほとんどの期間、ボウルから利益を受け取っていた。ただし、彼の計画には5セント硬貨よりはるかに多くのお金が含まれていたのだが。マッチ王の金融詐欺は、市場環境が完全に火薬庫と化していたあいだに、金、権力、影響力、服従、秘密、莫大な利益という約束がうまく組み合わさり、一体となったものだった。それに、当時はクリューゲルの投資家だけが儲けていたわけではない。市場にいただれもが金持ちになっていた。狂騒の20年代、人々は、自分には利益を得る権利があるとさえ思っていた。みんな金持ちになっているのだから、わたしがなってもおかしくないだろう、というわけだ。

クリューゲルの詐欺は、大がかりな詐欺を働くための最悪の状況を示すチェックボックスすべてにチェックが入っていた。１９２０年代は、技術面の大きな変化と革新の時代だった。あの10年間に展開された発明のリストには圧倒される。いくつか例を挙げると、自動車、洗濯機、

飛行機、ラジオ、冷蔵庫、インスタントカメラ、電気かみそり、ジュークボックス、生ごみ処理機、テレビが発明されている。人生においてこのような急激な変化を経験しているとき、人が欲を出したり、現在の革新と成長のペースを近い将来に当てはめて予測をしたりしても、それを責めることはまずできない。

近代金融市場のインフラはまだ構築中だったため、金融証券における革新によって、人々はそれまで以上にお金で無用なリスクを冒すようになった。未来への道が人々の目の前に敷かれていた。市場は活況を呈していたが、クリューゲルは投資家に巨額のリターンも約束していた。それを信じたかった人々は、彼がずっとハンドルを握っているように見えたため、だれも彼の行動に疑問を感じなかった。ものごとが順調に運んでいるとき、複雑なものや、財務諸表のトリックについて尋ねようとする者はいない。

投資家として、最も実践し難い行動のひとつは、ほかの人たちが皆、熱狂しているときに、冷静さを失わずにいることだ。謎めいた名目上のリーダーがいて、その人物が運営を監督している場合はとくに難しい。当時、イギリスのある有名作家は、クリューゲルを「史上、最も好かれた詐欺師」と呼んだ。最も親しかった仕事仲間のひとりは、次のように述べている。「イーヴァルには不思議な大物のたたずまいがあった。彼は人々に何でもさせることができたのだと思う。皆、彼を好きになり、彼の独特の魅力と磁力に逆らえなかった[18]」

レバレッジとエゴが強気相場と混ざり合うと、致命的な組み合わせになる可能性がある。大

規模な詐欺の洗礼を受け、いかがわしいカクテルを飲まされれば、関わった者全員にお粗末な結果が訪れるだけだろう。

第10章

タイプ1のペテン師

だれでも貨幣を創造できる。問題はそれを受け取らせることにある。

――ハイマン・ミンスキー（アメリカの経済学者）

1853年から1933年にかけて、アメリカは3・9年に1度の間隔で景気後退もしくは不況を経験している。その間、GDP（国内総生産）の平均収縮率は23パーセントというぞっとする数字だった。22回に及んだこれらの景気低迷期は、1回を除けば、それぞれGDPが2桁減少した（残りの1回は9・7パーセント減少）。

これらの数値を1934年から2018年までの期間と比較してみよう。GDPが最後に2桁縮小したのは、第2次世界大戦後にやってきた1945年の短い不況だった。それ以前は、1937年から1938年にかけて景気の低迷があった。2007年から2009年の大不況では、GDPが5パーセント強下落したが、19世紀後半から20世紀初頭の経済状況と

比べれば、これはレーダーの画面に一瞬ピッと現れたような下降にすぎない。１９３３年以降、アメリカの平均的景気後退期に見られる経済成長の下落は平均でわずか4・3パーセントだった。アメリカ史上、最も長い2回の経済拡大期は、いずれも１９９０年以降に起こっている。

時間の経過とともに景気後退が穏やかになり、景気拡大が長く続くようになった理由については、いくつか説明できるだろう。当時のアメリカは、基本的に新興市場だった。現在のアメリカには、はるかに成熟し、多様でダイナミックな経済がある。しかし、わたしが１９３３年を分割点として選んだ理由は、そこが大恐慌の終わりに近づいた時期であったことに加え、フランクリン・D・ローズヴェルトがアメリカを金本位制から離脱させた年だったからだ。法律によって金（きん）とドルの結びつきは断たれ、事実上、金の価格をより自由に変動させることが可能になり、われわれの通貨が黄色い石に支えられていることで身動きが取れないという事態がなくなって、連邦準備銀行にはインフレやデフレの圧力と戦うための軍資金が増えることになった。

中央銀行と紙の通貨は決して完璧ではなく、アメリカなどの先進国で景気後退が起きるのを防いでくれるわけでもない。だからといって、われわれの経済を長期にわたってより安定化させる役には立っていないと考えるのは愚かなことだろう。連邦準備銀行は、言ってみれば、銀行制度の最後の貸し手として機能する。これこそ、２００８年に取り付け騒ぎが起きず、深刻

な恐慌には陥らなかった理由のひとつなのだ。中央銀行はまた、短期金利を設定し、必要に応じて信用の流れを管理し、これが制度の衝撃吸収剤として機能する。

わたしたちが構築している現代の貨幣制度にだれもが賛成しているわけではないが、数年ごとに大規模なインフレ景気とデフレ不況がやってくる古い制度のほうを選ぶよりははるかにましだ。実は、アメリカには1913年まで本当の意味の中央銀行は存在しなかった。そのような組織を作る試みは何度となくなされてきたが、銀行制度はまとまりがなく、非効率的で時代遅れのままだった。それが1907年の恐慌で、ようやく政府当局は変化を起こすことを余儀なくされたのだ。その年、ジョン・ピアポント・モルガンが自分の金を貸し出し、つまりは、ほかの銀行にも同じことを強いて制度を維持することで、銀行制度を完全な崩壊から自力で救ったのだった。当時、ある銀行家は「この国の財務構造の安全と繁栄は、ほぼ完全にあなたの肩にかかっている」と書いた手紙をモルガンに送った。1913年の連邦準備法は、この恐慌の余波を受けて作られ、現在使われている貨幣制度が整備された。[1]

今日の紙幣制度の種は、連邦準備銀行の創設よりも前にまかれていた。18世紀初頭、ジョン・ローという名のスコットランド人は、簡単に言ってしまえば、現代の貨幣制度にとってのクリストファー・コロンブスだった。ローは時代の先を行き過ぎていたため、そのアイデアは熱狂を生み出し、ミシシッピ・バブルで人々の生涯の蓄えを巻き上げるスキームへと変形していった。

ジョン・ローとミシシッピ会社

現代社会では、カードをスワイプしたり、携帯電話やコンピュータのボタンをクリックしたり、さらには、そう、現金で支払いをしたりすることで、簡単にお金を使える。だが、18世紀初頭、流通している通貨がひとつではなかったため、あらゆる形態の通貨を持ち歩いたり、保管したり、使ったり、貯めたりすることは難しかった。大多数の国には紙幣も存在しなかった。当時は金（きん）などの貴金属が通貨として機能していた。

青年時代のジョン・ローは金融制度の研究に何年も費やし、貨幣制度を効率化する方法を常に探っていた。人々は、物を買うためにどこへ行くにも金貨や銀貨が入った袋を持ち歩かねばならないことにうんざりしていた。ローは、当時斬新なアイデアだった紙幣制度を作りたかっただけでなく、より多くのお金を流通させ、どこかの金庫に保管されている一定額の金銀に縛られない貨幣の供給に対し、政府にこれまで以上に大きな管理権限を与えたいと考えていた。世の中の繁栄を高めるため、インフレを推進したかったのだ。銀行は市民や企業に融資をすることによって、いつでも貨幣供給を増やせるのだが、ローのアイデアが画期的だったのは、信用性にはその国の経済の強みや弱みが反映されるべきであって、金（きん）の保有量ではないとしていたところだ。唯一の問題は、このようなアイデアを実社会で試してみることをいとわない国を見つけることだった。[2]

フランスへ行ってみると、ルイ14世がいくらあっても足りないほどお金を使わねばならない

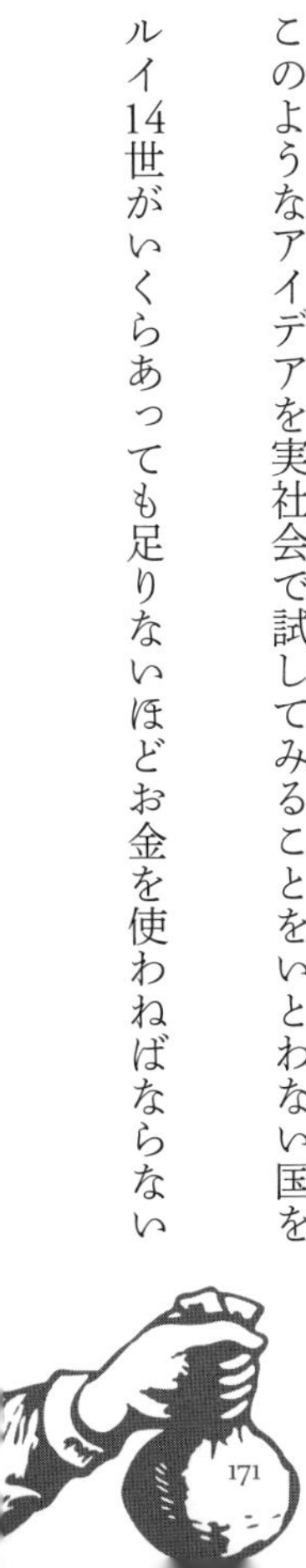

状況に陥っていた。国は度重なる戦争と、あまりにも金遣いが荒い腐敗した君主のおかげで、過剰債務が組み合わさり、財政破綻の危機に瀕していた。政府内には市民による革命を危惧する者が大勢いたため、国は借金を返済できるなら創造的手段に出てもいいと考えた。[3] 17世紀後半から18世紀初頭にかけて、国債はまだ比較的新しい現象であり、ぴかぴかの新しいおもちゃの多くがそうであるように、彼らはその責任ある使い方を知らなかった。

ルイ14世が在位72年にして亡くなった後、王位継承者となった5歳の息子、ルイ15世には、山のような財産ではなく、山のような借金が残された。そして幼き王が成年に達するまでは、大叔父のフィリップが摂政となり、国の財政を監督することになった。借金は深刻で、国の破産が噂されていた。[4] ローは摂政に取り入り、フランスの借金問題は新しい貨幣制度を用いれば解決できると告げた。だめでもともとではないか。分別ある政治家で、このような提案を断る者がどれほどいるだろう?

ローの貨幣制度には未確定の要素がいくつもあった。まず、人々が金銀を提出することによって受け取る紙幣を作る。2番目に、その紙幣の供給を制限する中央銀行を運営し、経済で使われる債券の供給を増やしたり減らしたりする。ここまでは、われわれが金本位制を廃止したあとに確立された現在の制度と不気味なほど似ているように思える。3番目の段階で、ローの計画は脱線する。人々は、制度への信頼以外に裏打ちするものがない紙幣を完全に信用する心の準備があまりできていなかった。そこで、当時ローが下した残念な決断は、国債で紙幣を裏付し、その後、その国債をミシシッピ会社株に転換するというものだった。

当時フランスはアメリカの大部分を支配しており、ミシシッピ会社はその資源を活用するために設立された。これはフランスのルイジアナ準州を25年間の契約で借り受けた開発会社で、そこで発見されたものと、その貿易ルートを独占する権利を与えられていた。同社は金を発見して大儲けができると期待していた。株式は公開されたが、そこには新機軸があった。投資家は、現代の人々がアップルやアマゾンやグーグルの株を買うのと同じようにミシシッピ会社の株式を受け取るのだが、それだけでなく、国債や年金といった保有資産を同社の株式と交換する形で受け取るのだ。これは事実上、債務の株式化だった。

家を買う友人を助けるためにお金を貸し、利子をつけて返してもらうことにするとしよう。だが、その後友人は、あなたが行った融資と引き換えに、彼らが新たに設立した財宝探検会社の株をあなたに提供する。あなたに対する友人の借金はこれで清算され、財宝が発見されれば、あなたは何らかの利益も享受できる。だが、あなたに誤りのある地図が渡され、財宝が発見されなかったとしたら……。

フランスは、ローが新たに発行した紙幣を補うのに十分な量の貴金属がルイジアナ準州で見つかると想定していた。政府がこの計画と直ちに契約したのは、要するに莫大な戦債を軽減するためだった。そして投資家が株を買ったのは、この会社が多額の配当を支払っていて、ローがいたからだ。彼は経済問題に関する情報に通じていると見なされていたため、有名人とな

り、存在感が高まっていた。投資家は金、無限のチャンス、途方もない財産の話を吹き込まれ、あらゆる階級のフランス人がこのアイデアを丸ごと信用した。その結果、国債がミシシッピ会社の株へと移転する水門が開かれたが、これはローが学び、他者にも伝えてきた健全な銀行主義からの大きな逸脱だった。[6]

新しい金融制度の導入、投資家の流動性、手っ取り早く金持ちになりたいという願望により、ミシシッピ会社の価値は急騰した。事業計画も実績もない、設立されたばかりのベンチャー企業の株式と国債を交換することに伴うリスクについてわざわざ調べようとする者はいなかった。価格の下落が売り手を引きつけるのと同様、価格の上昇は買い手を引きつけ、価格は短期間で倍に上昇し、自分が持っている国債を株式と交換しようと、さらに多くの投資家が押しかけた。退屈な古い債券は持っていても魅力的に思えることは決してないが、上昇しているときの株は魅力的だ。

ローはにわかに人気者となった。当時、彼はカトリックではなかったが、人々はこの男には神の力が宿っていると思い込んでいた。1720年、ジョン・ダルリンプル（スコットランドの貴族）は「紙をお金に変えることで化体説（ミサにおける聖別でパンとぶどう酒が完全にキリストの体と血に変わるというカトリックの正統教義）を証明したのだから、ジョン・ローのカトリック信仰に疑いの余地はない」と記している。[7] ローは金融政策を理解していたかもしれないが、自分の政策と人間の本性が結びついたときに生み出されるであろう有毒な調合物を大いに過小評価していた。

バークシャー・ハサウェイの副会長チャーリー・マンガーはかつて「経済学が行動と関わりがないわけがない。行動と関わりがないなら、いったい何なのだ？」と問うた。ローはお金が人々にもたらす可能性がある感情——欲、ねたみ、自信過剰、希望、恐れ——を見落としていた。

投機はとんでもないドラッグ

リック・ジェームスが『シャペルズ・ショー』（アメリカのスケッチ・コメディ番組）で言った言葉は有名だ。彼はポップシンガーとして人気絶頂だった１９８０年代の異様な行動について説明しようとし、「コカインはとんでもないドラッグだ」と言った。ローの場合、コカインを成功という言葉に入れ替えればいい。それに、ミシシッピ・バブルが手に負えなくなってからは、ローが下した決定の多くについても同じことが言える。成功は、最も聡明な人間の頭さえ酔わせ、腐敗させる可能性がある。

フランスで最も身分の高い貴族たちがローの会社を探し求め、彼の家族とお近づきになろうとした。ローは新たに手にした富で、フランス各地に惜しみなく不動産を購入した。作家や詩人は、そのペンで絶えずローに賛辞を浴びせた。時の人に会いたがる見物人を通りから退散させるべく、しばらくどこかへ出かけるとき、ローは必ず騎馬隊の護衛を要求した。国民や政府にしてみれば、ローが悪いことなどするはずがなかったのだ。[8]

ミシシッピ会社の投資家にとっても、投機はとんでもないドラッグだった。この熱狂は階級や富で差別をすることがなかった。上流階級も下層階級も皆、欲に駆られ、頭の中ではドル・マークが踊っていた。以下は、このバブルのおかげで生まれたとんでもない統計データとエピソードのほんの一部だ。

◉楽に富を得る道が見つかったと国が思い込み、1719年8月から12月にかけて株価が4倍になった。[9]

◉1719年8月、ミシシッピ会社がフランスの債務をすべて引き継いだ。[10]

◉最盛期のミシシッピ会社は、時価総額がフランスのGDPを超えていた。[11]

◉靴屋は靴を作るより、株の購入を待つ人たちのためにお金を取ってベンチを貸し出すほうが稼げるとわかった。[12]

◉世界中から30万人以上が金持ちになろうとしてフランスへやってきたと推定される。特定の地域にあまりにも多くの人が押し寄せ、生活圏では年間200ドルだった家賃が月額4000ドルに急騰するなど、大きな問題が起きていた。[13]

◉投機が大流行し、「百万長者(ミリオネア)」という言葉が、新しく生み出された富を表現する日常語に仲間入りしたのは、歴史上、このときが初めてだった。[14]

◉通常、年間1000リーブルで賃貸される住宅の家賃が12倍から16倍に跳ね上がった。

◉ある背の曲がった男が、にぎやかな通りで書類に記入する投機家たちに背中を貸してやったただけで大金を稼げたという有名な話がある。[15]

それから、患者の脈を測っていた医者の話がある。その医者が「下がってる！　下がってるぞ！　なんてことだ！　下がり続けてるじゃないか！」と金切り声を上げたものだから、女性患者が泣き叫んだ。「もう死にそう！　下がってる！　下がってるのね！」医者は戸惑い、「何が下がっているのかね？」と尋ねた。女性は「わたしの脈ですよ！　わたし、死んでしまうんだわ！」と答えた。すると医者はこう説明した。自分が所有しているミシシッピ会社の株価のことで怒鳴っているだけだ、株価が急落しているのだと。[16]

このバブルは理論的通貨基盤から生じたのかもしれないが、それでもバブルはバブルであり、これがひとり歩きを始めていた。ローは大多数の経済学者と同様、人間の本性という要素が差し引かれた、単独でうまく機能する理論に基づく政策を作成した。残念ながら、経済的成果では、この人的要素が多くの場合、最も重要な変数となる。ミシシッピ会社の株式を買うために借りた金を使えば、それは同時に株価を支えることにもなったが、株式は信用買いされていたため、制度の脆弱性を高めていた。

ミシシッピ会社の株価は一時、毎日のように上昇していたため、結果としてローは単純に株式の発行数を増やし、好循環がもたらされた。おそらく、当時はこれが素晴らしいアイデアの

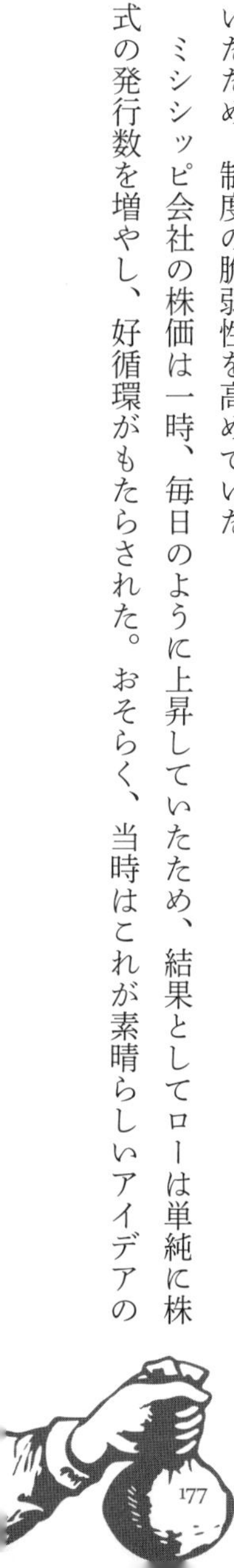

ように思えたのだろう。すでに3杯を飲んでいるのに、4杯目のビールがいつも素晴らしいアイデアに思えるのと似たようなものだ。ゲームのこの段階で、政府は酔っ払い客（投機家）に100万本のビール（株）を提供できただろうし、酔っ払いたちはそれを受け入れたのだろう。最初にローを支持していた摂政は、財政について何も知らないに等しかったが、今、事が順調に進んでいるということは、この先も順調に進むということだと思い込んでいた。先ほどの酒飲みのたとえに沿って言うなら、客はひと晩中酔っ払って過ごし、なおかつ翌朝二日酔いと闘わずに済ませたいと思っていたわけだ。もうひとつの問題は、酔っ払いにもっと株を買わせるため借入金を渡すというやり方で、ローが客のカクテルに混ぜものをしていたことだ。

金融市場は残酷な愛人で、どんちゃん騒ぎの夜遊びをすれば、翌朝、必ずひどい二日酔いで追い打ちをかけてくる。問題は、そのようなパーティーがどれくらい遅くまで続くのか、だれにもわからないということだ。パーティーは、あるときは真夜中に終わる。またあるときは、カルヴァン・ブローダス（またの名をスヌープ・ドッグ）いわく、「朝の6時までお開きにならない」。投機の熱狂の中、ミシシッピ・バブルは行くところまで行った。ローは、国債と交換された何枚かの紙幣が役に立ったのなら、数を増やせばもっと役に立つと摂政に納得させた。株価が上がると、ローはその分、ミシシッピ会社株の発行数を増やして利用した。[17]

バブルが弾ける

株式の供給がついに需要を圧倒し、価格はようやくひと息ついた。ローがパニックになったのはこのときだ。株価が下がると、ローは中央銀行に株を買うよう指示したが、株価はしばらくもったただけで、結局、限界点に達した。ローはまた、発行された新株が6か月以内に額面金額で取引されることを投資家に保証しようとした。そうすれば、彼らのお金は2倍になる。だが、これはギャンブルで、うまくはいかなかった[18]。

通貨は当初、本来の表示価格に対してプレミアムで取引されていたが、これがローの予期していなかった事態を引き起こした。人々はより多くの有形資産を買うため、株式を売り始めたのだ。ローは政府関係者への影響力を駆使し、この流れを食い止めて、金銀等の貴金属を通貨として利用しにくくする規則や規制を制定しようとしたが、損害はすでに出ていた[19]。

株価は90パーセント下落し、結局無価値になった。なぜなら、残余価値が、株を買うために人々が借り入れた金額をはるかに下回ってしまったからだ。ローは警備員に保護されねばならなくなった。群衆は怒り狂い、ローは命の危険にさらされたため、オランダに逃げた。市民は1週間と経たないうちに百万長者から破産に陥った。ロー自身はこう述べている。「昨年のわたしは史上最高の金持ちだった。今日のわたしには何もない。生き延びるだけのお金さえない[20]」。紙幣を利用する経済は、何よりも信用に基づいているのだと覚えておくことが重要だ。フランスの人々は、ローの制度だけでなく、信用にも投資した。その信用が失われ、投資家の信頼が打ち砕かれるや、この制度は死を迎えた。

ミシシッピ会社の最大の問題は、実際には貿易事業でお金を稼いでいなかったことだ。それどころか、貿易事業を本気で試みたことさえなかった。残念ながら、皆、お金を稼げるかどうか心配するあまり、この問題について調べてみようとさえしなかった。ジョン・ローもそうだ。ミシシッピ会社からルイジアナの海岸に向けて出航した船は1隻もなかった。この熱狂の中、事業自体が要するに後づけだったのだ。バブルの絶頂期から9年後、ローはイタリアのヴェネツィアで、無一文で亡くなった。

国民はフランスの銀行制度を信用できなくなり、国は今後数年間、お金の借入は難しいと考えていた。ローの考えは時代の先を行き過ぎており、バブルへの対応もひどかった。このときの経験から、市民も政府関係者も株式市場には基本的に拒絶感を抱いており、ローのスキームはフランス経済を数十年後退させた可能性が高い。これは壮大な惨事だった。ヴォルテールは「紙幣は目下、本来の価値に戻っている」と述べた。フランスの貨幣制度は回復するのに数十年を要した。ローの大失敗は図らずも1789年のフランス革命の勃発につながった。というのも、この失敗がフランス君主制という鎧に初めてできた裂け目となったからだ。フランスが再び紙幣を用いるようになるのは1793年になってからのことだが、人々は紙幣がなし得ることを非常に恐れていたため、ギロチンの脅威によって強制的に使わざるを得なくなった。[21]

タイプ1とタイプ2のペテン師

統計を使って仮説を検定する場合、統計学者が犯す可能性のある過誤にはふたつのタイプがある。タイプ1の過誤は、実際には真である帰無仮説を棄却した場合。タイプ2の過誤は、実際には偽である帰無仮説を採用した場合。これらの用語は少々専門的なので、ミームを使って説明させてもらおう。インターネット上に出回っている中で最もわかりやすいのは、左側に男性の写真、右側に妊婦の写真を載せている例だろう。左側の写真では医者が男性に、あなたは妊娠していると告げている。これはタイプ1の過誤、もしくは偽陽性だ。右側の写真では医者が妊婦に、あなたは妊娠していないと告げている。これはタイプ2の過誤、もしくは偽陰性だ。

人から価値あるものをすべて奪い取るペテン師についても同じように考えることができるだろう。世の中には2種類のペテン師がいる。タイプ1のペテン師は先見の明がある人物で、程度の差はあれ誠実だが、自分のアイデアを極限まで推し進めたり、予期しなかった結果について説明できなかったりするため、結局は投資家を破滅に追いやってしまう。このような偽陽性のペテン師は非常に熱意があるため、詐欺の被害者には悪い面がなかなか見つけられなくなる。知性、情熱、巨額の金を稼ぎたい人たちが組み合わさると、このようなもくろみに伴う潜在的リスクに対する盲点を簡単に作ることができる。そして、タイプ1のペテン師が1度成功を味わうと、問題が発生したときに手綱を引くことが困難になる。生涯をかけた仕事が詐欺だと判明したことをだれも認めたくないからだ。

タイプ2のペテン師は正真正銘の詐欺師で、露骨に人から価値あるものすべてを騙し取ろう

とする。この種の強引なセールスマンは、できるだけ多くの金を稼ぐことしか興味がなく、目標達成のためなら、だれが傷つこうが気にしない。このような人々は偽陰性のペテン師に分類される。なぜなら彼らのカモになった人たちは、このセールスマンはわたしの最大の利益のために行動してくれていると思い込むが、実際には、この人物は詐欺師以外の何者でもないからだ。このタイプのペテン師は人に売り込むすべを心得ているので、詐欺の被害者には彼らの正体がなかなか見抜けない。彼らはゴールポストを動かし、自分が間違っているように見えるときちんと聞かせてくれるのだ。彼らは人間の行動パターンを理解し、あなたが聞きたいことをきちきは責任を転嫁し、相手の自尊心をくすぐって、こちらの歩調に合わせるように持っていく方法を理解している。タイプ2のペテン師から持ちかけられる計画は避けるのが難しい。なぜなら、頭の良さそうな詐欺師から聞かされるセールス・トークに魅了されてしまう人たちが常に存在するからだ。

タイプ1とタイプ2のペテン師はともに、自分の野心に身を任せる。金融ブームのあいだはなおさらだ。彼らは悪いことをするはずがないかに見えるため、人々は刺激的な宣伝を信じるようになる。ジョン・ローはタイプ1のペテン師の典型例だ。貨幣制度のアイデアに関し、この人物は時代のかなり先を行っていたのだが、それでもやはりペテン師だった。ローは自分のプロジェクトがうまくいくと信じて疑わなかった。フランスが世界で最も裕福かつ最強の国として、この事態から抜け出せると思い込んでいた。この計画がうまくいくと心から信じ、儲け

たお金を国に再投資していた。そのお金を自分のポケットに入れたり、ほかの国に投資したりしたわけではない。自分のアイデアは素晴らしいという理解のもと、お金はすべてフランス国内に置いていた。[22]

ローが素晴らしい才能の持ち主だったのか、完全な詐欺師だったのかについては、今も議論が分かれている。わたしは、どちらの説にも真実の余地があると思っている。ローは知的な詐欺師であり、天才でもあったが、自身の理論の欠点を理解せず、借入投資と一攫千金の夢が融合し、群集心理にもたらす中毒作用を過小評価していた。あなたは天才にもペテン師にもなることができる。両者は互いに矛盾する存在ではないのだ。

自身の実験が失敗に終わったあと、退職者面接のような会合でフランスの貴族と会ったローは、次のように語ったと言われている。「正直なところ、わたしは多くの過ちを犯した。わたしが過ちを犯したのは、わたしが人間であり、人間はだれしも間違いを犯しやすいからだ。それでも、わたしは極めて厳粛に宣言する。これらの過ちはどれを取っても、邪悪な動機や不誠実な動機によって進行したものではないし、わたしが取った行動のすべてにおいて、そのようなものは何ひとつ見つからないだろう[23]」

次の章では、ローと対をなす、並外れたタイプ2のペテン師、ジョン・ブラントを紹介しよう。彼はジョン・ローからボールを奪って走り、おそらく有史以来最大のバブルを生み出した人物だ。

第11章

タイプ2のペテン師

あらゆる投機のエピソードには、金融商品や投資機会に関して、一見新しくて、大いに儲かりそうなものを発見して得意になるという側面が常に存在する。

――ジョン・ケネス・ガルブレイス

カエルは首があまり動かないため、360度近い視野を持っている。カエルの視野が食欲と協調して機能するとき、いくつか奇妙な反応を生み出す場合がある。死んだハエをひもにつけて空腹のカエルの前にぶら下げても、カエルはそれを食べない。ハエが存在することにまったくと言っていいほど気づいていないのだ。しかし、空腹のカエルと同じ部屋に生きているハエを入れると、カエルは獲物を追うために全力を尽くす。カエルの視力は、特定の物体が動いているときにのみ、それを見ることができるように機能しているとわかるだろう。その物体が動

いていなければ、カエルに検知さえされないのだ。[1]

人間の脳に作用して注意を向けさせることに関して言えば、金融市場もほぼ同じように機能する。株式市場における緩やかで秩序だった長期的な動きは刺激に欠けるため、基本的に重要性のない出来事として記憶される。短期間で急速に変動する人気銘柄や、一時的に流行っている最新の投資のほうが目につきやすい。このような急速な動きは、投資家が過剰反応してミスを犯し、人々が長期資本を危険にさらして短期の意思決定をしてしまう原因となる。わたしたち人間とカエルの最大の違いは、死んだハエが顔の前にぶら下がっているとき、カエルのほうが人間よりもそれを静観する自制心を持ち合わせていることだ。人間の脳は、1度現状の変化を経験すると、もう1度ドーパミンの刺激を切望するため、市場における安定性は、それ自体が不安定性として機能すると言っていい。

安定性が不安定性を招く可能性があるというこの考え方は、経済学者のハイマン・ミンスキーが最初に提唱した。ミンスキーは1990年代初頭に『金融不安定性仮説［*Financial Instability Hypothesis*］』を発表し、「経済的繁栄が長期にわたって続くと、その間に金融面の関係性は、システムを安定化させるものから、不安定化させるものへと移行する」と主張した。[2]

経済学者の話ではないが、これは、安定した金融システムによって、結局は投資家がより高額な資産を購入するべく、より多くの借入をする気になることを意味し、投資家が極端に走れば、必然的に不況へとつながる。つまりミンスキーは、市場には安定期から不安定期へ、そし

てまた安定期へと戻るサイクルがあるとの考え方を説明していた。だがそれと同時に、バブルが起きる仕組みについても詳しく説明している。人は退屈する。市場が割高になると、人はリターンを絞り取ろうとして、多額の資金を借り入れ、取るべきではないリスクを取ってしまう。そして最終的に音楽が止まり、ダンスフロアは空になる。個人による成功は自信過剰につながる可能性がある。他者による成功は、ねたみと後悔につながる可能性がある。自信過剰にねたみと後悔が混ざると、個人が極端にリスクを取るようになり、それが集団化して群れとなり、合理的な思考を圧倒する。これがミンスキー・モーメントだ。

ロバート・シラーは、ＩＴバブルの末期に発表した著書『投機バブル　根拠なき熱狂』で、群集心理の概念を定義した。

わたしは投機的バブルとは、株価上昇のニュースが投資家の熱意に拍車をかけ、それが心理的感染によって人から人へと広がる状況と定義する。その過程で株価上昇を正当化し得るストーリーが増幅されて、ますます多くの投資家を呼び込み、彼らは投資の実質価値に疑問を抱いているにもかかわらず、一部は他者の成功に対する羨望、一部はギャンブラーの興奮によって、投資に惹かれていく。[3]

投資ライターであり投資家でもあるウィリアム・バーンスタインは、著書『投資「4つの黄金則』』で、バブルに必要な4つの条件について説明している。

1　大きな技術革命もしくは金融慣行の変化。
2　流動性――すなわち金融緩和。
3　最後のバブルに対する健忘症。これには通常、1世代かかる。
4　昔ながらの証券評価方法の放棄。通常、経験の浅い投資家による市場の乗っ取りによって引き起こされる。[4]

バブルを過熱させ得る要素はもうひとつある。詐欺だ。誤った約束をしたり、関連情報を隠したり、噂を漏らしたりする権威ある人物は、火に油を注ぐ可能性がある。18世紀初頭のイギリス全土にガソリンを噴霧したのはジョン・ブラントという人物で、この男は史上最大とおぼしきバブルを生み出す手助けをした。

南海会社

イギリスとフランスが1700年代初頭に経済面での戦いに打って出たころ、両国はすでに何世紀にもわたって互いに争い、世界のほかの地域とも戦争をしていた。イギリス政府は、ジョン・ローがフランスの戦債を処理するべくミシシッピ会社を使って作り出していたものを

目の当たりにしていた。イギリス人は、フランス国民が国の借金を引き受けている会社の株を保有することで一夜にして金持ちになる様子を目の当たりにしていた。嫉妬と不安が組み合わさり、イギリスはローにならって、国の債務負担を担ってくれる株式会社を活用することにした。

イギリスはだいたいにおいて、ほかのヨーロッパ諸国より強い立場に身を置いていたため、政府の役人も市民も、国の借金に対して、フランスと同じ処遇を受けてしかるべきだと感じていた。多くの人々がローの貨幣制度はうまくいかないと思っていたが（前章を参照：制度は失敗）、イギリス人は、自分たちに限っては大丈夫だと思っていた。実際、イギリス議会は、ジョン・ローのミシシッピ・バブル絶頂期に南海計画を承認している。これは、どちらの国が浮かれ騒ぐことができるか見極めるための競争だった[5]。

南海会社は、投資家が所有する国債や年金と引き換えに株式を発行する探査事業で、その点ではミシシッピ会社の戦略を活用していた。政府の借金を引き受けることと引き換えに、同社は南洋交易路の独占権を与えられた。ペルーやメキシコといった場所には、金や銀が無限に眠っているとの噂をだれもが耳にしていた。投資家は実際、これらの資源は無尽蔵に存在し、莫大な富を持ち帰るには船が4、5隻あればいいだろうと信じていた。この見方はもはや時代遅れだとだけ言っておこう。

南海会社は当初、政府から1000万ポンドの負債を引き受け、比較的小さな規模でスター

トした。だが、政府と国民がフランスのジョン・ローのスキームをこぞってうらやむようになると、いよいよこの会社を別段階へ引き上げるときがやってきた。1719年、南海会社はイギリスの残りの債務と引き換えに、株式を一般に提供した。史上初となる2次放出を先駆けて行ったとき、南海会社は2000万ポンド調達できればと考えていたが、午前中までにその半分を達成してしまった。人々は自分の所有物を質に入れ、農民は家畜を売って現金を集め、株を買った。そして、この売り出しは応募超過となった。[6]

南海会社の経営陣は、思惑買いで株価を上げ、国債と引き換えに提供する株をどんどん減らしたいと考えた。なぜなら、債券の保有者が目先の利益を求めてそれを売却する可能性があったからだ。このようなやり方をすれば、経営陣は自分たちが手を貸して作り出した余剰株を保持しておける。そして、結局はそういうことになり、株価はあっという間に129ポンドから360ポンドに上がった。最初の転換後は890ポンドにまで跳ね上がったのだ。[7] 南海会社の時価総額は、株式公開会社になってから1200万ポンドに達したが、それでも利益を上げていなかった。それどころか、そもそも事業計画のすべてであった南米との直接貿易で1セントも稼いでいなかったのだ。[8]

およそ8か月で国の債務構造全体が変化し、一般大衆が陶酔感にとらわれ、富が生み出されたものの、その後失われ、ほかのだれにも増して、ひとりの男が非難された。それがジョン・ブラントだ。

タイプ2のペテン師、ジョン・ブラント

前章では、タイプ1とタイプ2のペテン師の違いを見てきた。ジョン・ローのようなタイプ1のペテン師は先見の明がある人物で、程度の差はあれ誠実だが、結局は投資家を破滅に追いやってしまう。彼らは現実世界の力学を考慮に入れる、あるいは自分のアイデアが非常に間違った方向へ行く可能性について検討することを怠っているため、知的な詐欺師と言える。タイプ2のペテン師は正真正銘の詐欺師で、個人的な利益のため、露骨に他人を利用しようとする。

ジョン・ブラントはタイプ2のペテン師の権化のような人物だった。この男には人生の目標がひとつあった。それは、必要とあらば何をしてでも、とてつもなく大金持ちになることだ。しかも、ただ大金持ちになりたかったのではなく、人事を尽くし、できる限り迅速に大金持ちになりたかった。ローとは異なり、ブラントは知識人ではなかった。だが、自信とカリスマ性を併せ持っていたことでそれを補った。ブラントは、政府、一般市民、南海会社を利用して政府の借金をなくし、その過程で私腹を肥やすチャンスを見出した。

ブラントは会社の創設者で、ある記述では「がっしりしていて威圧的、口が達者で頭がよく、成功してやると心を決めていた」と描写されている。[9] ただブラントには、その売り込み能力で、社会の上層部を自身の計画に引き込む天性の才能があった。ブラントはまず、1715年に皇

太子を説得して事業に引き入れた。その後、会社の株をもっと買ってくれるよう国王ジョージ1世を説き伏せた。すでに裕福で権力の座にある人々でさえ、一攫千金のたくらみにそそのかされてしまう可能性があるということだ。[10]

ブラントは南海会社の創設者として独特な事業形態を利用し、どんな方法を使ってでも個人的に儲けてやろうと固く決意していた。ブラントがいかにしてこの状況を自分に有利になるように操ったのか、以下の警察記録を紹介しよう。


◉会社が支払った配当オプションを購入したが、それは本人がすぐに増配するつもりでいた配当だった。

◉自身と友人のもとに流れる株の数をひそかに増やしていた。

◉裁判所に賄賂を贈り、国会議員の友人や家族に代わって株式に巨額の投資をした。

◉株価を上げるため、可能な限り、とことん広範囲に誤った噂を広めた。

◉大蔵大臣のチャールズ・スタナップに賄賂としてストック・オプションを贈った(その後、スタナップはバブル期に莫大な利益を得るべく株を売却した)。

◉ジョン・ローにならい、株価を押し上げるために、投資家に資金の借り入れをさせていた。実際には、南海会社自体が投資家に株を買うための資金を貸していた。ブラントは株価を支えるため、とにかく市場にどんどん株を供給したかった。

ミシシッピ会社の実験と同様、南海会社が行っていた債務と株式の交換は、合法的な金融取引としてはほとんど意味がなかった。それでも政府は、帳簿から圧倒的債務負担をぜひとも一掃したかったし、株を買う人々は、自分の純資産が短期間で増加するのを見るのが好きだった。ブラントの計画は魅力的であると同時に欺瞞的で、人から金を騙し取るにはうってつけの組み合わせだった。株価が上がれば投資家の利益も上がったが、会社は相変わらず金を稼いではいなかった。ブラントがしていたのは、ありもしない利益を前に引っ張り出してくることだけだった。南海会社には事業計画も商品の市場も存在しなかったのだ。[11]

もしかすると、取り決めのいちばんばかげた部分は、ブラントが投資家に国債の転換条件がどうなっているか知らせようとせず、投資家も尋ねようとしなかったことだろう。国債を会社の株価に換算するための交換レートが設定されていなかったのだ。株価が上がれば上がるほど、会社が発行する株は少なくてすみ、ブラントやほかの取締役の手元には自由にできる株がより多く残ることになる。ブラントの目標は、あらゆる必要な手段を講じて株価を引き上げることだった。会社は賄賂に何百万ドルも費やしており、ブラントは、自分はだれにも手出しができない人物だという気分になっていた。これは詐欺が引き起こした金融ブームのとりこになる人々に共通する症状だ。それに、ブラントがその努力への報いとしてナイト爵を授けられたことを考えると、しばらくのあいだは手出しができなかったのだろう。上流階級のあいだで南

海会社の株は格好の話題だった。ブラントは取引や株の購入に人々を誘い込むべく、非常に投資家寄りの条件を提供していたため、ある時点で南海会社の価値は保有する負債額の10倍と評価されていた。だが、会社の船はまだ1度たりとも南洋へ航海に出ていなかった。[12]

ジョン・ローの金融実験では、紙幣を用いて国の債務問題を解決しようとした（そして失敗した）が、ブラントの計画にはまったく現実に根差したものがなかった。可能な限り株価をつり上げる以外にプランBもなかったのだ。南海会社の株価が急騰し始めたとき、ブラントは仲間の取締役に次のように語った。「混乱すればするほどよい。自分が何をしているのか、人々が知る必要はない。知らずにいれば、われわれが取っている手段に彼らをいっそうのめり込ませることができる。計画の実行こそわれわれのビジネスだ。ヨーロッパ中がわれわれに注目している」。だが、株価がどんどん上がれば、最終的に投資をする新たなカモが不足するため、勢いを維持することが難しくなった。株価がようやく下落し始めたとき、投資家の大多数は借入資金を使って多くの株を購入していたため、実際には保有株式の総額を上回る借金をしている状態だった。[13]

ブラントが抱いた世界制覇の計画は、『オースティン・パワーズ』のドクター・イーブルの戦術を地で行くようなものに思えた。チャールズ・マッケイによると、ウォルポール（当時のホイッグ党主導者）は次のように述べている。「この計画が成功すれば、取締役たちは政府を自由に操り、王国に新たな絶対的特権階級を作り、議会の決議を支配するようになる。もし失敗すれば――ウォル

ポールはそう確信していたが――結果として国全体に不満が渦巻き、わが国の破滅を招くだろう」。ドクター・イーブルはただ「レーザー」で地球を吹き飛ばしたかっただけだ。少なくとも、最初に人々に期待を持たせようとはしなかった。[14]

泡沫会社禁止法

１７２０年は、金融用語集に「泡沫（バブル）」という言葉が取り入れられた年だったのかもしれない。中には「バブルの年」と呼ぶ人たちもいた。南海会社が投資家からの資金調達に成功した後、株式会社が雑草のように誕生した。当時、これらの企業は泡沫（バブル）会社と呼ばれており、この物語では「そんなうまい話があるわけない」カテゴリーに分類される。これらの企業が継続した期間を聞けば、１９９０年代後半のＩＴバブルで挫折した人たちの中には赤面する人もいるだろう。１７２０年には１００以上の新しい会社がどこからともなく設立され、人々の大きな欲望につけ込んでいたが、その大半は1、２週間しか続かなかった。ある会社は「人間の脳からあらゆる種類の風と蒸気を引き出す」静水圧空気ポンプなるものを販売していた。

これらの事業計画の中で最もばかげていたのは、「多大な利益をもたらす事業を行っているが、それが何であるかだれも知らない」と書かれていた会社のものだろう。頑張ってこんな得体のしれないことまで試みたわりには、この事業計画の発案者が必要とした資本金はわずか50万ポンドだった。新しい公開会社には非常に大きな需要があったため、この男が事務所

を設立すると、その日にはもう、事務所のドアを開けると外に大勢の人が列を作っていた。1000株が売れた後、男は事務所を閉めて国を去り、消息を絶った。なるほど、これぞまさしく一攫千金計画だ![15]

一般大衆にまでこのような欲の張り合いが広まったことは、南海会社の株に注目する人が減ることを意味し、株価は下がり始めた。ブラントは金で買収している議会の友人の助けを借り、泡沫会社禁止法と呼ばれる法案を通過させることができ、これにより、政府の承認なしに新会社を設立するのは難しくなった。結果として、南海会社は投機の独占権を手にしたが、それはつかの間の勝利に終わった。株がどっと売りに出されるようになると、この流れを食い止めるために政府ができることはあまりなかった。株価は8月に1000ポンドを記録した後、9月にはもう150ポンドまで下落していた。南海会社は利益を出すことに近づきもせず、結局は採算の取れない事業となった。[16]

南海会社の株価暴落はイギリス中に波及し、何千人もの人々が破産した。銀行もついていなかった。というのも、投資家に貸した金を回収しようにも、信用取引口座に使われている担保が無価値になった南海会社の株だったため、回収できなかったのだ。わが身を責めたいと思う投機家はいなかった。だれもが罪を負う身代わりを求めていた。チャールズ・マッケイは次のように説明している。

南海会社と同じくらい国も責められるべきだと想像する者はいなかったようだ。人の信じやすい性質や、飽くことのない金銭欲——人の品格を下げる利益への欲望……あるいは心酔——を責める者はいなかったが、この欲のせいで、狡猾な幽霊会社の発起人が掲げた罠に、一般大衆が一心不乱に頭を突っ込んでいったのだ。だが、そのようなことはついぞ口の端にものぼらなかった。[17]

ジョン・ブラントのようなペテン師や強引なセールスマンが消え去ることはないだろう。マッチを擦る詐欺師は常に存在するが、燃焼促進剤を提供するのは群集心理だ。南海会社の見通しについてわずかばかりの調査でさえ、あえて実行する者はいなかった。南海に近いところへ出航した船さえ1隻もなかったのだ！　ブラントはバースで引退を余儀なくされ、そのとき所有していた財産はわずか５０００ポンド、それ以外の資産はすべて没収された。

残響バブルとダンバー数

何十万年ものあいだ、わたしたちの祖先は、主に小さな部族の中で役目を果たしていた。人生は楽ではなく、ひとりひとりが自分の仕事を持ち、皆、もっぱら生き残ろうとしているだけだった。これらの部族が小さい傾向にあった理由のひとつは、わたしたちの社会集団の大きさと脳の大きさに関連があるからだ。脳は数万年もの年月を経て進化してきたが、それに伴い、ホモ・サピエンスは口伝えや、ある程度のゴシップを通じて、より大きな集団を形成するようになっていった。社会学研究によると、人数の上限はおよそ150人だそうだ。

ダンバー数は、集団の自然な規模は約150人との学説を立てた人類学者ロビン・ダンバーにちなんで名づけられた。ダンバーは、人間の脳の大きさから判断して、これが、普通の人がより広い社会集団で認知できる人数であると仮定した。あなたが出席する結婚式はたいてい、参列者が100人から300人の範囲であることを考えると、これは理にかなっている。ダンバーは、われわれの祖先である狩猟採集民の平均的集団の規模がおよそ148人であることを発見した。[18]

社会集団がこの規模だったころ、人は自分がいる小規模な部族の中でしか他者と比較することができなかった。才能次第で、あなたはきっと何かで一番になれたはずだが、人間は隣人に負けまいと見栄を張るより、生き延びることを心配していた。テクノロジーと物語を語ること(ストーリーテリング)がそれを一変させた。ホモ・サピエンスは物語を語る技術を通じて、最終的に数千人、さらには数百万人規模の都市、宗教、企業を作ることができた。食料を得る手段が狩猟採集から農耕へと移行したことが最初の大きな変化だが、印刷機は人が語る物語の幅広い浸透を可能にした大きな技術的飛躍となった。インターネットは印刷機の強化版であるから、インスタグラムで近所の人、仲間、友人、同僚、あるいは偽の有名人に遅れを取るまいとする行為を避けるのはこれまで以上に難しいように思える。

隣人がだれであれ、テクノロジーはその人たちへの興味を強化させるかもしれないが、いいね、リツイート、インフルエンサーがソーシャル・メディアを支配するずっと前から、群集心理が存在していたという事実に、あなたは少し安心できるだろう。

ギュスターヴ・ル・ボンは、1895年に『群衆心理』という本を書いたフランスの心理学者だ。次の一節にはル・ボンの研究結果がよく要約されている。

> 心理的群衆の示す最もきわだった事実は、次のようなことである。すなわち、それを構成する個人の如何(いかん)を問わず、その生活様式、職業、性格あるいは知力の類似や相異を問わず、単にその個人が群衆になり変わったという事実だけで、その個人に一種の集団精神が与えられるようになる。この精神のために、その個人の感じ方、考え方、行動の仕方が、各自孤立しているときの感じ方、考え方、行動の仕方とはまったく異ってくるのである。ある観念、ある感情は、もっぱら群衆中の個人においてのみ現れたり、行為に移されたりする。[19]（桜井成夫訳）

この著作は南海およびミシシッピ・バブルから175年ほどあとに書かれたものだが、まるでロンドンやパリの路上で、群衆があのような会社に熱狂する狂乱状態を目撃した記者が書いたのではないかという印象を受ける。ル・ボンの一節は、大恐慌に至るまでの狂騒の20年代

や、1980年代日本の不動産および株式市場のバブル、1990年代終盤のITバブル、2000年代の不動産バブルにも関連している。

市場や国や人々は変化するが、これらすべての状況に群集心理が存在することは変わらない。わたしたちがダンバー数を超え、先祖の部族を超えて現代社会を作ってからというもの、このような状況は避けられなくなった。わたしたちの脳は生まれつき、自分が楽しみに参加しているのでなければ、ほかのだれかが楽に金持ちになるのを見ていられるようにできてはいない。そのせいで、金融バブルは避けられないのだ。それはタイプ2のペテン師が常に人を利用しようと待ち構えていることも意味している。

第12章

知性に騙される

大規模破綻には必ず、最低ひとりは有名な投資家が最初から最後まで関与していたということを保証する。
——ジェームズ・チェイノス（アメリカのヘッジファンド・マネージャー）

1961年5月25日、ジョン・F・ケネディ大統領は大胆な目標を掲げて議会の壇上に立ち、こう宣言した。「わが国は、人間を月面に着陸させ、無事に帰還させるという目標を10年以内に達成することを約束すべきである」

NASAのアナリストは、それが実現する確率は10分の1とした。アポロ8号の乗組員がいなければ、アポロ11号のミッションに参加したニール・アームストロングと仲間の宇宙飛行士たちは1969年にその目標を達成できなかっただろう。あまり知られていないアポロ8号の任務が実行されたのは1968年のクリスマスの時期で、このミッションには初めて月を

周回したクルーが含まれていた。アームストロングの有名な月面への最初の一歩は、人類初の月軌道周回に影を落としたが、多くの点で、初期のこのミッションのほうがより印象的でリスクが高かったのかもしれない。これが前例のない試みだったのはもちろんのこと、NASAは月へ一番乗りするべく、ロシア人と再び競っていたのだが、すべてのシステムを完全にテストする時間がほとんどなく、宇宙船がそこへ到着した場合、彼らの計画と計算が現実に合致するのかどうかわからない状況にあったのだ。

宇宙船の乗組員――フランク・ボーマン、ジム・ラヴェル（映画『アポロ13』でトム・ハンクスが演じた宇宙飛行士）、ビル・アンダース――は気力をくじかれるような可能性に直面した。宇宙船アポロ8号は560万個の部品と、150万個のシステム、サブシステム、組み立てキットを使って製造されていた。実効率を99・9パーセントと仮定すると、途中で5600の欠陥が発生すると予想された。チャールズ・リンドバーグは、アポロ8号が最初の1秒間の飛行で燃焼する燃料は、自身が成し遂げた大西洋単独無着陸飛行の全行程で燃焼した燃料より多くなると見積もった。これだけの量の燃料には、小型核爆弾並みの爆発力がある。アポロ8号が地球の引力圏を越えて月の周回軌道に達するには、時速2万7000キロ以上で移動する必要があった。地球の大気圏に再突入する際には、時速4万キロ近くで飛ぶことになる。

月から約6万2000キロのポイントは等引力圏と呼ばれ、地球と月のあいだで引力が等しくなる。このポイントを通過すると、ボーマン、ラヴェル、アンダースは、地球の外で引力

にとらえられた最初の人々ということになる。それまでだれも見たことのない月の向こう側へ飛ぶには、約39万キロ移動する必要があった。宇宙船がそこへ到達するまでのあいだに、月自体は24万キロ移動する。

最大の試練はアポロ8号が月の裏側に到達したときにやってくる。その時点で、宇宙船は無線連絡ができなくなるのだ。フライトの指揮官フランク・ボーマンは、打ち上げに至るまでの数か月間、この瞬間に執着していた。NASAの飛行計画では、六分儀観測という方法で星と地球を一直線上に並べ、宇宙船の方位が計算されていた。これは帆船が何世紀にもわたって活用してきたシステムに似ており、太陽と月と星の角度を測定することによって実行される。飛行計画を立てたNASAの専門家は、さまざまな星に対する相対的な位置に基づき宇宙船の高度を計算し、反動推進エンジンを使って目的の場所でその位置を保つことになる。計算された速度に変化があれば、宇宙船が正しい方向に進んでいるのか、あるいは重大な間違いを犯しているのかどうかが乗組員と管制センターにわかる仕組みになっていた。

無線通信が長時間途絶えた場合、宇宙船の移動速度が速すぎてコースから外れていることを意味する。宇宙船からの無線通信が途絶えるのが早すぎた場合、それは軌道がずれていることを意味する。これらのシナリオのいずれかが現実となれば、月の引力と戦って帰還するために必要な燃料を持ち合わせていない宇宙飛行士たちは、宇宙空間で永遠に迷子になる可能性があった。

ロバート・カーソンは、その魅力的な著作『ロケット・マン——アポロ8号と人類で初めて月へ旅した宇宙飛行士の大胆な旅［*Rocket Men: The Daring Odyssey of Apollo 8 and the Astronauts Who Made Man's First Journey to the Moon*］』の中で、この極めて重要な瞬間に起こったことを説明している。


ボーマンは胃が締めつけられた。

ラヴェルとアンダースが時計をじっと見つめる。

窓の外の景色がさらに暗くなっていく。

宇宙飛行士たちのヘッドセットが沈黙した。

ボーマンは時計を見た。

「なんてこった」

NASAが計算したとおりの時間にぴたっと無線通信が途絶えたのだ。

ボーマンにはそれがほとんど信じられなかった。アンダースが冗談を言った。「たぶんクリス［クラフト］が言ったんだ。『どんなことがあっても無線を切れ』ってね」

アンダースは訓練中、ボーマンがこの瞬間について心配し、取りつかれている様子を見てきた。アンダースが冗談を言っていることにボーマンが気づくまでに1秒かかった。その後、ボーマンは顔がほころぶのをどうすることもできなかった。アポロ8号のミッショ

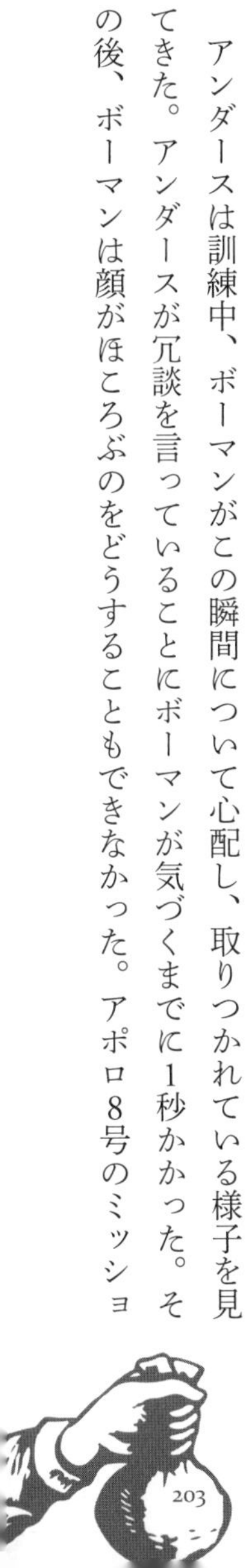

ンにおけるもうひとつの重大なハードルは乗り越えられた。
ヒューストンでは、管制官たちが驚きと安堵で顔を見合わせ、首を横に振りながら握手をしていた。軌道力学――宇宙が自身を秩序づけ、動かす手段――が機能したのだ。そして人間は、その瞬間をコンマ1秒まで計算したのだった。

宇宙船が月の裏側で初めて周回軌道に乗ったとき、飛行士たちはNASAの推定1秒以内に無線通信を再開した。NASAは月の軌道の大きさを数分の1マイルのところまで計算していた。月を周回し、宇宙船を送り返すべく月の引力をパチンコのように利用した後、宇宙飛行士たちはクリスマスの日に帰還の途に就いた。乗組員の中にはヒューストンのNASAの司令部に家族を呼んでいる者もいた。管制センターにいたある乗組員の5歳の息子が、宇宙船を操縦しているのはだれかとビル・アンダースに質問をした。それに対し、アンダースは「いい質問だ」と言った。「今、ほとんどの操縦をしているのはアイザック・ニュートンだと思うよ」[1]

アンダースが言及したのは、17世紀にアイザック・ニュートンが練り上げた数学と物理の法則だった。ニュートンの法則の素晴らしさは、これがあったおかげで、アポロ8号が宇宙空間を通過する過程で特定のチェックポイントをいつどこで通過するか、NASAの科学者が正確に測定できたことだ。遠回しな言い方をすれば、宇宙の正確なモデルがあったからこそ

NASAは未来を予測できた。だが残念ながら、金融市場の予測に比べたら、天体の位置が提供してくれる予測モデルはずっと単純だった。というのも、人間の感情は物理の法則に支配されないという単純な事実があるからだ。金融市場といった複雑適応系を扱う場合、人変数が存在するため、将来を予測することは不可能であり、ニュートンは身をもってそれを思い知ることになった。

ニュートンの熱狂

数学、天文学、物理学、錬金術、神学、工学、技術への貢献により、アイザック・ニュートンは科学革命の最も重要な人物になったと言ってほぼ間違いないだろう。ニュートンは世界的に有名な科学者であっただけでなく、政府内の通貨政策に関する討論にも参加し、王立造幣局での仕事では、通貨偽造人の追跡に貢献した。生涯を賭けた仕事での稼ぎが良かったため、ニュートンは金持ちとして亡くなったが、実際どれだけのお金を稼いだのか、あるいは貯め込んでいたのか覚えている者はいない。ニュートンの金銭問題に関してだれもが知っている唯一の話は、前述の南海バブルで投資を行い、巨額の現金を失ったことだ。

「天体の動きは計算できるが、人々の狂気は計算できない」は、南海会社の株で財産を失ったあと、ニュートンが述べた言葉として広く知られている。これは、行動ファイナンスの引用として完璧だ。この言葉が数え切れないほど引用されてきたのは、お金のことになると、地球上

で最も賢い人物に数えられる人でさえ、自分の感情に負けてしまう可能性があることを完璧に主張しているからだ。残念ながら、引用の最初の部分はニュートンが言った言葉ではなさそうだ。記録では、上がり続ける南海株の価格について質問され、ニュートンは「人の狂気は計算できなかった」と答えているが、「天体の動きを計算する」の部分は、話の説得力を強めるため、ほかのだれかが後に書き加えた可能性が高い。引用全体の出所がどこであれ、ニュートンの経験は繰り返し取り上げる価値がある。なぜなら、南海会社への投資は、史上、最も影響力のある人物になることは決してないわたしたちにも教訓を与えてくれるからだ。

　ニュートンは、およそ3万ポンド相当の財産を持つ裕福な男として亡くなったが、南海バブルというけだものに手を出したことにより、1万ポンドから2万ポンドもの損失を被った。当時の2万ポンドは、現在のおよそ２０００万ポンドに相当する。だれの話から推しても、南海株に興味を引かれる前のニュートンは、保守的で抜け目がない投資家として成功しており、公債や国債を中心に、慎重な投資をしていた。[2]

　南海会社は当初、革新的な実験だった。そのため、ニュートンが初期の投資家であったことは、彼をベンチャー・キャピタルのパイオニアのような存在にしている。ニュートンは南海会社が法人化されてからちょうど1年後の１７１２年に株を買い始めた。群衆の熱狂で株価が最高点に達する7年から8年も前の話だ。最初の価格高騰で彼の取引口座にはいくつか素晴らしい利益がもたらされ、価格が上昇し続けると、ニュートンはさらに6回株を購入していた。

これは、彼がモメンタム・トレーダー（相場の勢いに乗って取引を行う投資家）であったことを示している。買った株の大部分は、購入時より安値で売却する結果となったが、それでも多少の利益は得られ、初期の投資はほぼ2倍になった。だが株を売り、ニュートンの現金が傍観者となったあと、本格的にバブルが始まり、価格は上昇を続けた。

『ゴッド・ファーザーPART3』のアル・パチーノのセリフを借りれば「足を洗えたと思ったら、また逆戻りだ！」である。株価が上昇し続けると、ニュートンはまんまと引き込まれた。株をすべて売却してからわずか数週間のうちに、売った価格の2倍になった株に再び飛びついた。パニック買いだ。おそらく強欲の無二の親友、「チャンスを逃すことへの不安」が引き起こした行為だろう。この不安はたちまち、チャンスに飛びついてしまった不安へと変わり、1723年が終わるころ、ニュートンは資金の80パーセント近くを失っていた。

研究者たちは、ニュートンは当初、南海会社への投資で利食い売り（保有している株式が値上がりした際に売却して利益を確定させること）をしたものの、後日、再びその株に飛びついて巨額の金を失った唯一の大型投資家だと考えている。[3]

ニュートンはそれから死ぬまで、自分にこれほどの悲しみと損失をもたらした会社の名は口にするのも耐えられないと言い続けた。[4] ジョン・ブラントの大がかりな株の操作は、地球上に存在する最も知的な人物をも捕らえてしまったのだ。

部屋で最も賢い人々にまつわる問題

2001年にエンロンの不正に光を当てたとき、ベサニー・マクリーンは『フォーチュン』誌の記者だった。ヒューストンに本社を置くエネルギー会社はさまざまなごまかしや不正会計を駆使し、事業の本当の業績を隠蔽していた。マクリーンは自身の著書『部屋で最も賢い男たち［*The Smartest Guys in the Room*］』で、史上最大級の企業不正について書き、エンロンの粉飾決算がおおむねどのように機能していたのか説明する社員の言葉を引用した。

あなたが犬を飼っているとします。でも財務諸表上はアヒルを飼っていることにしなければなりません。幸い、何をもってアヒルとするかについては特定の会計ルールがあります。アヒルの構成要素は黄色い足と、白い覆いと、オレンジ色のくちばしです。そこで、あなたは犬を連れていって足を黄色、毛皮を白に塗り、鼻にオレンジ色のプラスチックのくちばしを貼りつけ、会計士に「この子はアヒルです！ あなたもアヒルだと思うでしょう？」と聞きます。すると会計士は「ええ、ルールに従えば、この子はアヒルです」と答える。その子は犬であって、アヒルではないとみんなわかっていますが、そんなことはどうでもいいんです。アヒルと呼ぶためのルールは満たしているのですから。

会社の経営陣はずさんな時価会計の手法を用い、利益を約6億ドル、資産を240億ドル水

増ししていた。その時点でアメリカ史上最大の破産を宣言する前、エンロンは収益第7位の企業だった。破綻直前の1995年から2000年にかけては、6年連続で「最も革新的な企業」に選ばれている。また、破産宣告をした同じ年の2001年には「最も称賛される」企業7位に選ばれていた。

マクリーンは著書の中で、詐欺で果たした役割により、最終的に禁固24年の実刑判決を受けたエンロンの元CEO、ジェフリー・スキリングの人物像を描いている。

スキリングについて語るとき、人々は「賢い」という言葉を使うだけではなく、「素晴らしく頭脳明晰」とか、「今まで出会った中で最も賢い人」といった表現をする。1980年代後半のスキリングは、見た目はぱっとしない男で、小柄で少々ずんぐりしていて、髪は薄くなっていたが、頭の回転が驚くほど速かった。彼は情報を処理し、新しいアイデアを驚異的なスピードで概念化することができた。複雑な問題を即座に単純化し、生き生きとした説得力のあるイメージに変えることができた。そして、傲慢と紙一重の確信を持って自分のアイデアを披露し、異議を許さなかった。人を説得するだけでなく、威嚇するために自分の知力を使ったのだ。[5]

自社株への投資で推定8億5000万ドルを失った数千人のエンロン社員にとっては不運

なことだが、スキリングはその素晴らしく明晰な頭脳を詐欺に活用した。光り輝くものの問題は、盲点が生まれる可能性があることだ。地球上のすべての人間には、自分自身の劣ったバージョンがある。わたしたちの中で最も熟練した技術を持つ人も、人生のほかの分野では不完全な点がある。要は、往々にして自分の不合理より他人の不合理のほうがはるかに気づきやすいというだけのことなのだ。種としての人間に起こりがちな認知バイアスは何百と報告されているが、最も理解するのが難しいのは、盲点バイアスだ。これは、自分のバイアスよりも他人のバイアスのほうがはるかに気づきやすいという考え方だ。そして、知的な人々は自分を騙すことが得意になるため、だれにも増してこの問題を起こしやすい。

研究者のリチャード・ウェスト、ラッセル・メザーブ、キース・スタノヴィッチは、この考え方を裏づけるさまざまな研究を行った。彼らは研究を通して固有の盲点バイアスを見つけただけでなく、より高い認知能力を持つ人々からのバイアスに対するさらに大きな盲点を見つけた。7つの認知能力テストした後、研究者は次のように結論づけた。「また、認知能力はこのメタ認知バイアスを弱めなかった。さらに、自分のバイアスを認識していた人々は、それを克服するのがうまくなかった」。別の言い方をすれば、賢い人たちは、ほかの人たちよりも自分の限界を認識するのが下手なのかもしれない。知的な人々は目的遂行能力が高く、単に自分は普通の人よりも頭がいいという理由だけで、たいがいのことについて自分は間違っていないはずだと自身を納得させてしまうことに気づけば、それもなるほどと思えるだろう。[6]

賢い人が愚かな決断をする理由

ジョン・ケネス・ガルブレイスはかつて、「昔から言われているように、愚か者はすぐに、あるいは最終的に、自分のお金から間違いなく切り離される」と記している。だが、お金を取られてしまうのは、本当に愚か者だけなのだろうか？　哀れな愚か者だけが強引なセールスマンや詐欺師に喜んでお金を渡してしまうのか？　ひと言で言えば、答えはノーだ。知的な人たちも自分のお金のことでは抵抗なく不合理な選択をする。

高収入であるとか、大規模なポートフォリオ、名門大学の卒業証書、人もうらやむ立派な肩書きがあるからといって、お金の管理に成功する資格が与えられるわけではない。それどころか、最悪の投資家の多くは、ほかの分野では大成功を収めている。ビジネスや金の管理に関して言えば、油断をしていると、その成功が破滅を招く可能性があるのだ。

２０１５年にセラノスを訪問したあとの円卓会議で、当時の副大統領のジョー・バイデンは、「未来のラボ」を目の当たりにしたところだと述べた。セラノスはシリコンバレーのヘルスケア企業で、患者の指先から血液を一滴取るだけで、血液検査の過程に革命をもたらす一連の診断が行えるようになると約束した。同社はエリザベス・ホームズが設立したことで知られている。本人によると、「人類がこれまでに築いてきた中で最も重要なもの」である装置を開発するため、19歳でスタンフォード大学を中退した。ホームズの物語はシリコンバレーのおとぎ話

として申し分なく、ベストセラーのビジネス本や映画になる運命にあった。だが悲しいかな、このおとぎ話は患者にとっても投資家にとっても、どちらかといえばホラー映画であることが判明した。

会社そのものが詐欺だったことを考えると、バイデンを施設見学に招いたホームズの図太さは次のレベルに達している。ホームズがバイデンに披露したラボは偽装だった。装置は実際には機能していなかったのだ。研究員の大多数は、その日、自宅待機を命じられていた。ホームズは重みがある印象に聞こえるよう声の抑揚を変え、実際よりずっと低い声で話していた。ホームズによって窮地に立たされた著名人はバイデンに限ったことではない。[7]

ホームズの話には非常に説得力があったため、裕福なエリート層の有力者連をまんまと騙すことができた。ウォルマートの財産を相続するウォルトン家は1億5000万ドルを失った。メディア王のルパート・マードックは、デュー・デリジェンスという意味では、まったくの直感だけに基づき、1億2500万ドルを同社に出資した。マードックは後に、価値のない投資による莫大な損失の税控除を受けるため、全株式を1ドルで売却した。トランプ大統領の教育長官ベッツィ・デヴォスとその裕福な家族は、1億ドルを失った。投資家のリストには、ニューイングランド・ペイトリオッツのオーナー、ロバート・クラフト、メキシコの億万長者カルロス・スリム、ギリシアのある海運王も含まれていた。有名なヘッジファンドであるパートナー・ファンド・マネジメントは、同社の企業価値を90億ドルとする評価で株式を購入した。これに

より、書類上、ホームズの価値は驚異の50億ドルとなった。[8]

プロジェクトには高名な人々が関わっていたため、これらの投資家は、セラノスであり得ないことが行われている可能性があるとは思いもしなかった。セラノスの取締役会は有名人であふれていた。ジム・マティス前米国国防長官、ジョージ・シュルツ元国務長官、ゲイリー・ラフヘッド元米国海軍大将、ヘンリー・キッシンジャー元国務長官、ウィリアム・ペリー元国防長官がそこに名を連ねていた。多くの人から冷戦の勝利に貢献したと見なされているシュルツは、ホームズを「次のスティーブ・ジョブズかビル・ゲイツ」に指名した。だが、ジョブズやゲイツになるどころか、ホームズは過去最大規模の詐欺を画策し、最も裕福な投資家や有力なコネを持つ上流階級の中にも彼女にもてあそばれた人たちがいた。

複雑さで自分をごまかす

成功した人々は、このような重大な経済的過ちの犠牲になる可能性がある。なぜなら、人生である程度のステータスに達すると、自分の成功を自分個人のものと考えやすくなるからだ。ブレンダン・モイニハンはジム・ポールとの共著『100万ドル失って学んだこと［*What I Learned Losing a Million Dollars*］』で、ポールのストーリーを語っている。タイトルからも想像できると思うが、これは短期間で大金を稼ぎ、そして失ったポールにまつわる物語だ。モイニハンはポールから次のことを学んだ。「成功を個人のものとすることは、人を悲惨な失敗者に仕立

て上げる。彼らは成功を、いいチャンスをものにした、ちょうどいいときにちょうどいい場所にいた、あるいは単に運が良かった結果と見なすのではなく、むしろ、この成功は完全に自分の能力が反映されたものだと見なすようになる。自分がある事業へ関わるだけで成功が保証されると考えるのだ」。金、知名度、名声、あるいは権力を手にすると、自分は無敵だという気分になる。しかし、懸命な努力であれ運であれ、あるいはふたつの組み合わせであれ、手に入れた金を騙し取られる可能性はだれにでもあるのだ。

知性がありすぎるのも危険なことがある。そういう人はついものごとを深く考えすぎたり、自分の能力を過信しやすくなったりするからだ。そして、周囲の他者が知性こそすべてと思い込んでいる場合、だれひとりとして、あなたに自分の決断の責任を取らせようとはしない。あなたは、だれも自分を止められないと確信するようになるため、知性の中でも歯止めが利かなくなった知性は最悪だ。お金はあなたのＩＱがどのようなものか気にしない。だからこそ、大学進学適性試験の得点より、心の知能指数と気性が重要となる。エンロンは素晴らしいビジネス・マインドに率いられていたが、それらのリーダーには常識、自己認識、謙虚さ、倫理基準が欠けていた。対人スキルが伴わなくとも、ビジネスの世界では才能が過大評価される。

将来がどう展開するか、正確にはだれにもわからないため、皆、自分のお金に関して間違いを犯す。不確実性に直面しても、実務者が極めて高いレベルの的確さで働くことが可能になる分野もある。だが金融はそのような分野に入らない。星々のあいだの距離を計算するように、

市場における関係を計算することはできない。退職プラン、ポートフォリオ管理、投資戦略、パーソナル・ファイナンスはすべて、いろいろな意味で、あらゆる形態の当て推量だ。

あなたは不確実性への対処を強いられるが、目標に対する自分の正確な位置を計算するための完璧なモデルがないため、計算ができない。あなたの経済的未来を計画することは、星が絶えず動いたり、形を変えたり、永久に消えたりしているあいだに軌道力学の計算を試みるようなものだ。アポロ8号の宇宙飛行士と同様、ときどき軌道修正をする必要がある。しかし、月に行って戻ってきたヒーローとは異なり、そのような軌道修正がすぐに助けになるのか、事態を悪化させるのかわからない。したがって、財務目標を達成したいのなら、あなたを軌道に乗せるためのプロセスが必要となる。

この説明ができない不確実性に直面した場合、正気と財務を正常な状態に保つべくあなたにできる最大の対策は、財務に関してプロセス指向になることだ。プロセス指向であるとは、以下のことを意味する。

- ◉先に解決策を処方せず、まずは問題を診断する。
- ◉確固たる意見を持つが、それにこだわらない。
- ◉長期的な包括的財務計画がなければ、短期的な戦術は役に立たないと認識する。
- ◉事前に的確な決定を下し、それらの決定を自動化することによって、早めにやっておくべ

きことを理解する。

◉自分が知らない事柄を認め、自分の弱点を認識する。

◉成功がいつまで続くかだれにもわからないのだから、ものごとが順調に進んでいるときはとくに、謙虚さを失わないようにする。

人生や財務に関して言えば、確実なことはほとんどない。このプロセスの最初のステップは、自分にとって重要なものと、自分にコントロールできるものが交差する部分に焦点を当てることだ。

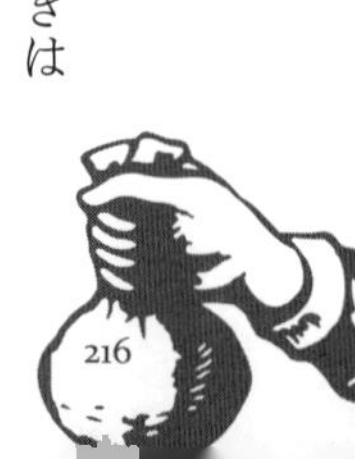

第13章 あなたはどれほど騙されやすい？

盗みの創意工夫で称賛される男は、ほとんどの場合、初期形態の詐欺を再発見することになる。

——ジョン・ケネス・ガルブレイス

ジェイソン・ステイサムは40作を超える映画に出演し、チケットの総売上は10億ドルを超えている。このイギリス人俳優はアクション映画を好む傾向があり、『ワイルド・スピード』シリーズ、『エクスペンダブルズ』シリーズのほか、格闘シーン、カー・チェイス、爆破シーンがスケールアップした実に多くの映画に出演している。わたしがとくに気に入っているのは、初期の出演作『スナッチ』のターキッシュ役と、『ロック、ストック&トゥー・スモーキング・バレルズ』のベーコン役で、この2作はいずれもガイ・リッチーの作品だが、映画ファンがステイサムの出演作を楽しんでいることは明らかだ。

ステイサムはアクション映画のスターとして知られているが、フェイスブックで自分の映画のファンと接触し、お金の無心をする人物として知られていないことは絶対確実だ。イギリスのある女性がBBCに語ったところによると、女性はソーシャル・メディアの『ワイルド・スピード』ファンサイトでステイサムを名乗る男から接触を受けたあと、大金を失った。ふたりは最初の接触から数か月にわたって何百ものメッセージをやり取りし、女性は有名な映画スターと揺るぎない関係を築いたと信じるようになった。

そのため、男が資金難で困っていると語り、映画のギャラの小切手を現金化するまでのつなぎ融資が必要だと訴えたとき、女性は男に現金を送って喜んでもらえるなら何よりだと考えた。そして数回にわたる支払いをし、その金額は数十万ポンドに及んだ。言うまでもないが、女性がネット上で話をしていた人物はジェイソン・ステイサムではなかった。当局は、この気の毒な女性の金を騙し取った人物を突き止めることができなかったが、国外の人物と見られている。[1]

あなたが何を考えているのかはわかる。「どうしてこんなに騙されやすい人がいるのか⁉」だろう。本物の映画スターがインターネットで行き当たりばったりの他人と友達になり、その後オンラインでの関係が確立した途端、相手に金の無心をするなど、あり得ない。残念ながら、わたしたちは皆、それなりに騙されやすいのだ。

心理学者のスティーヴン・グリーンスパンは、人間の騙されやすさや、わたしたちが真実ではないことを信じるよう簡単に説得されてしまう理由について研究している専門家だ。人が騙されやすくなってしまうのは、４つの要因の相互作用の結果だとグリーンスパンは言う。

1　「状況」。特定の状況では、家族や友人、あるいは一般投資家から行動を起こすよう途方もない社会的圧力がかかる可能性がある。仲間からの圧力（ピア・プレッシャー）は、上げ相場や一見良さそうなアイデアを熱狂へと変える手段であり、どう考えてもおかしいように思えるときでさえ、人々は騒ぎに飛び込まざるを得なくなる。

2　「認知プロセス」。だれにでもその人なりの盲点がある。ある人にとって盲点は、情報に基づき金融面の決断を下そうにも、十分な知識がないことを意味する。ある人にとっては、有望な投資を選ぶ能力について自信過剰になることを意味する。さらに、明らかな詐欺が正面から見つめていても、それを真実だと強く信じたいがあまり、見えなくなってしまう人もいる。

3　「性格」。お金のことになると衝動的になる人たちもいる。彼らは、老後の蓄えで5万ドルの投資を行うときより、アマゾンで7ドルの買い物をするためのレビュー調査に多くの時間を費やすのだろう。また、お金の問題に関して、人の話をうのみにし過ぎる人たちもいる。

4　「感情の状態」。感情は善でも悪でもない。感情は感情であり、感情がわたしたちを人間

たらしめる。だが、大事な決定を下すときの感情の状態は、ものごとをよく見る能力に影響を及ぼす可能性がある。これは、お金に関する重要な決定を扱う場合はなおさらだ。

グリーンスパンは、このテーマで『騙されやすさの歴史――わたしたちが騙される理由とその回避方法［*The Annals of Gullibility: Why We Get Duped and How to Avoid It*］』という1冊の本を書いた。彼の説明によれば、騙されやすさとは、騙されたり、利用されたりする傾向だけでなく、「警告サインが目の前にあっても、さまざまな状況で繰り返される騙されパターン」でもある。グリーンスパンはこの本の序文で、自分の研究を世界と共有する以外に、このような本を書くことになった個人的理由を挙げ、自身が「子どものころ異常に騙されやすく、大人になってもいまだに騙されやすいときがある」と認めている。

『騙されやすさの歴史』は、大恐慌以来、最悪の経済崩壊となった大金融危機のさなか、2008年12月に発表された。アメリカの株式市場は2008年だけで40パーセント近く下落した。この本を通じて紹介されている多くの詐欺師と同様、市場が足元をすくわれ、経済が地に落ちると、何年ものあいだ仮面をかぶっていたありとあらゆる金融詐欺やペテン師が表に出てきた。現代の金融史において、バーナード・L・マドフ以上の詐欺師やペテン師は存在しない。マドフは650億ドルのポンジ・スキームを働き、銀行、ヘッジファンド、裕福な投資家、有名人、慈善団体を騙したが、数十年にわたって重ねてきた嘘と偽りは、同年12月、ついに崩壊した。

マドフのスキームに騙された大物投資家は大勢にのぼり、スティーヴン・スピルバーグの財団、俳優のケビン・ベーコン、キーラ・セジウィック、ジョン・マルコヴィッチ、殿堂入り投手のサンディー・コーファックス、映画『フォレスト・ガンプ／一期一会』の脚本家エリック・ロス、トークショーのホスト、ラリー・キング、映画プロデューサーのジェフリー・カッツェンバーグ、ニューヨーク・メッツのオーナー、フレッド・ウィルポンなどが被害に遭っている。[2]

そうそう、マドフのファンドに投資した重要参考人がもうひとりいた。それは、われらが騙されやすさの専門家、スティーヴン・グリーンスパンだ。そう、わたしたちが種としていかに騙されやすいかということについて本を書いた張本人が、史上最大のポンジ・スキームの犠牲者であり、その過程で、退職後の貯蓄のかなりの額を失っていた。グリーンスパンが生涯をかけたこのテーマに関する著作は、奇しくもマドフの詐欺が崩壊した同じ月に刊行された。本当に、真実はときに小説よりも奇なりなのだ。

グリーンスパンは著書にある「もはや時代に合わなくなったもの」という項で、次のように結論づけている。「経験を経て身につく智の働きとして、人間はだんだん騙されにくくなっていくものだから、わたしは自分についても、ほかの人々についても、騙されにくくなる能力はついていくと楽観している。人と接し、彼らのもくろみ、彼らの弱点に接し、経験を積んでいくにつれ、わたしたちは、何らかのアイデアや提案された行動を実行するのはおそらく軽率なこ

とだと認識する能力を習得できるようになる。間違った考えを売り込む人物の影響を受けないようにする能力は、年齢や経験とともに高まっていく可能性があるものだとわたしは思う。もちろん、いつもそうとは限らないだろう。とくに、認知機能障害がある場合、社会的圧力が大きすぎる場合、ある計画が強い感情（欲など）を呼び起こす場合、あるいは被害者の性格に機能不全のスキーマ（現実世界を認知するための心理的枠組み）が固定され過ぎていて、その結果、過去の過ちから学ぶことができない場所はなおさらだ[3]」

自分のお金のことになると人がいかに騙されやすいかという話の落ちとして、当時、多くの人がグリーンスパンを利用した。確かに、これはなかなか受ける話だ。ただ、グリーンスパンは事件のあと、騙されることに関する専門家でさえ、史上最大のポンジ・スキームに巻き込まれる可能性があるという自身の話を共有してくれたのだから、実に寛大ではないか。自分にとって職業的にも経済的にも困難だったに違いない時期の試練について、潔いところを見せた。本が出版された直後、彼は『ウォール・ストリート・ジャーナル』誌に書いた記事で次のように説明している。

わたしの場合、ライ・ファンド（マドフの代表的なファンドのひとつ）に投資することにした決断には、金融に関するわたしの深刻な無知と、なんとなく怠けてその無知を改善しようとしなかったことの両方が反映されていた。金融知識の欠如と、金融に関する怠惰な認知スタイルを回避す

るため、わたしは自分より金融知識のあるアドバイザーを確認し、彼らの判断と推奨を信頼するという発見的問題解決（問題を解決する際の意思決定において、簡略化された推論や判断方法を用いて結論に達する方法）（つまり頭の中で行う速記）を思いついた。以前、わたしにはこのヒューリスティックが役に立ったため、今回のケースでも役に立つことを疑う理由がなかったのだ。[4]

グリーンスパンはまた、多くの人がマドフに投資することにした理由に関する最大の問題のひとつとして信頼を挙げた。アドバイザーは家族ぐるみの友人で、十分信頼できそうに思えたし、お薦めの人物だった。その男は感じが良くて、説得力があり、自分の純資産の大部分をマドフのファンドに投資しており、グリーンスパンはそれで納得して投資してしまった。ほかの投資家たちも、このアドバイザーやファンドとの有益な経験を共有していた。そのため、友人がこの投資機会について、どうもおかしいと警告してきたときも、友人は悪口を言っている、見方が冷ややかになっているだけだと思い込んだ。確かに、マドフのファンドの業績を表す数字はできすぎているように思えたが、自分ではなく他者のことについて考えるとき、できすぎた話はより効果を発揮するものなのだ。「いや、こんな数字はできすぎだ。でもできすぎじゃないとしたら？　秘伝のソース、聖杯、金持ちになるための楽な道を発見するのがわたしだっていいじゃないか。わたしにはその資格がある」といった具合に。

グリーンスパンはこう記している。「わたしは原則として、できすぎと思われる話には懐疑的

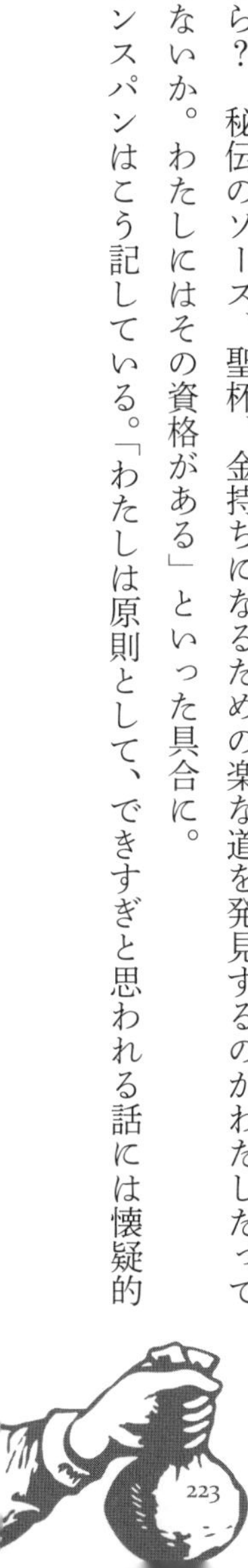

になるほうだが、マドフが運営するファンドに投資する機会は、多くの要因——状況、認知、性格、感情——が一体となり、わたしの批判能力が棚上げにされたひとつのケースだった」。頭の中で予測利益を合計し始めると、お金は脳を鈍らせ、わたしたちのあらゆる重要な能力を棚上げする手段となる。わたしたちは皆、自分は特別で、まれに見る投資機会を得るに値すると考える。

心理学者はこれをバーナム効果と呼んでいる。1940年代と1970年代に実施された研究で、白衣を着た実験者が性格テストを実施し、その後、被験者に結果を示したレポートが渡された。被験者が気づいていなかったのは、性格テストのスコアに関係なく、すべてのレポートがまったく同じ内容だったことだ。偽のレポートには、基本的性格、人格特性、行動気質に関する結果の長いリストが含まれていた。次に、これらの被験者は、レポートの正確さについてコメントするように求められた。テスト結果の正確さを1から5の段階で評価するのだが、平均スコアは4・3だった。性格テストの結果はでっち上げられていただけでなく、最初にテストを行った研究者、バートラム・フォアラーが言うには、一連の星占いや占星術の解釈にある文章を組み合わせたものだった。そのため、全員、自分の性格に関する独自の結果を受け取ったと思っていたが、レポートは非常に一般化された内容だったため、それを読んだほぼすべての人に当てはまったのだ。だからこそ、人は星占いが気味が悪いほど当たっていると考える。これは呪術ではなく常識なのだ。また、自分に対する評価が時としてひどく不正確にな

り得る理由でもある。[5]

集団思考が働いている場合、自己欺瞞はより抵抗なく行われる。わたしたちは他者を見て、正しい行動がどうあるべきかを理解しようとすることがよくある。お金に関する問題に対処する場合はなおさらだ。証拠や常識が指し示すものではなく、大勢の人たちがやっていることや話していることに従ってしまう。不確実な時代にいると、わたしたちは他者に目を向けるため、難しい決断をする場合、多数派に従うほうが安心できるのだ。ほかの人たちが利益を得ているのを見ると、それはわたしたちの頭の中で青信号となり、自分にもそのような儲けを手にする資格があると考える。ほかの人たちがお金を稼いでいる様子を見ると、ほぼ例外なく、それが絶好のチャンスに思え、見逃すわけにいかないと思ってしまう。わたしたち人間が何度となくこのような罠に引っかかってしまう主な理由のひとつは、リスクと報酬という無視できない関係を理解できないことにある。

ポンジ対バーニー

バーニー（バーナード）・マドフは一種のピラミッド・スキーム（ねずみ講）を働き、新しい投資家からの現金流入を利用して昔からの投資家に支払いを行っていた。本書の冒頭で「飛行機ゲーム」について学んだように、これは、カードで作られた家をずっと立たせておくには、新しい投資家を絶え間なく供給する必要があるため、供給が止まるまで機能するタイプの戦略

だ。おそらく、マドフのスキャンダルの全貌を見て最も印象深い（あるいは最も悲しい）ことは、この詐欺が650億ドルの規模にまで膨らむことができたという事実だ。マドフが犯した詐欺の大きさと被害の範囲を見ると、わたしはこう思ってしまう。もしも1920年代に活躍したイタリア生まれのある詐欺師がいなかったら、バーニーが働いたたぐいの詐欺は、今後、マドフ・スキームと呼んでも構わないのだろうか？

本1冊費やして金融詐欺の歴史を論じるならば、自分が犯した詐欺の戦略に自分の名がつくという栄誉に浴する、このジャンルのゴッド・ファーザーに言及しないわけにはいかないだろう。実は、マドフは合法的手段でキャリアをスタートさせたが、チャールズ・ポンジはカナダで小切手を偽造するつまらないペテン師としてスタートした。その結果、短い刑期を務めるはめになったものの、それはこの男を改心させるどころか、詐欺師として向上させることになった。ポンジは刑期を終えたあと、外国で切手を購入するために使える切手券（クーポン）を人に購入してもらうシステムを発見した。通貨は国によって大きく変動する可能性があるため、ポンジはこのようなクーポンを使って利益を得るチャンスを見出した。通貨が急落している国で切手を購入し、通貨が強い国で換金するというアイデアだ。実際にこの取引をいいタイミングでうまくやってのけると仮定すると、このような切手を卸売り価格で大量に買い占めることで、莫大な利益につながる可能性がある。[6] ポンジはビジネスを合法なものと思わせるため、買い手のネットワークがヨーロッパ中にあるから取引の便宜が図れると述べていた。[7]

金融に関する経歴が疑わしかったにもかかわらず、ポンジは投資家から資金を調達するための会社、「セキュリティーズ・アンド・エクスチェンジ・カンパニー（SEC）」を設立した。顧客への売り込みは少し大胆だった。潜在投資家に、わずか90日後に元の投資の40パーセントの配当が約束されたのだ！　当時の実勢金利がたった5パーセントだったことを考えれば、悪くない話だ。3か月ごとに40パーセントの配当があれば、年換算利回りは285パーセント近くになる。無リスク金利の57倍の利益となれば、本当に得られるとすれば、かなりいい取引だ。投資額の2倍が支払われる90日手形、あるいは投資家に50パーセントの投資利益率を約束する50日手形を提供して、稼げる金額をつり上げると、さらに多くの投資家がポンジにお金を渡した。[8]

ポンジが初回の投資家に支払いを行うと、人々は熱中し、そのニュースはキム・カーダシアンのインスタグラムの投稿並みに拡散した。およそ4万人の人々が1500万ドルの金を送ってきたことを知り、ポンジはうれしい驚きを味わった。それに、初回の投資家の大半は配当の引き出しを要求しなかった。彼らの多くがまたしても、お金のマッドサイエンティストへの投資に自分の「利益」を回したからだ。[9]　人々は嘘の約束だけに基づき、34歳の前科者に数百万ドルを委ねた。1920年代は、人々がほぼ何でも信じた魔法のような時代だった。金持ちの政治家から貧しい移民、司祭に至るまで、さまざまな人が投資を行っていた。[10]

切手で利益を得るスキームがうまくいく可能性がまるでなかったことから察するに、ポンジ

はつぎ込まれた多額の資金を持て余していた。騙されやすい「投資家」は、地球上で最も楽にお金が稼げると思い込んでいたため、現金、紙幣が床から天井まで積み上げられていた。ポンジは入ってくるすべてのお金の記録をつけるためだけに、6人の事務員を雇うはめになった。現金は山ほどあり、くずかごに入れておかねばならなかった。ポンジが運用すると言っていた計画はそもそも現実的ではなかったため、これらの現金はすべて、ポンジをとてつもない大金持ちにした。ポンジは車を買ってお抱え運転手を雇い、先端に金が施されたシガレット・ホルダーを持って町を歩き回った。[11]

幸い、実質ただでお金が稼げるというポンジの約束に、すべての人が有頂天になったわけではない。『ボストン・ポスト』紙がポンジの切手のアイデアに基づき、計算をしてみたところ、概算でもこの計画を大規模に実行することは不可能だとわかった。ポンジの主張を実現できるほどのクーポンが存在しなかったのだ。記事を読んだあと、怒り心頭に発した群衆がSECの事務所に押しかけ、金を返せと要求した。ひとまず全員に利子つきで金が支払われ、ポンジは何も心配することはないと投資家たちに請け合った(これぞまさしくペテン師が言うことだ)。そして、新聞はいい加減なことを言っている、わたしにはもうひとつ、金を稼ぐための秘密の方法があると主張した。当初の計画は人を誘い込むための手段にすぎなかったのだと。その日のうちに群衆は態度を軟化させ、実のところ、この強引なセールスマンにさらに多くのお金を手渡していた。

ついに地方検事が介入し、ポンジの帳簿の監査を要求した結果、これがピラミッド・スキームの運用であることがわかった。事態は悪化し、ポンジのオフィスのガラス戸が壊され、人々が負傷した。翌週、新聞はポンジの元パートナーにインタビューをし、その人物は、このペテン師が「らせん階段のように心がねじ曲がっている」、４００万ドルの借金を負っていると述べた。記者はまた、自分の戦略で45日ごとに50パーセントの利益が出るなら、なぜポンジは自分のお金を利息5パーセントの銀行預金に入れるのかと尋ねた。そんなにおいしいなら、自分の料理を食べればいいではないか。それがこの男の傲慢なところで、ポンジは実際に銀行を非難し、新聞を訴えようとした。ついには、つまらないペテン師だったカナダ時代のポンジのマグショットをある人物が見つけ出し、ちょうど同じころ、会計検査官によって事業が丸ごと偽りだったことが明らかになった。

ポンジはそもそもクーポンを購入しようともせず、入ってくる新しい資金で古くからの投資家に支払いを行っていた。どういうわけか、事業はそれでも推定３００万ドルから７００万ドルの赤字だった。ポンジは再び刑務所送りになったが、4年足らずでそこを出てフロリダに向かい、もう一度詐欺を試みるも、すぐさま不動産詐欺で懲役刑を言い渡された。このときは、わずか60日で２００パーセントの配当を投資家に約束していた。最終的にポンジはイタリアに強制送還され、そこで困窮を極めた生涯を送った。[12]

無視できない関係

成功している投資家は皆、リスクと報酬とのあいだに無視できない関係があると理解しているはずだ。何らかの形のリスクを冒すことなく、高い資本利益率を得られる実証済みの方法は存在せず、リスクを完全に消滅させることも不可能だ。リスクはどうしてもなくならないのだから、取れる手段があるとすれば、リスクを別のリスクと交換する程度のことだろう。１９２８年から２０１８年にかけて、アメリカの株式市場は毎年９・５パーセントのリターンがあった。７年から８年ごとに資産を２倍にするには十分な数字だ。アメリカ政府が発行・保証する10年物国債は、同じ期間に毎年４・８パーセントのリターンだった。現金は、３か月物米国債で代用されたものとして、３・４パーセントのリターンがあった。

資産クラスの序列において、長期的には、株式は債券より、債券は現金よりリターンがいいはずだ。もちろん、「長期」をどう定義するかによって、いつもそうなるとは限らないが、これが期待値を設定するための基準値となるはずだ。しかし、株式投資はただでお金を稼ぐことではない。このような高いリターンを得るには、それなりの授業料を払わねばならない。長期的な利益率は９〜10パーセントの範囲で来ているが、年次利益率がこのような長期的平均値に近づくことはめったにない。

実際、１９２８年から２０１８年までの91年間で、市場が利益率９〜11パーセントの範囲で暦年を終えたときが合計で３年間あった。株式が債券や現金より長期的リターンが高くなる傾向にあるのは、（a）短期的には変動が大きく、（b）大きな損失を被るリスクが高いからだ。ある年に株価が上がる場合、上げ幅は通常は大きくなり、ある年に株価が下がる場合、下げ幅は通常は大きくなる。S&P500は、1928年以来66年間でプラスのリターンを経験したが、それは残りの25年間がマイナスだったことを意味する。株式市場が上向きだったとき、平均リターンは21パーセント近くになった。そして株式市場が低迷したとき、平均リターンはマイナス13パーセント近くになった。

2桁のリターンは株式市場では標準だ。今述べた66回に及ぶプラスの年間リターンのうち、ほぼ8割が2桁の増加となり、ほぼ5割が20パーセント以上の増加だった。年間リターンがマイナスだった年では、ほぼ5割が2桁の損失となり、6暦年で20パーセントを超える損失となった。一方、債券がマイナスになったのは全暦年のわずか18パーセント。つまり、5年ごとに約4回プラスのリターンになったということだ。また、10年物国債の場合、最大の損失でも1年間でわずか11パーセントにとどまっている。株式市場が下落したのは異なる3年度で30パーセント以上。現金がマイナスになった年はない。

なぜわたしはこんな話をしているのか？　それは、投資家としてより高い収益を得たいと望むのなら、変動性と損失は入場料であると理解する必要があるからだ。安全性と安定性を強く望むなら、より低いリターンを受け入れるか、自分の認識よりはるかに大きなリスクを冒して、現金と同等の投資で安定したリターンを得るしかないということになる。リスクと報酬は

一心同体であって、この関係を避けて通ろうとする者は、ほぼ確実に自分の決断を後悔することになる。

ポンジは1920年代に存在した拝金主義を餌食にすることで人の急所を攻めたが、バーニー・マドフは決してとっぴなリターンを約束したりはしなかった。その代わり、マドフはわたしたちに備わる、損失と変動性に対する嫌悪感に焦点を合わせたのだ。われらが騙されやすさの専任専門家、スティーヴン・グリーンスパンは次のように説明している。

マドフ氏の成功の大部分は、裕福な投資家が小さくとも安定したリターン、魅力的でありながら、怪しいと思わせるほど高くはないリターンを求めているという明白な認識によってもたらされた。確かに、これはわたしがマドフのスキームに惹きつけられた理由のひとつだった。というのも、わたしは下降市場でも上昇市場でも財産を維持し、徐々に富を築いていくことを可能にしてくれる変動のない投資を探していたからだ。[13]

市場は、主にふたつの情動反応によって左右される。不安と欲だ。ポンジは明らかに後者を狙い、狂騒の20年代の始まりに存在した、限りなく供給されるかに見えた欲望に売り込んだのだ。富への近道は、長期戦のゲームよりはるかに魅力的だという単純な事実により、一攫千金のスキームに騙されるカモの市場は常に存在する。マドフのスキャンダルが新聞の見出しを派

手に飾ってからわずか1か月後の2009年1月、ニコラス・コスモという男が、投資家から数千万ドルを騙し取ったとして商品先物取引委員会から告訴された。コスモは投資家に年間50パーセントという現実離れしたリターンを約束した。コスモはポンジによく似ていて、これ以前に詐欺で逮捕されていたが、足を洗うどころか、次の中休みにもっと大きな詐欺を働くことを選んだのだ。[14]

マドフの詐欺がポンジの切手詐欺よりずっと長く続いた理由は、マドフの場合、一夜にして資金を倍にするという約束はしなかったことだ。これはリターンの数字が巧みに捏造（ねつぞう）された、より周到な詐欺だった。バーニー・マドフは、人の不安や、わたしたちに本来備わる損失に対する嫌悪を食い物にした。損失回避とは、損失を被ったときの傷みは、利益を得たときの快感の2倍であるという考え方だ。このテーマに関する行動心理学研究の完璧な文献はあるけれども、アンドレ・アガシは、著書『OPEN――アンドレ・アガシの自叙伝』の中でプロ・テニス最大の舞台における勝ち負けの違いを論じ、損失回避の概念を見事に説明している。

でも、ウィンブルドン［の勝利］が僕を変えたとは思っていない。それどころか、僕はまずい秘密を教えられてしまったような気がしている。つまり、勝ったところで何も変わらないのだ。ゴールデン・スラムを勝ち取った今、僕はこの世でごく少数の人間しか知ることを許されていない事実を知っている。勝ったときのいい気分は負けたときの悪い気分

ほど実感できず、いい気分は悪い気分ほど長続きしてくれない。感じ方が違うにもほどがある。[15]

バーニーが天才的だったのは、毎年毎年10〜12パーセントのリターンを約束していたことだ。株式市場の投資家なら喉から手が出るほど欲しいものだろう。マドフがでっち上げた投資リターンの一貫性は、彼のゴルフのスコアにも転換されていた。マドフは、プレイするすべてのラウンドで常に80〜89のスコアを報告していた。詐欺は単にこの男のDNAに組み込まれていたのだろう。[16] マドフに投資していたフィーダー・ファンドのひとつから報告された数字は、マドフが報告していた業績がいかに非現実的であったかを示している。ファンドは18年間で、年間11パーセント近くの利益を生み出していた。確かに、まずまずのリターンだが、必ずしも大成功ではない。目を引く数字は、報告されたこのファンドの変動性で、これが年間わずか2・5パーセント、年間損失はゼロだった。実感がわくように言えば、アメリカの株式市場における長期の変動性はこの数字の約8倍だ。また、ファンドの年間損失は報告されていないばかりか、業績の低下は四半期では1度もなく、数か月でわずか数回あるだけだった。[17]

マドフは株式市場において、リスクなしであらゆるリターンを約束していた。彼に投資していた人たちが何ひとつ質問しなかったのも不思議ではない。彼らは大儲けできると思い込んでいた。つまり、マドフに騙された投資家たちは、従来の意味で貪欲だったのではないが、変動

性や損失がほとんどない商品で、一貫して高いリターンを得ることにより、リスクとリターンのあいだに存在する無視できない関係を回避しようとしていたのだ。バーニー自身は「皆、貪欲だった。わたしはそれに合わせただけだ」と述べている。[18]

リスクとリターンの関係を理解することは、詐欺やポンジ・スキームを回避すればいいという問題ではない。それをはるかに超えた問題だ。ウォール街はあなたのポートフォリオのリスクを封じ込めるとか、完全に排除できるといった誤った約束をして、大儲けをしている。リスクは形を変える可能性はあるが、完全になくなるわけではない。投資でより高い利益を得たいと望むなら、ときには頭が麻痺するような損失を被らざるを得なくなるだろう。頭が麻痺するような損失を最小限にとどめたいと望むなら、ときには顔を引き裂くような大儲けのチャンスを逃さねばならなくなるだろう。これがリスクと報酬の仕組みだ。自分はこのリスクと報酬の関係を断ち切るために必要な資質があると思っている人たちに、ジェリー・サインフェルドの言葉を引用しよう。「まあ、せいぜい頑張ってくれ」

第14章

いちばん騙されやすい人

人類のあらゆる問題は、
部屋でひとり静かに座っていられないことから生じる。
——ブレーズ・パスカル

コーネリアス・ヴァンダービルトが1877年に亡くなったとき、彼は地球上で最も裕福な人物だった。自身が築いた広大な海運帝国にちなみ、「提督（コモドール）」と呼ばれたヴァンダービルトは貧しい家庭で育ち、学校教育もほとんど受けていなかったが、抜け目のない起業家として、水上輸送、鉄道のほか、多くの事業を所有し、そこに投資することを背景に富を築いた。コモドールが人生を終えるまでに残した財産は1億ドル以上。これは今日のドルで推定1500億ドルから2000億ドルに相当し、彼は地球上に存在する最も裕福な人物のひとりとなった。産業革命後の金ぴか時代に生きた多くの人々と異なり、ヴァンダービルトは自分に気前よくお金

を使うことにまったく興味がなく、それよりも莫大な富を蓄えることにこだわった。亡くなる際、ヴァンダービルトは財産の大部分を長男ウィリアムに遺した。[1]

コモドールは死ぬ前に、「どんなばかでも財を成すことはできる」とウィリアム（父は息子をビリーと呼んでいた）に忠告した。だが「財を成したあと、それを手放さずにいるには、頭脳明晰な人間でなくてはならない」。これは出版の世界で言うところの伏線だ。父親が亡くなってからわずか6年後にはもう、ビリーは抜け目のないいくつかの商取引を通じて相続財産を倍以上に増やし、1億9400万ドルを手にしていた。ところが、ビリーが一家の財産を短期間で2倍にしたにもかかわらず、父親が亡くなってから30年以内に、アメリカ有数の資産家の中にヴァンダービルト家の相続人や家族はひとりも存在しなくなっていた。ヴァンダービルトは、テネシー州ナッシュヴィルにある自身の名を冠した大学に最初の寄付を行った。1973年に一族120人がその大学に集まったとき、ひとりとして大富豪になっている者はいなかった。[2]

ヴァンダービルト家は昔ながらの方法でお金を使い果たした。浪費したのだ。ノースカロライナ州アッシュヴィルのビルトモア・エステートは、コモドールに捧げる殿堂として建てられたものと、一時期のわたしも含め、多くの人がそう考えている。だがこの建物は、殿堂というより、ヴァンダービルト家が財産を使い果たす過程で失敗したありとあらゆることを象徴している。ビルトモア・エステートはアメリカでは最大の個人所有の邸宅だ。コーネリアスには多く

の孫がいたが、そのひとりで、ビリーの息子のひとりでもあるジョージ・ヴァンダービルトが6年がかりの建設を経て、1895年にこの邸宅を完成させた。家の広さは約1万6000平方メートル。敷地を含めると、32平方キロメートル以上ある土地に邸宅は鎮座している。床面積は1万6000平方メートル以上あり、35の寝室、45のバスルーム、65の暖炉など、合計250の部屋があり、さらには、7階建ての高さがある天井を擁する宴会場、容量265立方メートルの屋内プール、ボーリング場も備わっている。[3]

家が建てられた土地は5万9000ヘクタール、すなわち590平方キロメートルの広さがあった。土地の境界線をくまなく巡ろうと思えば、馬に乗って1週間かかる。ビルトモアはとんでもない額の建設費がかかったのはもちろんのこと、維持費や保守費も必要となり、完成してからわずか5年で、ジョージは財産を絞り取られていった。51歳で亡くなったとき、借金をすべて清算すると、彼の財産は100万ドルにも満たなかった。

ビリーが亡くなった後、彼の2億ドルの財産は家族のあいだで分配され、あっさり消滅した。ビルトモアはまばゆいばかりの豊かさを最も誇示する存在だったが、唯一の存在だったとはとても言えない。一家はニューヨーク市の5番街に建てた家に300万ドルを支払った。百万長者がその家や市内で開くパーティーは、別世界のような話だが、1回のどんちゃん騒ぎに25万ドル以上の費用がかかった。それに、思い出してほしい。これは1920年代の話だ。今なら約300万ドルに相当する。1回のパーティーにだ！　あるパーティーでは、女主人がゲストに100ドル札で巻いたたばこを手渡していた。金ぴか時代の人々は、文字どおり、お金に火をつけていたのだ。

ウィリー・ヴァンダービルトはヨット1隻に50万ドルを費やした。ヨットは非常に人目を引いたため、大西洋を航海中、トルコの軍艦が誤って船首に何発も撃ち込んできた。メイン州へ旅行をしたとき、濃い霧のせいでウィリーはヨットを別の船にぶつけてしまい、50万ドルのヨットは海の藻くずと消えた。事故後、彼は妻に事の次第を知らせるのではなく、まずは造船所にメッセージを送り、新しいヨットの建設をすぐに開始させた。ただし、次のヨットは前のものより規模も機能も上、さらに高価だった。

マーブル・ハウスは、ロードアイランド州ニューポートに一家が建てた豪華な大邸宅で、当時、お金を持っている者は、だれもがそこで夏を過ごした。建築には200万ドルかかり、内装でさらに900万ドルかかった。あまりにも金のかかる家だったので、子どもたちはだれも欲しがらず、大恐慌のどん底だった1932年、わずか10万ドルで売却された。ヴァンダービルトの別の孫は、妻とともに夏の別荘を建てた。建設に700万ドル、調度品をそろえて内装を施すのにさらに数百万ドルもかかっている。彼らがその別荘で過ごしたのは一夏だけだ。ヴァンダービルト家の孫たちが建てた数十軒の豪邸のうち、次の世代に利用された家は一軒もなかった。

一家はロールスロイスを何台も保有していたが、彼らが1度も運転しなかった車が多数

あった。建設に300万ドルかかった5番街の家は、1940年代には評価額がわずか17万5000ドルになっていた。183点に及ぶ絵画コレクションの購入金額は200万ドルを超えていた。この「お金で買える最高の外国絵画」183点はすべて、1945年に競売にかけられ、集まった金額はわずか32万3000ドル余りだった。ヴァンダービルト家の3代目は、金持ちの中の金持ちで作られた社会的階級で自分たちの地位を確固たるものにしようと試み、世界最大の財産を消滅させた。どれだけお金があろうが、物的所有物があろうが、彼らをずっと幸せな気持ちにさせることはできなかったのだ。

父親の財産を拡大させた後、ビリー・ヴァンダービルトは隣人について次のように告白している。

彼はわたしの100分の1程度の財産しか持っていないが、わたしよりも人生の本当の喜びに浴している。彼の家はそれほど金がかかっていないとしても、わたしの家と同じくらい快適だ。彼のチームとわたしのチームはほぼ互角。歌劇場の彼のボックス席はわたしの隣にある。彼はわたしより健康で、おそらくわたしより長生きするだろう。そして、彼は自分の友人を信頼することができる。[4]

世界一の富豪であることは、幸福よりも不安をもたらした。彼の父親の言葉を言い換えれば

こうなるだろう。財産のある人々にとって、金持ちでい続けることは、金持ちになることよりはるかに難しい。

金持ちになることと金持ちでい続けること

世界長者番付『フォーブス４００』の上位に入る人たちは、毎年似たり寄ったりに思える。バフェット、ゲイツ、ベゾス、ブルームバーグ、ウォルトン家は、ここしばらく、毎年のように何らかの順序でリストの上位に入っている（近年はマーク・ザッカーバーグも加わっている）。だが、このリストは一見、不動のように思えるかもしれないが、実はそうでもない。１９８２年から２０１４年までの『フォーブス４００』33回分のリストのうち、すべてのリストに登場する名前は24しかなかった。第1回目となる１９８２年のリストにあった名前のうち、２０１４年のリストにまで残っていたものはわずか34。家族名も含めるとすれば、初回から２０１４年までリストに載り続けた名前は69。それらの家族は、２０１４年のリストに掲載された全資産のほぼ4割を占めていた。別の角度から見ると、30年余りのあいだに、残りの6割は新たに作られた富で構成されていたことになる。初回のリストに載っていたこれら69家族にとって、ほかの多くの家族が脱落する中、これほど長きにわたりリストにとどまることができたのは素晴らしい偉業だが、年間の富がもとの金額から目減りする割合が年間4パーセントほどである点は注目に値する。データをさらにさかのぼると、ヴァンダービルト家の状況

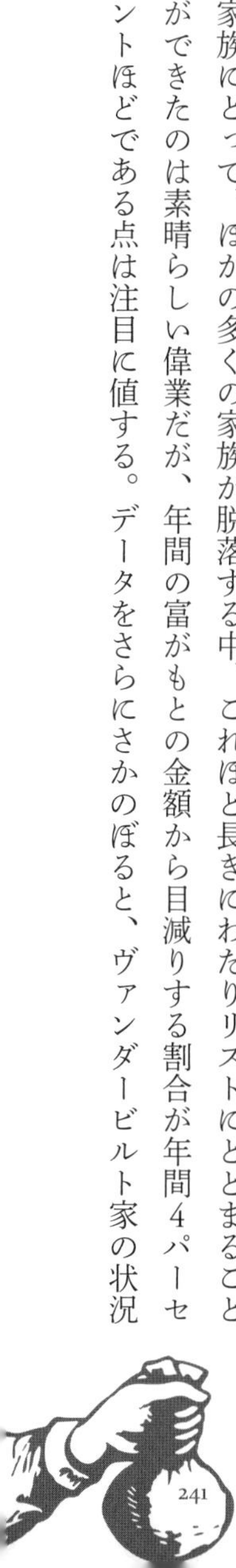

は標準であって、異常値ではないことがわかる。

半減期は、放射性物質がもとの数値の半分まで低下するのにかかる時間を見る科学的な尺度だ。富には、独自の半減期があるように思われる。1918年、1930年、1957年、1968年の富裕度上位10家族は、それぞれ13年、10年、13年、8年で富が半減した。昔から、1代目が財産を築き、2代目がそれを維持し、3代目がそれを浪費すると言われている。研究によると、この言葉は2代目を大目に見すぎている可能性がある。研究を行ったアーノット、バーンスタイン、ウーが『フォーブス400』の上位30名を代別にグループ化したところ、自身の財産を生涯にわたり維持していたのは1代目であって、2代目の半減期は24年、孫はわずか11年で相続財産を半減させていたことがわかった[5]。

高額所得者も同じく、上位を維持するのに苦労している。研究によると、アメリカ人の50パーセント以上が生涯で少なくとも1年間、所得者の上位10パーセントに入ることになるそうだ。そして11パーセント以上は、ある時点で高額所得者の上位1パーセントに入ることになる。だが、高額所得者の上位1パーセントに入る人たちの99パーセント近くが10年以内に蚊帳の外になっている[6]。

多くの人は、たとえ短期間であれ、この手の財産を手に入れたり、この手のお金を稼いだりするチャンスを得られるなら、自分の小指くらい差し出すだろう。それに『フォーブス400』のリストに載れば、財産の半分を失ってもなお、世界の99・9パーセントより良い立場に置かれることになる。世界で最も裕福な人々の財産が消滅することになっても、だれも涙はこぼさないはずだ。誤解しないでほしい。金持ちになるのは容易なことではない。実際、百万長者はアメリカ人のわずか5パーセントと推定されている。[7]

しかし、目標が富の維持にあるなら、金持ちになることは、あなたに起こり得る最悪の事態のひとつとなり得るという主張もできるだろう。成功はさらなる成功を生む可能性があるが、それは成功そのものの終焉の種をまくことにもなり得る。お金の面で過去の自分をしのぐようになると、エゴが最大の敵となるため、金持ちになることが金持ちでい続けるための最大級のハードルになるというのは、アラニス・モリセットでさえ皮肉（アイロニック）（楽曲のタイトル）だと思うだろう。

大砲から発射された

ハンター・S・トンプソンは、1960年代にヘルズ・エンジェルスに「踏みつけ（ストンプ）にされ」たことにより、若きジャーナリストとして突然表舞台に躍り出た。トンプソンはバイカー・ギャングに潜入し、1年ほどのあいだ、アウトロー集団と飲んで騒いで過ごした。ギャングのあるメンバーが妻を殴ったことで、トンプソンがそのギャングをこっぴどく叱ったとき、彼のバイカーとの時間は短縮された。彼はグループから「足を踏み鳴らして（ストンプ）」出ていくことになり、悪名高きバイカー・ギャングを研究する時間は終わりを告げたのだ。トンプソンはその後も、『ローリングストーン』誌のほか、多くの出版物向けに執筆を続けたが、1971年の著

書『ラスベガスをやっつけろ！』で最もよく知られていた。[8]

トンプソンは2005年に自らを撃ったときの傷がもとで亡くなった。本人の遺志により、トンプソンの遺灰は、大勢の会葬者が下から見守る中、高さ47メートルの大砲で空に打ち上げられた。会葬者には、ビル・マーレイ、ジャック・ニコルソン、ベニチオ・デル・トロ、ジョン・キューザック、ショーン・ペン、ジョニー・デップなど、有名人が含まれていた。1998年に映画版『ラスベガスをやっつけろ』が公開されたとき、デップはトンプソンのもうひとりの自分をもとにした主人公、ラウル・デュークを演じた。デップとトンプソンは親友になり、デップがトンプソンのために、さまざまな葬儀の手配にかかった代金を支払うほどになった。[9]

後に、デップがトンプソンの遺灰の打ち上げに使う大砲に300万ドルを費やしたと報道された際、デップは『ローリングストーン』誌のインタビューで、ためらいがちにこう言った。「ちなみに、ハンターの遺灰を打ち上げた費用は300万ドルじゃない。500万ドルだ」。大砲の費用が上がったのは、高さ46メートルの自由の女神より高く遺灰を打ち上げたかったからだ、というのがデップの言い分だった。同じインタビューで、デップはほかの金銭問題についても事実関係を明らかにしている。デップがワインに月3万ドル以上も費やしているとの報道もあったのだが、デップはこの件も不当だとして放置しようとはせず、こう反論した。「俺のワイン代が3万ドルなんて侮辱的だ。だってもっと使ってるんだからな」[10]

このようなばかばかしいお金の使い方を聞くと、まったくあきれてしまう。それに、これほどの大金を浪費しているとひけらかすのは避けたいと思うのが普通だ、とあなたは考えるだろう。しかし、あなたが『パイレーツ・オブ・カリビアン』シリーズや『アリス・イン・ワンダーランド』などのヒット作で推定6億5０００万ドルも稼いだ世界的に有名な俳優だった場合、この手の浪費をしたところで、影響などあるはずがないのでは？　これぐらいははした金だ。まあ、とてつもなく裕福な俳優の話をしていても、そのはした金を足していけばなるほどと思えるだろう。フランスの城に数百万ドル、バハマ諸島の4つの島に数百万ドル、そこにつぎ込む40人の常勤スタッフ（月30万ドル）、家族全員につける24時間体制のセキュリティ（月15万ドル）、さらに豪華なヨットとそのクルーおよびメンテナンス（月30万から40万ドル）と足していけば、結果として、生涯獲得賃金が7億ドルに近づこうという人物の話であっても、これは大変な金額だとわかるはずだ。

デップの浪費癖の詳細が明らかになったのは、ひとつには、この映画スターの業務管理を担当する会社「ザ・マネジメント・グループ」（ＴＭＧ）を、本人が訴えたためだ。デップは、職務怠慢、詐欺、不当利益、受託者義務違反でＴＭＧに２５００万ドルを要求した。デップ側の申し立てによると、ＴＭＧはほぼ20年にわたって彼のお金の管理を誤り、正確な財務記録をつけず、期限内に税金を納めることを怠っていた。ＴＭＧは、デップが「利己的かつ無謀で無責任なライフスタイル」を送っていたと主張し、反訴した。ＴＭＧはデップに「自分の経済的浪費が原因だ」と述べたという[11]。

訴訟はすぐに和解し、和解金やだれに責任があるかということに関する詳細は発表されていない。

最大の詐欺

この章のストーリーは、本書のほかの箇所で描写されるほかの金融詐欺とは様子が異なる。TMGがデップの財務を扱うときに何らかの詐欺や怠慢を犯した可能性はあるが、彼のマネージャーが何らかの方法でデップを騙したとしても、ここでの最大の金融詐欺はデップが自分の利益に対して犯した詐欺だ。物理学者リチャード・ファインマンはかつて、「第1の原則は自分を騙してはならないこと。いちばん騙しやすいのは自分だということだ」と述べた。最大の金融詐欺は、多くの場合、自分の不適切な決断や悪い癖、妄想を通じて自分自身に与える経済的苦痛となるのだ。時として、最大の詐欺師は鏡の中で自分を見返している人物だったりする。

ヴァンダービルト家やジョニー・デップが犯した過ちは今に始まったものではない。細かい部分は変わるかもしれないが、巨額の金を稼ぎながら、結局、自分のライフスタイルが自分の財産を追い越すことになってしまった人の話は昔からある。このような行動は超富裕層とて例外ではない。大金を稼ぐことと、金持ちになることには大きな違いがある。収入と富は別物だ。高収入の人は金持ちになる可能性が高まるが、給料が良くなると、極端なライフスタイルのインフレを投入したいという誘惑が大きくなる。訴訟を通じて明らかになったデップのメールは、映画1本で2000万ドル以上の支払いを受けている俳優が、その日暮らしのような生活をしていることを示していた。デップはこう語っていた。「俺は弁護士じゃない。会計士でもない。15歳の息子の数学の宿題を手伝う資格もない……。いつも自分の周りにいる人たちを信用してきた[12]」

デップはこうも言っている。「ワインを買ってすぐ飲んでしまうなら、それは投資ではない」。これは収入について考えるにも良い方法だ。稼いですぐ使い果たしてしまうなら、経済的に成功することは絶対に無理だろう。純資産とは、あなたが所有しているものと借りているものの差だ。稼いだ金額より出費が少なくなれば、それが所有するもの、稼いだ金額より出費が多くなれば、それが借りているものと考えればいい。どれだけ稼ぐか、どれだけ使うかの差は、多くの場合、エゴと謙遜の主導権争いだ。残念ながら、多くの人は、お金を使うことになるとエゴが勝ってしまう。

だれでも金持ちのふりはできる。金持ちのふりをするのはそれほど難しいことではない。では何が難しいのかおわかりだろうか？　そこそこの大金を稼いでいても、金持ちではないかのように振る舞うことだ。もっと稼いでやろうなど、新たな状況から沸き起こる最初の感情が収まったあと、人は新しい状況に慣れていく。安全性に余裕を持たせる良い方法は、現在の経済状況が永遠には続かないと想定することだ。ビジネスを始める、賢く節約して投資する、お金

を相続する、幸運を得るなど、金持ちになる方法はたくさんある。だが、金持ちでい続けるには、自己認識、謙虚さ、自分の資本の割合に応じて満足を先送りする能力など、いくつか単純変数が必要となる。お金は善意さえ腐敗させる可能性がある。どれだけ稼いだとしても、持続可能な富を築くには、貯蓄を、分相応の生活をしなければならない。

デップが自分のお金で買ったものはどれも素晴らしいものに思える。城や自分たちだけの島、スタッフ完備のヨットを所有したいと思わない人がいるだろうか？　いや、友人の遺灰を空に打ち上げるのに使える500万ドルの大砲だって持ってみたいのではないだろうか。しかし、真の富とは、物がないことだ。貯蓄とは、満足を先送りにして、お金をあとで使うことにしたため、1度も発生することがなかった出費だ。自分の人生で重要なことにお金を使うのはまったく問題ないが、本当の意味で富を築くには、それほど重要ではないことを進んで諦める必要がある。

お金の使い方に優先順位をつけられないのであれば、いくら稼いだとしても、人生で成功するための十分な貯蓄をすることはできないだろう。

まとめ

金融詐欺の６つの兆候

本当の意味で常識に代わるものはない。
あるとすれば幸運のみで、これはあらゆるものの代わりとなる。
——ジム・シモンズ（アメリカのヘッジファンド・マネージャー）

詐欺はいつでもどこでも発生する可能性がある。なぜなら、世界情勢に関わりなく、楽して富を得る方法の売り込み方を知っている詐欺師、強引なセールスマン、ペテン師が必ず存在するからだ。そして残念なことに、その取引の相手に喜んでなろうとする人たちが必ず存在する。わたしは、金融詐欺で失われる毎年の金額と、詐欺でお金を騙し取られた人たちの数を推定した多くのデータソースを目にした。しかし実のところ、これらの数字は常に少なめの推定となる。というのも、まんまと騙されても、恥ずかしくて自分の身に起きたことを絶対に報告しない人たちが大勢いるからだ。恥ずかしいと感じるのは、今思い返せば明らかに詐欺なの

に、そのときは自分で美化していただれかや何かを信じてしまったからだ。

金融詐欺は決してなくならない。だからこそ、投資の売り込みを聞くときは、赤旗が揚がったらそれに気づけるよう、態勢を整えておく必要がある。常識を活用しようにも、お金はその瞬間、わたしたちを盲目にしてしまうため、警告サインの多くは、あとで振り返ったときにようやくはっきりと見えてくる。金融詐欺の6つの兆候を紹介しよう。

1　資産運用会社があなたの資産を管理している

バーニー・マドフは650億ドルものポンジ・スキームに向かう途中で実に多くの人々を騙すことができた。その理由のひとつを見つけたいのであれば、マドフが顧客からの預かり資産を管理していた事実に注目するだけで十分だろう。つまり、マドフの会社が顧客のお金を個人的に保有していたわけだが、これは絶対にやってはならないことだ。あなたは常に、投資の意思決定者と資産の保管を分離したいと思っている。評判のいい資産運用会社やファイナンシャル・アドバイザーは、顧客の資産を第三者の銀行もしくは外部の金融機関に保管するはずだ。そうすることで、顧客のお金が盗まれたり、投資マネージャー個人の貯金箱として使われたりするリスクが大幅に軽減される。

数十億ドル規模のファンドは通常、運用という観点で戦略を実行するため、多くの金融機関と提携している。そこには、取引を執行し、取引コストの競争力を確保する複数のブローカー、ポートフォリオの市場価値を計算して報告する資金運用管理者、投資家に代わって実際に資産を保有する銀行の保管管理者（カストディアン）も含まれる。マドフの運用では、これらのタスクを第三者の監督なしに、すべて社内で実行していた。彼らは独立したカストディアンを利用しておらず、簡単に言ってしまえば、それが顧客の取引明細書を改ざんしたり、リターンを操作したり、虚偽の報告を送ったり、会計監査人に逆らったり、顧客の資金を好き勝手に使ったりする自由をマドフに与えてしまった。バーニーが（牢屋の向こうに）監禁（カストディ）されている理由は、（資産の）保管管理（カストディ）をしていたからだ。では、これにて失礼。

やることリスト：あなたの資産を保管管理（カストディ）しているファイナンシャル・アドバイザーや投資マネージャーに問い合わせる。そして独立した第三者によって、投資アドバイザーがあなたに代わって取引することが許可され、あなたの事前の承認がなければ口座の資金の出し入れが許可されないようになっていることを確認する。

2　セールス・トークに排他的雰囲気がある

お金の管理に関して言えば、金持ちと有力者は多数の人たちと異なっている。なぜなら、彼らは人よりお金を持っているからだ。裕福な人たちの多くは、自分は特別だと信じたがるため、富裕層に最も効果があるセールス・トークのひとつは、それが独占的取引であるかのような印象を持たせることだ。お金を投資することに関して言えば、近道はない。良い投資は概し

て退屈だ。だが、排他性を売り込むことができれば、人が聞き耳を立ててくれやすくなる。
プロの投資家は、「独自の方法論」、「排他的取引に選ばれた投資家グループ」、「だれも知らない秘密の蓄財戦略」、「あなたには最初から関わって有利な地位を占めてもらう」といったことを言って勧誘しようとする。この手のセールス・トークを聞いて気分が良くなるのは、老後の蓄えの運用となると、わたしたちは皆、自分は人と違う特別な存在だと信じたがるからだ。わたしたちは秘伝のソースを教えてもらうに値する、ということなのだろう。

ロイズ・オブ・ロンドンは、1686年に設立されたイギリスの保険会社だ。同社はイギリス貴族を相手にしてきた長い歴史から、名声というオーラを漂わせている。1990年代、安定したリターンと排他的ブランドに投資する能力を求めるアメリカの新規投資家に対して、同社は健全かつ優良な保険金融会社としての評判を大げさに売り込んだ。問題は、これらの新しい投資家が最もリスクの高い保険商品に引きつけられ、理解できないほどの莫大な負債にさらされたことだ。その結果、多くの関係者が巨額の損失を負い、ロイズを相手に訴訟を起こすことになった。[1]

やることリスト：その人もしくは会社が、なぜ排他的な取引や投資や戦略をあなたに教えてくれるのか自問する。ものごとを秘密にしておくことが非常に重要なら、そもそも、なぜ彼らはそれをあなたに教えるのか？　排他性はある金融スキームをより重要かつ魅力的に感じさせるかもしれないが、実は99・9パーセントの確率で、それはより早くお金を出させるための

セールス・トークにすぎない。意図したとおりに機能する一生に一度の投資戦略よりも、一生に一度の投資に関するセールス・トークにほうがはるかに頻繁に行われる傾向にある。

3　戦略が複雑すぎて理解できない場合

ウィル・ロジャース（アメリカの俳優、コメディアン）はかつて「ブルックリン橋を売った側の人間になるより、買った側の人間になるほうがましだ」と言った。ロジャースが話題にしたのはジョージ・C・パーカー。この人物はブルックリン橋をまんまと売ってしまったペテン師で、自分が所有してもいない資産をほかにもいくつか、何も知らない買い手に売りつけていた。残念ながら、金融詐欺に関して言えば、ブルックリン橋を買おうとする人の数は、ブルックリン橋を売ろうとする人の数を常に上回る。人は金持ちになるための近道を常に探しているので、このようなスキームに対する市場は常に存在する。

詐欺を複雑すぎて理解できないようにすること。これは人々を引き入れるひとつの手段だ。なぜなら、（a）わたしたちは皆、自分は賢いと信じたい、何かを理解できないと認めて愚か者に見られるのはいやだと思っているからであり、（b）何かが複雑だったり理解しにくかったりする場合、ランダム性に騙されてしまうほうがずっと楽だからだ。

ある心理学の研究チームが、マジックを見にいく人の大半は、マジシャンがトリックを成功させる過程を知りたくないと思っていることを突き止めた。ある研究では、ヘリコプターを消

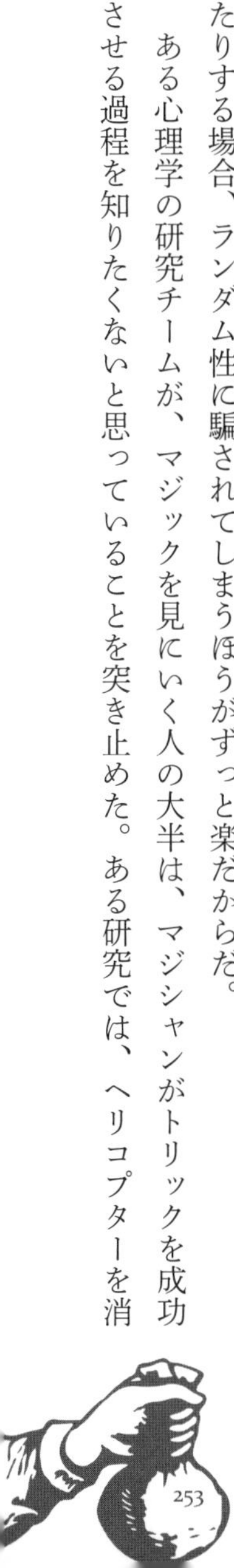

し去ってしまうマジックを含め、被験者に多くのマジックを見てもらった。その後、被験者には、マジシャンがそのトリックをどうやってのけたか、完全なネタばらしを受けるか、別のマジックを見る機会が与えられた。驚いたことに、6割の被験者は別のマジックを見る選択をし、イリュージョンがどのように実行されたのか見せてほしいと望んだ被験者は4割しかいなかった。[2]まるで人は謎に引き寄せられているかのようだ。わたしたちは騙されたいと思っており、喜んで願いをかなえてやろうとする人はたくさんいる。

「ご安心ください。われわれならできます」は、人々がインターネットでものごとを実際に調べることができるようになる前の、つい最近まで使われていた金融関係のセールス・トークだ。この前提は、金融のプロはあなたより多くのことを知っている、だから彼らに任せ、彼らの好きなようにあなたのお金を運用させなさい、という考えに基づいていた。透明性の時代にブラックボックスはもう飛ぶべきではない。財産管理に関して、プロの資産運用管理者は、顧客より多くの情報を得ている必要があるが、それと同時に、6歳の子どもでも理解できるように、自分たちの戦略や哲学をしっかり説明できる必要がある。合法的な投資戦略は、あいまいだったり、派手だったり、顧客が理解できないほど複雑であったりしてはならない。金持ちや有力者は弱者に見られたくないがために、何かを理解できなくても、そう見られることを避ける。自分のエゴに財務の健全性を邪魔させてはならない。

やることリスト：だれかがあなたのお金をどのように管理しているか明かすことができな

い、あるいは明かそうとしない場合、それは大きな危険信号だ。投資を外部に委託するのは構わないが、自分のお金がどうなっているか理解することについては、絶対外部に任せてしまってはいけない。複雑すぎて理解できない場合、それには投資しないこと。

4　話がうまくできすぎている場合

グレガー・マグレガー将軍は南アメリカで戦ったスコットランド出身の退役軍人で、19世紀最大にして最も極悪非道と言ってもいいペテンをやってのけた。宣伝能力に長けていることで知られるマグレガーは、自分は中央アメリカの国、「ポヤイス」の王子だと言い、同胞のスコットランド人の多くを納得させた。そして、野菜を栽培する無限のチャンスに満ちたある場所について説明した。そこでは見渡す限り果物が育ち、狩猟用の野生動物が有り余るほどいて、川には金(きん)があふれているという。

投資家は早速、マグレガーの売り込み能力だけに基づき、ポヤイスを開発するための20万ポンドを債券で手渡した。船7隻分の人々が、ペテン師の想像の産物である国に向けて出航した。そして船はホンジュラスに到着した。繁栄する町にお目にかかれると思いきや、そこには人が住めるとは思えない風景が広がっていた。船でやってきた人々の多くは、劣悪な生活環境がたたって病気になったり亡くなったりした。[3]

マグレガーは、戦争での偉業で手にした名声と、投資でまともなリターンを得にくかった時

代に富が得られるとの約束を併せて利用した。彼はどういうわけか、何千マイルも離れた架空の国の存在を、何千人もの人々に納得させることができたのだ。

1908年、ある詐欺師がごく一部の新聞に次の広告を掲載した。

これはいい加減な話ではありません。危険を冒せ、ギャンブルをしろというお願いでもなければ、勧誘のお願いでもありません。これは家にいながらできることです。5ドルが10ドルに、10ドルが20ドルになるのです。それは絶対に確かです。わたしたちが秘密の方法をお送りしてから1週間以内に、これが真実だとご自身で証明できなかった場合、お金はお返しします。この国で最も裕福な男たちがこれを試み、成功しています。2ドルで秘密をお送りします。1週間以内にうまくいかなければ、2ドルを取り戻すことができますので、どうぞお忘れなく。

この秘密を知ればお金を2倍にする方法が学べると期待して、何千人もの人々が2ドルを送金した。彼らが受け取った返事にはこう書かれていた。「お金を紙幣に変え、それをふたつに折りたたむ」[4]。話がうますぎると思ったなら……その先は言わずもがなだ。

やることリスト：そのアイデアに対する反対論理を系統立てて述べることにより、目の前にある、お金に関するあらゆるアイデアや戦略のストレス・テストを行う。前もってどんな問題

が起きる可能性があるのか探るプレモータムを実施し、現時点で何が欠けている可能性があるのか自分で確認できるようにする。リターンについて、話がうますぎると思った場合、おそらくそのとおりだろう。投資のセールス・トークができすぎである場合、おそらくそのとおりだろう。富が得られるという約束ができすぎに思える場合、おそらくそのとおりだろう。

5　リターンがとんでもなくいい場合

ウィリアム・フランクリン・ミラーは１８００年代後半に証券会社で働き、「内部者情報」があると言って顧客を獲得していた。そのような情報を通じて、彼は驚異のリターン10パーセントを売り込んでいた。ただし、これは年間を通じて約束されたリターンではなく、１週間を通じて約束されたリターンだった。年間にすれば、ちょうど５２０パーセントだ！　そんな現実離れした約束によくあることだが、ミラーは実際にはまったくお金を運用していなかった。

その代わり、ミラーの主な仕事は、自分の詐欺的な投資計画について広く宣伝することだった。ニュースレターまで発行し、こんなことを書いている。「わたしの夢は、フランクリン・シンジケートをウォール街で営業する最大最強のシンジケートに仲間入りさせることです。それが実現すれば、必要に応じて株価を上下させて株式を操作でき、それが実現すれば、利益を現在の5倍に上げることができます」。当時の証券法はかなり緩いものだったが、市場を操作しようとしているという事実を露骨に宣伝するには相当な神経の持ち主でなければならない。だ

が最悪の部分は、ミラーが実際には市場を操作しようとさえしていなかったことだ！　これは純然たるポンジ・スキームだった。この計画により、1日およそ8万ドルが入ってくるようになった。ミラーは自身の販促資料で相場を操ると宣伝していたため、当局が彼の計画を調査し始めるのに長くはかからなかった。当局によって計画が明らかになると、ミラーはカナダに逃げ、彼の「投資家」たちがかばん（もちろん空っぽだ）を持ったまま、責任を取らされることになった。

金融の世界にユニコーンは存在すると信じたい気持ちはだれにでもある。だから高いリターンが約束されると、つい引き込まれてしまうのだ。常に次のことを思い出してほしい。だれかが毎週、毎月、あるいは毎年、一貫して莫大なリターンを嘘偽りなく生み出すことができるなら、そもそも、彼らはなぜ、そのようなリターンで利益を得るチャンスをあなたに提供するのか？　彼らが本当にそのようなおいしいリターンを得られるのなら、その秘伝のソースについてほかのだれかに話す必要はないし、話したくもないはずだ。

やることリスト：あなたが追求するであろうすべての投資で、自分が得られるリターンのレベルについて現実的になる。ある程度の調査をして、合理的な運用利回りがどうなるか割り出し、だれかがリターンとして何らかの数字を約束してきたときは必ず、セールス・トークの深層に目を向ける。リターンが高すぎる、あるいは一貫性がありすぎる場合はすべて危険信号だ。あなたのリターンが将来どうなるかという点について、だれかが約束をしてきたときは必ず、慎重に事を進める。話がうますぎる場合はとくに注意が必要だ。

6　相手が自分の望んでいることをずばり言う場合

米国医師会のモリス・フィッシュベインは、偽医者ジョン・ブリンクリーが信用に値しないことを示すべく尽力しながら（第1章参照）、ほかの人たちにも彼らのやり方が理解できるよう、ペテン師の3つの特徴を挙げた。

（1）ペテン師は伝説や半端な真実や壮大な嘘を身にまとう。ブリンクリーにとってそれは、医学界に対する自分自身の位置づけ、奇跡の治療法および、真実の科学に代わる手段の売り込みを意味した。

（2）ペテン師は極めて利己的。ブリンクリーは自分が秘密に行っていた医学上の奇跡をほかの医療専門家とは決して共有しなかった。本物の医者であれば、医療の結果を専門家同士で相互評価（ピア・レヴュー）するべく共有するため、これは大きな危険信号だった。

（3）ペテン師は人を操る達人。ペテン師は相手が聞きたがっていることをずばり伝え、人の感情を餌食にする希望を売り込む。[6]

他者を操る最も簡単な方法は、話術の才能を使うことだ。ユヴァル・ハラリによる、高い評

価を受けている著作『サピエンス全史――文明の構造と人類の幸福』は、人間が単純な狩猟採集民の比較的小さな集団から、巨大な都市、文化、集団、組織で満ちたより複雑な近代世界へと飛躍した過程を述べている。成果を挙げたのは、必ずしも技術的進歩ではなく、物語を伝える人間の能力も機能した。

では、ホモ・サピエンスはどうやってこの重大な限界を乗り越え、何万もの住民から成る都市や、何億もの民を支配する帝国を最終的に築いたのだろう？　その秘密はおそらく、虚構の登場にある。厖大な数の見知らぬ人どうしも、共通の神話を信じることによって、首尾良く協力できるのだ。（柴田裕之訳）

効果的なストーリーを語るのは一筋縄でできるものではない。だからこそ、多くの人にとって、たとえ詐欺が目の前に迫っていても、それを見極めるのが非常に難しいのだ。詐欺を働く人々は、物語の力を使って自分を売り込むことに素晴らしく長けている。マリア・コニコヴァは、著書『The Confidence Game 信頼と説得の心理学』の中で、わたしたちが事実をあっさり無視するのに、物語だとそのまま受け入れてしまう理由について述べている。「事実がもっともらしい場合、わたしたちはそれでもテストしてみなければと思う。物語がもっともらしい場合、わたしたちは往々にして、それを真実だと思い込む」。よくできた物語を聞くと、わたしたちは

すぐさま警戒を緩めてしまうと、コニコヴァは言う。ナイジェリア詐欺のようなことは、ほかに説明のしようがない。あるいは、飛行機ゲームはどうだろう？　あるいは、ヤギの睾丸を陰嚢に移植することによって男性の生殖能力を改善すると主張した医師は？　あるいは、だれもお金を失うことはないとする数十億ドルのポンジ・スキームは？　物語はわたしたちの手をつかんで放そうとしないが、事実や数字はそうではない。

やることリスト：歴史上の詐欺にはすべて、素晴らしい物語がつきものだった。そのような詐欺の被害者たちは、物語の正当性をチェックしようとしなかったのだ。自分なりの宿題を怠ってはならないし、自分が信じたいからといって、だれかの話を額面通りに受け取ってはいけない。物語も結構だが、お金が関係する物語の場合、その背後にある証拠を検証すれば、自分の首を絞めずに済むことになるだろう。

閲覧可：https://www.vanityfair.com/style/2017/06/johnny-depp-lawsuit-emails-paycheck-to-paycheck

まとめ

1. Griffin R and Inman P. How the Names lost their shirts: the background Lloyd's in court. *The Guardian*［インターネット版］. 2000年11月3日。以下より閲覧可：https://www.theguardian.com/money/2000/nov/04/business.personalfinancenews1
2. Kuhn, G. *Experiencing the Impossible: The Science of Magic.* Cambridge, MA: MIT Press; 2019年.
3. Tattersall I and Nevraumont P. *Hoax: A History of Deception: 5,000 years of Fakes, Forgeries, and Fallacies.* New York: Running Press; 2018年.
4. Nash JR. *Hustlers and Con Men: An Anecdotal History of the Confidence Man and His Games.* New York: M. Evans & Company; 1976年.
5. 同上
6. Dunphy S. 'Every man his own doctor': probing public health and medical quackery in U.S. historical newspapers and government publications. The Readex Blog［インターネット版］. 2017年4月12日。以下より閲覧可：https://www.readex.com/blog/%E2%80%98every-man-his-owndoctor%E2%80%99-probing-public-health-and-medical-quackery-ushistorical-newspapers

2012年)
16. Seal M. Madoff's world. *Vanity Fair*［インターネット版］. 2009年3月4日。以下より閲覧可：https://www.vanityfair.com/news/2009/04/bernard-madofffriends-family-profi le
17. Portnoy B. *The Investor's Paradox: The Power of Simplicity in a World of Overwhelming Choice.* New York: Palgrave Macmillan; 2014年.
18. Griffin T. A dozen things you can learn from the anti-models that are Bernard Madoff and his victims. 25iq［インターネット版］. 2016年2月13日。以下より閲覧可：https://25iq.com/2016/02/13/a-dozen-things-you-can-learnfrom-the-anti-models-that-are-bernard-madoff-and-his-victims/

第14章
1. The 20 richest people of all time. Lovemoney.com［インターネット版］. 2017年4月25日。以下より閲覧可：https://www.msn.com/en-in/money/photos/the-20-richest-people-of-all-time/ss-BBsg8nX#image=8
2. Vanderbilt II AT. *Fortune's Children: The Fall of the House of Vanderbilt*. New York: William Morrow; 2013年.(『アメリカン・ドリーマーの末裔たち：ヴァンダービルト一族の栄光と没落』、上村麻子訳、渓水社、1996年)
3. The Biltmore. 以下より閲覧可：https://www.biltmore.com/
4. Vanderbilt II AT. *Fortune's Children: The Fall of the House of Vanderbilt*. New York: William Morrow; 2013年.(『アメリカン・ドリーマーの末裔たち：ヴァンダービルト一族の栄光と没落』、上村麻子訳、渓水社、1996年)
5. Arnott R, Wu L, and Bernstein WJ. The myth of dynastic wealth: the rich get poorer. Cato Journal. 2015 Fall;35(3):447–45. 以下より閲覧可：https://www.researchaffi liates.com/en_us/publications/journal-papers/359_the_myth_of_dynastic_wealth_the_rich_get_poorer.html
6. Follet C. High turnover among America's rich. Cato Institute［インターネット版］2016年1月8日。以下より閲覧可：https://www.cato.org/blog/high-turnover-among-americas-rich
7. Wile R. 1 out of every 20 Americans is now a millionaire: report. *Money*［インターネット版］. 2017年11月14日。以下より閲覧可：http://money.com/money/5023038/millionaire-population-united-states-world
8. Barnett D. Hunter S Thompson: how we need the godfather of gonzo today, served up with his side order of guns, booze and drugs. Independent［インターネット版］. 2018年1月20日。以下より閲覧可：https://www.independent.co.uk/news/long_reads/hunter-s-thompson-death-suicide-killhimself-how-die-gonzo-journalism-warren-hinckle-a8161841.html
9. Ashes of Hunter S. Thompson blown into sky. *The New York Times*［インターネット版］. 2005年8月21日。以下より閲覧可：https://www.nytimes.com/2005/08/21/world/americas/ashes-of-hunter-s-thompson-blown-intosky.html
10. Rodrick S. The trouble with Johnny Depp. *Rolling Stone*［インターネット版］. 2018年6月21日。以下より閲覧可：https://www.rollingstone.com/movies/movie-features/the-trouble-with-johnny-depp-666010/
11. 同上
12. Bryant K. Johnny Depp lived from giant paycheck to giant paycheck, apparently. *Vanity Fair*［インターネット版］. 2017年6月20日。以下より

a0028857
7. Carreyrou J. *Bad blood: Secrets and Lies in a Silicon Valley Startup.* New York: Knopf Doubleday Publishing Group; 2018 年 .
8. Carreyrou J. Theranos cost business and government leaders more than $600 million. *The Wall Street Journal*［インターネット版］. 2018 年 5 月 3 日。以下より閲覧可 : https://www.wsj.com/articles/theranos-cost-business-andgovernment-leaders-more-than-600-million-1525392082

第 13 章

1. Bell A and Box D. Fraudster poses as Jason Statham to steal victim's money. BBC News［インターネット版］. 2019 年 4 月 29 日。以下より閲覧可 : https://www.bbc.com/news/uk-england-manchester-47969165
2. Bell C. 11 celebrities who got scammed by Bernie Madoff and lost millions. Bankrate［インターネット版］. 2017 年 5 月 17 日。以下より閲覧可 : https://www.bankrate.com/lifestyle/celebrity-money/11-celebrities-who-gotscammed-by-bernie-madoff-and-lost-millions/#slide=2
3. Greenspan S. *Annals of Gullibility: Why We Get Duped and How to Avoid It.*
Westport, Connecticut: Praeger Publishers; 2009 年 .
4. Greenspan S. Why we keep falling for financial scams. *The Wall Street Journal*［インターネット版］. 2009 年 1 月 3 日。以下より閲覧可 : https://www.wsj.com/articles/SB123093987596650197
5. Oakes K. The psychological trick explains how horoscopes can sound scarily accurate. *Science*［インターネット版］. 2018 年 4 月 26 日。以下より閲覧可 : https://inews.co.uk/news/science/barnum-effect-forer-horoscopes-accurate/
6. Train J. *Famous financial fiascos.* New York: Random House; 1984 年 .（『金融イソップ物語―"あと一歩"で儲け損なった男たちの話』、坐古義之訳、日本経済新聞社、1987 年）
7. Darby M. In Ponzi we trust. Smithsonian.com［インターネット版］1998 年 12 月。以下より閲覧可 : https://www.smithsonianmag.com/history/in-ponziwe-trust-64016168/
8. 同上
9. Dunn D. *Ponzi: The Incredible True Story of the King of Financial Cons.* New York: Broadway Books; 2004 年 .
10. Partnoy F. *The Match King: Ivar Kreuger, the Financial Genius Behind a Century of Wall Street Scandals.* New York: Public Affairs; 2009 年 .
11. T rain J. *Famous Financial Fiascos.* New York: Random House; 1984 年 .（『金融イソップ物語―"あと一歩"で儲け損なった男たちの話』、坐古義之訳、日本経済新聞社、1987 年）
12. Dunn D. *Ponzi: The Incredible True Story of the King of Financial Cons.* New York: Broadway Books; 2004 年 .
13. Greenspan S. Why we keep falling for financial scams. *The Wall Street Journal*［インターネット版］. 2009 年 1 月 3 日。以下より閲覧可 : https://www.wsj.com/articles/SB123093987596650197
14. U.S. Commodity Future Trading Commission. CFTC charges Nicholas Cosmo and Agape Companies with defrauding customers of tens of millions of dollars in commodity futures trading scheme. Release Number 56-6=09. 2009 年 1 月 27 日 . 以下より閲覧可 : https://www.cftc.gov/PressRoom/PressReleases/pr5606-09
15. Agassi A. *Open: An Autobiography.* New York: Vintage Books; 2010 年 .（『OPEN―アンドレ・アガシの自叙伝』、川口由紀子訳、ベースボールマガジン社、

and the Madness of Crowds: Financial Edition. Hampshire: Harriman House; 1841 年 .（『狂気とバブル―なぜ人は集団になると愚行に走るのか』、塩野未佳・宮口尚子訳、パンローリング、2004 年）
6. Carswell J. *The South Sea Bubble.* London: The Cresset Press; 1960 年 .
7. Train J. *Famous Financial Fiascos.* New York: Random House; 1984 年 .（『金融イソップ物語―“あと一歩”で儲け損なった男たちの話』、坐古義之訳、日本経済新聞社、1987 年）
8. Balen M. *The King, the Crook, and the Gambler: The True Story of the South Sea Bubble and the Greatest Financial Scandal in History.* New York: Harper Perennial; 2004 年 .
9. Carswell J. *The South Sea Bubble.* London: The Cresset Press; 1960 年 .
10. Balen M. *The King, the Crook, and the Gambler: The True Story of the South Sea Bubble and the Greatest Financial Scandal in History.* New York: Harper Perennial; 2004 年 .
11. 同上
12. 同上
13. Balen M. *The Secret History of the South Sea Bubble: The World's First Great Financial Scandal.* New York: Harper; 2003 年 .
14. Mackay C. *Extraordinary Popular Delusions and the Madness of Crowds: Financial Edition.* Hampshire: Harriman House; 1841 年 .（『狂気とバブル―なぜ人は集団になると愚行に走るのか』、塩野未佳・宮口尚子訳、パンローリング、2004 年）
15. 同上
16. Taylor B. Complete histories – the South Seas Company – the forgotten ETC. Global Financial Data［インターネット版］2013 年 8 月 21 日。以下より閲覧可 : http://www.gfdblog.com/GFD/Blog/gfd-complete-histories-southseas-company-the-forgotten-etf
17. Mackay C. *Extraordinary Popular Delusions and the Madness of Crowds: Financial Edition.* Hampshire: Harriman House; 1841 年 .（『狂気とバブル―なぜ人は集団になると愚行に走るのか』、塩野未佳・宮口尚子訳、パンローリング、2004 年）
18. Dunbar R. Is there a limit to how many friends we can have? TED Radio Hour, National Public Radio［インターネット版］. 2017 年 1 月 13 日。以下より閲覧可 : https://www.npr.org/2017/01/13/509358157/is-there-a-limit-to-howmany-friends-we-can-have
19. Le Bon G. *The Crowd: A Study of the Popular Mind.* 1895 年 .（『群衆心理』、桜井成夫訳、講談社、1993 年）

第 12 章

1. Kurson R. *Rocket Men: The Daring Odyssey of Apollo 8 and the Astronauts Who Made Man's First Journey to the Moon.* New York: Random House; 2018 年 .
2. Odlyzko A. Newton's financial misadventures in the South Sea bubble. SSRN［インターネット版］. 2018 年 2 月 10 日 . doi: http://dx.doi.org/10.2139/ssrn.3068542
3. 同上
4. Balen M. *The king, the Crook, and the Gambler: The True Story of the South Sea Bubble and the Greatest Financial Scandal in History.* New York: Harper Perennial; 2004 年 .
5. McLean B and Elkind P. *The Smartest Guys in the Room: The Amazing Rise and Scandalous Fall of Enron.* New York: Portfolio-Penguin; 2003 年 .
6. West RF, Meserve RJ, and Stanovich KE. Cognitive sophistication does not attenuate the bias blind spot. *Journal of Personality and Social Psychology.* 2012 年 9 月 ;103(3):506–19. doi: 10.1037/

can’t Bernanke?). Global Financial Data［インターネット版］. 2013年10月9日。以下より閲覧可 : http://www.gfdblog.com/GFD/Blog/mississippi-bubble-how-french-eliminated-all-governmentdebt
12. T rain J. *Famous Financial Fiascos.* New York: Random House; 1984年.（『金融イソップ物語―“あと一歩”で儲け損なった男たちの話』、坐古義之訳、日本経済新聞社、1987年）
13. Mackay C. *Extraordinary Popular Delusions and the Madness of Crowds: Financial Edition.* Hampshire: Harriman House; 1841年.（『狂気とバブル―なぜ人は集団になると愚行に走るのか』、塩野未佳・宮口尚子訳、パンローリング、2004年）
14. Chancellor E. *Devil Take the Hindmost: A History of Financial Speculation.* New York: Plume; 2000年.（『新訳バブルの歴史――最後に来た者は悪魔の餌食』、長尾慎太郎監修、山下恵美子訳、パンローリング、2018年）
15. Mackay C. *Extraordinary Popular Delusions and the Madness of Crowds: Financial Edition.* Hampshire: Harriman House; 1841年.（『狂気とバブル―なぜ人は集団になると愚行に走るのか』、塩野未佳・宮口尚子訳、パンローリング、2004年）
16. The Mississippi bubble. Winton［インターネット版］. 2019年4月29日。以下より閲覧可 : https://www.winton.com/longer-view/the-mississippi-bubble
17. Mackay C. *Extraordinary Popular Delusions and the Madness of Crowds: Financial Edition.* Hampshire: Harriman House; 1841年.（『狂気とバブル―なぜ人は集団になると愚行に走るのか』、塩野未佳・宮口尚子訳、パンローリング、2004年）
18. Balen M. *The king, the Crook, and the Gambler: The True Story of the South Sea Bubble and the Greatest Financial Scandal in History.* New York: Harper Perennial; 2004年.
19. 同上
20. Train J. *Famous Financial Fiascos.* New York: Random House; 1984年.（『金融イソップ物語―“あと一歩”で儲け損なった男たちの話』、坐古義之訳、日本経済新聞社、1987年）
21. Balen M. *The king, the Crook, and the Gambler: The True Story of the South Sea Bubble and the Greatest Financial Scandal in History.* New York: Harper Perennial; 2004年.
22. Mackay C. *Extraordinary Popular Delusions and the Madness of Crowds: Financial Edition.* Hampshire: Harriman House; 1841年.（『狂気とバブル―なぜ人は集団になると愚行に走るのか』、塩野未佳・宮口尚子訳、パンローリング、2004年）
23. 同上

第11章

1. Arbesman S. *The Half Life of Facts: Why Everything We Know Has an Expiration Date.* New York: Penguin Group; 2012年.
2. Minsky HP. The financial instability hypothesis. Levy Economics Institute of Bard College, Working Paper No. 74. 以下より閲覧可 : http://www.levyinstitute.org/pubs/wp74.pdf
3. Shiller RJ. *Irrational Exuberance.* Princeton, New Jersey: Princeton University Press; 2000.（『投機バブル 根拠なき熱狂』、植草 一秀監訳、沢崎冬日訳、ダイヤモンド社、2001年）
4. Bernstein WJ. *The Four Pillars of Investing: Lessons for Building a Winning Portfolio.* New York: McGraw-Hill; 2010年.（『投資「4つの黄金則」』、渡会佳子訳、ソフトバンククリエイティブ、2003年）
5. Mackay C. *Extraordinary Popular Delusions*

covers/0,16641,19291028,00.html
12. Partnoy F. *The Match King: Ivar Kreuger, The Financial Genius Behind a Century of Wall Street Scandals.* New York: Public Affairs; 2009 年 .
13. MacLeish A. A 3-part series on the life and death of Ivar Kreuger.
Fortune［インターネット版］. 1933 年 5 月 1 日。以下より閲覧可 : http://fortune.com/1933/05/01/a-3-part-series-on-the-life-and-death-of-ivarkreuger/
14. Partnoy F. *The Match King: Ivar Kreuger, The Financial Genius Behind a Century of Wall Street Scandals.* New York: Public Affairs; 2009 年 .
15. MacLeish A. A 3-part series on the life and death of Ivar Kreuger. *Fortune*［インターネット版］. 1933 年 5 月 1 日。以下より閲覧可 : http://fortune.com/1933/05/01/a-3-part-series-on-the-life-and-death-of-ivarkreuger/
16. Zweig J. *Your Money and Your Brain: How the New Science of Neuroeconomics Can Make You Rich.* New York: Simon & Schuster; 2007 年 .
17. Schwed F. Where are the customers' yachts? or a good hard look at Wall Street. Hoboken, New Jersey: John Wiley & Sons; 2006 年 .
18. Partnoy F. *The Match King: Ivar Kreuger, The Financial Genius Behind a Century of Wall Street Scandals.* New York: Public Affairs; 2009 年 .

第 10 章

1. Lowenstein R. *America's Bank: The Epic Struggle to Create the Federal Reserve.* New York: Penguin Press; 2015 年 .
2. Balen M. *The king, the Crook, and the Gambler: The True Story of the South Sea Bubble and the Greatest Financial Scandal in History.* New York: Harper Perennial; 2004 年 .
3. Mackay C. *Extraordinary Popular Delusions and the Madness of Crowds: Financial Edition.* Hampshire: Harriman House; 1841 年 .（『狂気とバブル―なぜ人は集団になると愚行に走るのか』、塩野未佳・宮口尚子訳、パンローリング、2004 年）
4. Train J. *Famous Financial Fiascos.* New York: Random House; 1984 年 .（『金融イソップ物語―“あと一歩”で儲け損なった男たちの話』、坐古義之訳、日本経済新聞社、1987 年）
5. 同上
6. Mackay C. *Extraordinary Popular Delusions and the Madness of Crowds: Financial Edition.* Hampshire: Harriman House; 1841 年 .（『狂気とバブル―なぜ人は集団になると愚行に走るのか』、塩野未佳・宮口尚子訳、パンローリング、2004 年）
7. The Mississippi bubble. Winton［インターネット版］. 2019 年 4 月 29 日。以下より閲覧可 : https://www.winton.com/longer-view/the-mississippi-bubble
8. Mackay C. *Extraordinary Popular Delusions and the Madness of Crowds: Financial Edition.* Hampshire: Harriman House; 1841 年 .（『狂気とバブル―なぜ人は集団になると愚行に走るのか』、塩野未佳・宮口尚子訳、パンローリング、2004 年）
9. Harari YN. *Sapiens: A Brief History of Humankind.* New York: HarperCollins; 2015 年 .（『サピエンス全史 上・下 文明の構造と人類の幸福』、柴田裕之訳、河出書房新社、2016 年）
10. Chancellor E. *Devil Take the Hindmost: A History of Financial Speculation.* New York: Plume; 2000 年 .（『新訳バブルの歴史――最後に来た者は悪魔の餌食』、長尾慎太郎監修、山下恵美子訳、パンローリング、2018 年）
11. Taylor B. Government debt (so why

2010年1月15日. doi: https://dx.doi.org/10.2139/ssrn.1537338
19. 同上
20. C ancellor E. *D evil Take the Hindmost: A History of Financial Speculation*. New York: Plume; 2000年.(『新訳バブルの歴史——最後に来た者は悪魔の餌食』、長尾慎太郎監修、山下恵美子訳、パンローリング、2018年)
21. Arnold AJ and McCartney S. *George Hudson: The Rise and Fall of the Railway King*. London: Hambledon Continuum; 2004年.
22. The Railway Times. 1849年4月10日.
23. Ritholtz B. Transcript: Andreessen MIB podcast. The Big Picture[インターネット版]. 2017年5月28日。以下より閲覧可: https://ritholtz.com/2017/05/transcript-andreessen-mib-podcast/
24. Chancellor, E. *Devil Take the Hindmost: A History of Financial Speculation*. New York: Plume; 2000年.(『新訳バブルの歴史——最後に来た者は悪魔の餌食』、長尾慎太郎監修、山下恵美子訳、パンローリング、2018年)
25. Arnold AJ and McCartney S. *George Hudson: The Rise and Fall of the Railway King*. London: Hambledon Continuum; 2004年.
26. Irwin N. It's a winner-take-all world, whether you like it or note. *The Atlantic*[インターネット版]. 2019年6月17日。以下より閲覧可: https://www.theatlantic.com/ideas/archive/2019/06/its-a-winner-take-all-world-heres-how-toget-ahead/591700/

第9章

1. Gordon R J. *The Rise and Fall of American Growth: The U.S. Standard of Living Since the Civil War*. Princeton, New Jersey: Princeton University Press; 2016年.(『アメリカ経済 成長の終焉 上・下』、高遠裕子・山岡由美訳、日経BP、2018年)
2. Train J. *Famous Financial Fiascos*. New York: Random House; 1984年.(『金融イソップ物語—“あと一歩”で儲け損なった男たちの話』、坐古義之訳、日本経済新聞社、1987年)
3. Monopolist. *Time: The Weekly Magazine*[インターネット版]. 1929年10月28日。以下より閲覧可: http://content.time.com/time/covers/0,16641,19291028,00.html
4. Partnoy F. *The Match King: Ivar Kreuger, The Financial Genius Behind a Century of Wall Street Scandals*. New York: Public Affairs; 2009年.
5. Monopolist. *Time: The Weekly Magazine*[インターネット版]. 1929 Oct 28. 以下より閲覧可: http://content.time.com/time/covers/0,16641,19291028,00.html
6. Partnoy F. *The Match King: Ivar Kreuger, The Financial Genius Behind a Century of Wall Street Scandals*. New York: Public Affairs; 2009年.
7. Monopolist. *Time: The Weekly Magazine*[インターネット版]. 1929年10月28日。以下より閲覧可: http://content.time.com/time/covers/0,16641,19291028,00.html
8. Train J. *Famous Financial Fiascos*. New York: Random House; 1984年.(『金融イソップ物語—“あと一歩”で儲け損なった男たちの話』、坐古義之訳、日本経済新聞社、1987年)
9. 同上
10. Partnoy F. *The Match King: Ivar Kreuger, The Financial Genius Behind a Century of Wall Street Scandals*. New York: Public Affairs; 2009年.
11. Monopolist. *Time: The Weekly Magazine*[インターネット版]. 1929 Oct 28. 以下より閲覧可: http://content.time.com/time/

年．(『世界をつくった6つの革命の物語 新・人類進化史』、大田直子訳、朝日新聞出版、2016年)
2. Batnick M. The ghost of tech stocks past. The Irrelevant Investor［インターネット版］2018年6月30日。以下より閲覧可：https://theirrelevantinvestor.com/2018/06/30/the-ghost-of-tech-stocks-past/
3. McCollough B. An eye-opening look at the dot-com bubble of 2000 –and how it shapes our lives today. Ideas.Ted.com［インターネット版］2018年12月4日。以下より閲覧可：https://ideas.ted.com/an-eye-opening-look-at-the-dotcom-bubble-of-2000-and-how-it-shapes-our-lives-today/
4. Railway Mania. Winton［インターネット版］. 2018年9月18日。以下より閲覧可：https://www.winton.com/longer-view/railway-mania
5. Chancellor E. *Devil Take the Hindmost: A History of Financial Speculation*. New York: Plume; 2000年．(『新訳バブルの歴史——最後に来た者は悪魔の餌食』、長尾慎太郎監修、山下恵美子訳、パンローリング、2018年)
6. Arnold AJ and McCartney S. *George Hudson: The Rise and Fall of the Railway King*. London: Hambledon Continuum; 2004年．
7. Railway Mania. Winton［インターネット版］. 2018年9月18日。以下より閲覧可：https://www.winton.com/longer-view/railway-mania
8. Arnold AJ and McCartney S. *George Hudson: The Rise and Fall of the Railway King*. London: Hambledon Continuum; 2004年．
9. Chancellor E. *Devil Take the Hindmost: A History of Financial Speculation*. New York: Plume; 2000年．(『新訳バブルの歴史——最後に来た者は悪魔の餌食』、長尾慎太郎監修、山下恵美子訳、パンローリング、2018年)
10. Arnold AJ and McCartney S. George Hudson: the rise and fall of the railway king. London: Hambledon Continuum; 2004年．
11. Chancellor E. *D evil Take the Hindmost: A History of Financial Speculation*. New York: Plume; 2000年．(『新訳バブルの歴史——最後に来た者は悪魔の餌食』、長尾慎太郎監修、山下恵美子訳、パンローリング、2018年)
12. Arnold AJ and McCartney S. George Hudson: *The Rise and Fall of the Railway King*. London: Hambledon Continuum; 2004年．
13. Shiller RJ. *Irrational exuberance*. Princeton, New Jersey: Princeton University Press; 2000年．(『投機バブル 根拠なき熱狂』、植草一秀監訳、沢崎冬日訳、ダイヤモンド社、2001年)
14. Chancellor E. *D evil Take the Hindmost: A History of Financial Speculation*. New York: Plume; 2000年．(『新訳バブルの歴史——最後に来た者は悪魔の餌食』、長尾慎太郎監修、山下恵美子訳、パンローリング、2018年)
15. Railway Mania. Winton［インターネット版］. 2018年9月18日。以下より閲覧可：https://www.winton.com/longer-view/railway-mania
16. Odlyzko A. Collective hallucinations and inefficient markets: the British railway mania of the 1840s. SSRN. 2010年1月15日. doi: https://dx.doi.org/10.2139/ssrn.1537338
17. Chancellor E. *D evil Take the Hindmost: A History of Financial Speculation*. New York: Plume; 2000年．(『新訳バブルの歴史——最後に来た者は悪魔の餌食』、長尾慎太郎監修、山下恵美子訳、パンローリング、2018年)
18. Odlyzko A. Collective hallucinations and inefficient markets: the British railway mania of the 1840s. SSRN.

with-university-of-maryland-mbams-students-november-18-2016/
17. McVeig S. What it's like to grow up with more money than you'll ever spent. The Cut［インターネット版］. 2019年3月28日。以下より閲覧可：https://www.thecut.com/2019/03/abigail-disney-has-more-money-than-shell-everspend.html
18. Carlson R. *Don't Sweat the Small Stuff … And It's All Small Stuff: Simple Ways to Keep the Little Things from Taking Over Your Life.* New York: Hyperion; 1997年.（『小さいことにくよくよするな！』、小沢瑞穂訳、サンマーク出版、1998年）

第7章
1. Crichton M. Why speculate? The Great Ideas Online No. 332.［インターネット版］. 2005年7月。以下より閲覧 可：http://larvatus.com/michael-crichtonwhy-speculate/
2. Kindelberger CP and Aliber R. *Manias, Panics, and Crashes: A History of Financial Crises.* Hoboken, New Jersey: John Wiley & Sons; 2000年.（『熱狂、恐慌、崩壊 金融危機の歴史』、高遠裕子訳、日本経済新聞出版社、2014年）
3. Nash JR. *Hustlers and Con Men: An Anecdotal History of the Confidence Man and His Games.* New York: M. Evans & Company; 1976年.
4. Bagehot W. The works and life of Walter Bagehot, ed. Mrs. Russell Barrington. The Works in Nine Volumes. Vol. 2. London: Longmans, Green, and Co.; 1915年。以下より閲覧 可：https://oll.libertyfund.org/titles/bagehot-the-works-and-life-of-walter-bagehot-vol-2-historical-financial-essays
5. Howard D. *Chasing Phil: The Adventures of Two Undercover Agents with the World's Most Charming Con Man.* New York: Random House; 2017年.（『詐欺師をはめろ——世界一チャーミングな犯罪者 vs. FBI』、濱野大道訳、早川書房、2019年）
6. Lewis M. *The Big Short: Inside the Doomsday Machine.* New York: W. W. Norton & Company; 2010年.（『世紀の空売り　世界経済の破綻に賭けた男たち』、東江一紀訳、文藝春秋、2010年）
7. 同上
8. Allen FL. *Only Yesterday: An Informal History of The 1920s.* New York: Harper & Row; 1931年.『オンリー・イエスタデイ——1920年代・アメリカ』（藤久ミネ訳、筑摩書房、1993年）
9. Escofet JM. Art swindlers selling fake Goya get paid in photocopied bills. El Pais.［インターネット版］2015年2月20日。以下より閲覧可：https://elpais.com/elpais/2015/02/20/inenglish/1424447006_201514.html
10. Nash JR. *Hustlers and Con Men: An Anecdotal History of the Confidence Man and His Games.* New York: M. Evans & Company; 1976年.
11. Romance novelist testifi es that she handed over $1million to psychic 'who promised to store cash at St Patrick's Cathedral in return for giving writer a peaceful divorce.' Mail Online［インターネット版］. 2013年9月11日。以下より閲覧可：https://www.dailymail.co.uk/news/article-2416972/Bestselling-author-Jude-Deveraux-testifies-scammed-fortune-tellers.html
12. Gonzales L. *Deep Survival: Who Lives, Who Dies and Why.* New York: W.W. Norton & Company; 2003年.（『緊急時サバイバル読本—生き延びる人間と死ぬ人間の科学』、中谷和男訳、アスペクト、2004年）

第8章
1. Johnson S. *How We Got to Now: Six Innovations That Made the Modern World.* New York: Riverhead Books; 2014

下より閲覧可：https://www.sec.gov/litigation/litreleases/2009/lr21017.htm
13. Howard D. Ponzi mastermind who lost clients' millions in Hollywood poker breaks silence: new details inside games played by Tobey Maguire, Ben Affleck and Matt Damon. Celebuzz!［インターネット版］. 2012年8月13日。以下より閲覧可：https://www.celebuzz.com/2012-08-13/ponzi-mastermind-who-lost-clients-millions-in-hollywood-poker-breakssilence-new-details-inside-games-played-by-tobey-maguire-ben-affleckand-matt-damon/
14. Nash JR. *Hustlers and Con Men: An Anecdotal History of the Confidence Man and His games.* New York: M. Evans & Company; 1976年.
15. Triplett N. The psychology of conjuring deceptions. *The American Journal of Psychology*. 1900年7月;10(4):439–510. doi: 10.2307/1412365
16. Zweig, J. *Your Money and Your Brain: How the New Science of Neuroeconomics Can Make You Rich.* New York: Simon & Schuster; 2007年.
17. Kuhn, G. *Experiencing the Impossible: The Science of Magic.* Cambridge, MA: MIT Press; 2019年.

第6章

1. Murray N. *Simple Wealth, Inevitable Wealth: How You and Your Financial Advisor Can Grow Your Fortune in Stock Mutual Funds.* Southold, NY: The Nick Murray Company, Inc.; 1999年.
2. Rosenberg Y. The super-rich are just as miserable as the rest of us. *The Week*［インターネット版］. 2014年11月4日。以下より閲覧可：https://theweek.com/articles/442718/superrich-are-just-miserable-rest
3. Pinsker J. The reason many ultrarich people aren't satisfied with their wealth. *The Atlantic*［インターネット版］. 2018年12月4日。以下より閲覧可：https://www.theatlantic.com/family/archive/2018/12/rich-people-happymoney/577231/
4. Rank SM. Getting to know the other side of General Grant. History on the Net［インターネット版］以下より閲覧可：https://www.historyonthenet.com/getting-to-know-general-grant
5. Schmidgall G. *Intimate with Walt: Whitman's Conversations with Horace Traubel, 1882–92.* Iowa City: University of Iowa Press; 2001年.
6. Twain M. *Mark Twain in Eruption: Hitherto Unpublished Pages about Men and Events.* New York: Harper; 1940年.
7. Chernow R. *Grant.* New York: Penguin Random House; 2017年.
8. 同上
9. 同上
10. 同上
11. 同上
12. 同上
13. 同上
14. 同上
15. Schwed F. *Where Are the Customers' Yachts? Or a Good Hard Look at Wall Street.* Hoboken, New Jersey: John Wiley & Sons; 2006年.（『投資家のヨットはどこにある？――プロにだまされないための知恵』、岡本和久監修、関岡孝平訳、パンローリング、2011年）
16. Kass D. Commentary on Warren Bufffett and Berkshire Hathaway: Warren Buffett's meeting with University of Maryland MBA/MS students. University of Maryland Robert H. Smith School of Business［インターネット版］. 2016年11月18日。以下より閲覧可：http://blogs.rhsmith.umd.edu/davidkass/uncategorized/warren-buffetts-meeting-

第5章

1. Masters K and Miller D. The secret world of Hollywood poker. *The Hollywood Reporter*［インターネット版］. 2011年9月21日。以下より閲覧可：https://www.hollywoodreporter.com/news/hollywood-poker-tobey-maguirealex-rodriguez-241603
2. Storey K. Inside the underground world of celebrity poker. *New York Post*［インターネット版］. 2014年6月22日。以下より閲覧可：https://nypost.com/2014/06/22/inside-the-poker-princess-a-list-house-of-cards/
3. Bloom, M. *Molly's game: the true story of the 26-year-old woman behind the most exclusive, high stakes underground poker game in the world*. New York: HaperCollins; 2014年.（『モリーズ・ゲーム』、越智睦訳、ハーパーコリンズ・ジャパン、2018年）
4. Kolker R. Manhattan fold 'em. New York［インターネット版］. 2013年7月8. 以下より閲覧可：http://nymag.com/news/features/gambling-ring-2013-7/index3.html
5. Bloom, M. *Molly's Game: The True Story of the 26-Year-Old Woman Behind the Most Exclusive, High Stakes Underground Poker Game in the World.* New York: HarperCollins; 2014年.（『モリーズ・ゲーム』、越智睦訳、ハーパーコリンズ・ジャパン、2018年）
6. Masters K and Miller D. The secret world of Hollywood poker. *The Hollywood Reporter*［インターネット版］. 2011年9月21日。以下より閲覧可：https://www.hollywoodreporter.com/news/hollywood-poker-tobey-maguirealex-rodriguez-241603
7. Kolker R. Manhattan fold 'em. *New York* magazine［インターネット版］. 2013年7月8日。以下より閲覧可：http://nymag.com/news/features/gamblingring-2013-7/index3.html
8. Howard D. Ponzi mastermind who lost clients' millions in Hollywood poker breaks silence: new details inside games played by Tobey Maguire, Ben Affleck and Matt Damon. Celebuzz!［インターネット版］. 2012年8月13日。以下より閲覧可：https://www.celebuzz.com/2012-08-13/ponzi-mastermind-who-lost-clients-millions-in-hollywood-poker-breakssilence-new-details-inside-games-played-by-tobey-maguire-ben-affleckand-matt-damon/
9. Bloom, M. *Molly's Game: The True Story of the 26-Year-Old Woman Behind the Most Exclusive, High Stakes Underground Poker Game in the World.* New York: HarperCollins; 2014年.（『モリーズ・ゲーム』、越智睦訳、ハーパーコリンズ・ジャパン、2018年）
10. Masters K and Miller D. The secret world of Hollywood poker. *The Hollywood Reporter*［インターネット版］. 2011年9月21日。以下より閲覧可：https://www.hollywoodreporter.com/news/hollywood-poker-tobey-maguirealex-rodriguez-241603
11. Hedge fund manager who bilked relatives out of $25 million sentenced over 10 years in federal prison. The Federal Bureau of Investigation［インターネット版］. 2010年1月11日。以下より閲覧可：https://archives.fbi.gov/archives/losangeles/press-releases/2010/la011110a.htm
12. SEC halts Beverly Hills hedge fund fraud. Securities and Exchange Commission v. Bradley L. Ruderman, Ruderman Capital Management, LLC, Ruderman Capital Partners, LLC, and Ruderman Capital Partners A, LLC, Civil Action No. CV 09-02974 VBF (JCx) (C.D. Cal.) Litigation Release No. 21017. 2009年4月29日。以

第 4 章

1. Doctor warns of disasters in world Tuesday. *Chicago Tribune.* 1954 年 12 月 17 日。
2. Festinger L, Riecken HW, and Schachter S. *When Prophecy Fails: A Social and Psychological Study of a Modern Group That Predicted the Destruction of the World.* New York: Harper-Torchbooks; 1956 年 .(『予言がはずれるとき』、水野博介訳、勁草書房、2015 年)
3. 同上
4. Festinger L. *A Theory of Cognitive Dissonance.* Stanford: Stanford University Press; 1957 年 .(『認知的不協和の理論―社会心理学序説』、末永俊郎監訳、誠信書房 , 1965 年)
5. 同上
6. Wright R. *The Moral Animal: Why We Are, the Way We Are.* New York: Pantheon; 1994 年 .(『モラル・アニマル 上・下』、小川敏子訳、講談社、1995 年)
7. Brimelow P. *The Wall Street Gurus: How You Can Profit from Investment Newsletters.* New York: Random House; 1986 年 .
8. Drew C. Joseph E. Granville, stock market predictor, dies at 90. *The New York Times*［インターネット版］2013 年 9 月 18 日 . 以下より閲覧可 : https://www.nytimes.com/2013/09/19/business/joseph-e-granville-stock-marketpredictor-dies-at-90.html
9. McMurran K. When Joe Granville speaks, small wonder that the market yo-yos and tickers fibrillate. *People*［インターネット版］. 1981 年 4 月 6 日 . 以下より閲覧可 : https://people.com/archive/when-joe-granville-speaks-smallwonder-that-the-market-yo-yos-and-tickers-fi brillate-vol-15-no-13/
10. Brimelow P. *The Wall Street Gurus: How You Can Profit from Investment Newsletters.* New York: Random House; 1986 年 .
11. Hammer AR. Stocks decline sharply as trading soars to record. *The New York Times*［インターネット版］. 1981 年 1 月 8 日。以下より閲覧可 : https://www.nytimes.com/1981/01/08/business/stocks-decline-sharply-as-trading-soars-torecord.html
12. Brimelow P. *The Wall Street Gurus: How You Can Profit from Investment Newsletters.* New York: Random House; 1986 年 .
13. Train J. *Famous Financial Fiascos.* New York: Random House; 1984 年 .(『金融イソップ物語―"あと一歩"で儲け損なった男たちの話』、坐古義之訳、日本経済新聞社、1987 年)
14. Miller S. Granville was market timer with flair. *The Wall Street Journal*［インターネット版］. 2013 年 9 月 10 日。以下より閲覧可 : https://www.wsj.com/articles/granville-was-market-timer-with-fl air-1378854096
15. Tetlock P. *Expert Political Judgment: How Good is It? How Can We Know?* New Jersey: Princeton University Press; 2017 年 .
16. McMurran K. When Joe Granville speaks, small wonder that the market yo-yos and tickers fibrillate. *People*［インターネット版］. 1981 年 Apr 月 6 日。以下より閲覧可 : https://people.com/archive/when-joe-granville-speaks-smallwonder-that-the-market-yo-yos-and-tickers-fi brillate-vol-15-no-13/
17. Pinker S. Harvard professor Steven Pinker on why we refuse to see the bright side, even though we should. *Time*［インターネット版］2018 Jan 4. 以下より閲覧可 : http://time.com/5087384/harvard-professor-steven-pinker-on-why-we-refuse-to-see-the-bright-side/
18. Tetlock P. *Expert Political Judgment: How Good is It? How can we know?* New Jersey: Princeton University Press; 2017 年 .

lenBxlV&sig=ACfU3U1uQBuJzeJ2fTAnfr3sp58qO4bhmw&hl=en&sa=X&ved=2ahUKEwjkttW63bvgAhVOOKwKHZFCATs4ChDoATAIegQIARAB#v=onepage&q=kirk%20wright%20nfl&f=false
14. Tierney M. Hedge fund manager's death does not halt suit against N.F.L. and players union. *The New York Times*［インターネット版］. 2008 年 1 月 2 日。以下より閲覧可 : https://www.nytimes.com/2008/06/02/sports/football/02wright.html
15. Horowitz C. Circuit court sides with NFL, players union in fraud suit. National Legal and Policy Center［インターネット版］. 2011 年 3 月 1 日。以下より閲覧可 : http://nlpc.org/2011/03/01/circuit-court-sides-nfl-playersunion-fraud-suit/
16. Fennessy S. The Wright stuff. *Atlanta* magazine［インターネット版］2006 年 10 月。以下より閲覧可 : https://books.google.com/books?id=rQ8AAAAAMBAJ&pg=PA142&lpg=PA142&dq=kirk+wright+nfl&source=bl&ots=yZ-lenBxlV&sig=ACfU3U1uQBuJzeJ2fTAnfr3sp58qO4bhmw&hl=en&sa=X&ved=2ahUKEwjkttW63bvgAhVOOKwKHZFCATs4ChDoATAIegQIARAB#v=onepage&q=kirk%20wright%20nfl &f=false
17. Horowitz C. Circuit court sides with NFL, players union in fraud suit. National Legal and Policy Center［インターネット版］. 2011 年 3 月 1 日。以下より閲覧可 : http://nlpc.org/2011/03/01/circuit-court-sides-nfl-playersunion-fraud-suit/
18. Fennessy S. The Wright stuff. *Atlanta* magazine［インターネット版］2006 年 10 月。以下より閲覧可 : https://books.google.com/books?id=rQ8AAAAAMBAJ&pg=PA142&lpg=PA142&dq=kirk+wright+nfl &source=bl&ots=yZ-lenBxlV&sig=ACfU3U1uQBuJzeJ2fTAnfr3sp58qO4bhmw&hl=en&sa=X&ved=2ahUKEwjkttW63bvgAhVOOKwKHZFCATs4ChDoATAIegQIARAB#v=onepage&q=kirk%20wright%20nfl&f=false
19. 同上
20. Champion WT. The rise and fall of Kirk Wright: the NFLPA's fiduciary obligation as third-party guarantor of 'certified financial advisors.'［インターネット版］. 以下より閲覧可 : http://mssportslaw.olemiss.edu/files/2015/09/Final-Champion-Edit-1-Macro-p.-1-29.pdf
21. Hrynkiw I. Charles Barkley invested $6.1 million with Donald Watkins, documents in fraud trial show. AL.com［インターネット版］. 2019 年 2 月 27 日。以下より閲覧可 : https://www.al.com/news/birmingham/2019/02/charlesbarkleys-adviser-testifi es-on-investments-with-watkins.html
22. Whitmire K. An Alabama fraud story: the many faces of Donald Watkins. AL.com［インターネット版］. 2019 年 3 月 19 日。以下より閲覧可 : https://www.al.com/news/2019/03/an-alabama-fraud-story-the-many-faces-of-donald-watkins.html
23. Carlson K, Kim J, Lusardi A, and Camerer CF. Bankruptcy rates among NFL player with short-lived income spikes. *American Economic Review*, American Economic Association. 2015 年 5 月 ;105(5):381–4. 10.3386/w21085
24. Armstrong JS. How to be less persuaded or more persuasive: review of age of propaganda: the everyday use and abuse of persuasion by Anthony Pratkanis and Elliot Aronson. *Journal of Marketing*. 2005 年 2 月 11 日 ;67(1):129–30.

14. Enns B. *The Win Without Pitching Manifesto.* Nashville, Tennessee: RockBench Publishing Corp; 2010 年。

第 3 章

1. Isidore C. Americans spend more money on the lottery than on … CNN Business［インターネット版］. 2015 年 2 月 11 日。以下より閲覧可：https://money.cnn.com/2015/02/11/news/companies/lottery-spending/
2. Auter Z. About half of Americans play state lotteries. Gallup［インターネット版］2016 年 7 月 22 日。以下より閲覧可：https://news.gallup.com/poll/193874/half-americans-play-state-lotteries.aspx
3. Clark L, Lawrence AJ, Astley-Jones F, and Gray N. Gambling near-misses enhance motivation to gamble and recruit win-related brain circuitry. *Neuron.* 2009 年 2 月 12 日 ;61(3):481–90. doi: 10.1016/j.neuron.2008.12.031
4. Hankins S, Hoekstra M, and Skiba PM. The ticket to easy street? The financial consequences of winning the lottery. *The Review of Economics and Statistics.* 2011 年 7 月 21 日 ;93(3):961–969. doi: https://doi.org/10.1162/REST_a_00114
5. Imbens GW, Rubin DB, and Sacerdote BI. Estimating the effect of unearned income on labor earnings, savings, and consumption: evidence from a survey of lottery players. *American Economic Review.* 2001 年 9 月 ;91(4):778–94. doi: 10.1257/aer.91.4.778
6. Sullivan P. William 'Bud' Post III; unhappy lottery winner. *The Washington Post*［インターネット版］. 2006 年 1 月 20 日。以下より閲覧可：http://www.washingtonpost.com/wp-dyn/content/article/2006/01/19/AR2006011903124.html
7. Edelman R. Why so many lottery winners go broke. *Fortune*［インターネット版］. 2016 年 1 月 15 日。以下より閲覧可：http://fortune.com/2016/01/15/powerballlottery-winners/
8. Agarwal S, Mikhed W, and Scholnick B. Does the relative income of peers cause financial distress? Evidence from lottery winners and neighboring bankruptcies. Federal Reserve Bank of Philadelphia WP18-16. 2018 May. doi: https://doi.org/10.21799/frbp.wp.2018.16
9. Carlson K, Kim J, Lusardi A, and Camerer CF. Bankruptcy rates among NFL players with short-lived income spikes. *American Economic Review*, American Economic Association. 2015 年 5 月 ;105(5):381–4. 10.3386/w21085
10. Fennessy S. The Wright stuff. *Atlanta* magazine［インターネット版］.2006 年 10 月。以下より閲覧可：https://books.google.com/books?id=rQ8AAAAAMBAJ&pg=PA142&lpg=PA142&dq=kirk+wright+nfl &source=bl&ots=yZ-lenBxlV&sig=ACfU3U1uQBuJzeJ2fTAnfr3sp58qO4bhmw&hl=en&sa=X&ved=2ahUKEwjkttW63bvgAhVOOKwKHZFCATs4ChDoATAIegQIARAB#v=onepage&q=kirk%20wright%20nfl &f=false
11. 同上
12. Tierney M. Hedge fund manager's death does not halt suit against N.F.L. and players union. *The New York Times*［インターネット版］. 2008 年 6 月 2 日。以下より閲覧可：https://www.nytimes.com/2008/06/02/sports/football/02wright.html
13. Fennessy S. The Wright stuff. *Atlanta* magazine［インターネット版］2006 年 10 月。 以下より閲覧可：https://books.google.com/books?id=rQ8AAAAAMBAJ&pg=PA142&lpg=PA142&dq=kirk+wright+nfl &source=bl&ots=yZ-

Three Rivers Press; 2008 年。
26. Lane P. Nuts!（『ナッツ！』）［映画］. 2016 年。
27. Allen F. *Since yesterday: The 1930s in America*. New York: Open Road Media; 1931 年。
28. Brock P. *Charlatan: America's Most Dangerous Huckster, the Man Who Pursued Him, and the Age of Flimflam*. New York: Three Rivers Press; 2008 年。
29. 同上

第2章

1. Origins and construction of the Eiffel Tower. The official website of the Eiffel Tower［インターネット版］. 以下より閲覧可：https://www.toureiffel.paris/en/the-monument/history
2. Jonnes J. *Eiffel's Tower: The Thrilling Story Behind Paris's Beloved Monument and the Extraordinary World's Fair That Introduced It*. New York: Penguin Books; 2009 年。
3. Pizzoli G. *Tricky Vic: The Impossibly True Story of the Man Who Sold the Eiffel Tower*. New York: Penguin Group; 2015 年。
4. Nash JR. *Hustlers and Con Men: An Anecdotal History of the Confidence Man and His Games*. New York: M. Evans & Company, Inc.; 1976 年。
5. The day Al Capone was played for a sucker. *Chicago Tribune*［インターネット版］. 1976 年 10 月 5 日。以下より閲覧可：https://chicagotribune.newspapers.com/image/383999447/?terms=victor%2Blustig%2Bcapone
6. Maysh J. The man who sold the Eiffel Tower. Twice. Smithsonian.com［インターネット版］2016 年 3 月 9 日。以下より閲覧可：https://www.smithsonianmag.com/history/man-who-sold-eiffel-tower-twice-180958370/
7. Velinger J. Victor Lustig – the man who (could have) sold the world. Radio Praha［インターネット版］2003 年 10 月 15 日。以下より閲覧可：https://www.radio. cz/en/section/czechs/victor-lustig-the-man-who-could-have-soldthe-world
8. Pizzoli G. *Tricky Vic: The Impossibly True Story of the Man Who Sold the Eiffel Tower*. New York: Penguin Group; 2015 年。
9. ' The Count' escapes jail on sheet rope. *The New York Times*［インターネット版］. 1935 年 9 月 2 日。以下より閲覧可：https://timesmachine.nytimes.com/timesmachine/1935/09/02/93774752.pdf
10. Lustig sentenced to twenty-year term. *The New York Times*.［インターネット版］. 1935 年 12 月 10 日。以下より閲覧可：https://timesmachine.nytimes.com/timesmachine/1935/12/10/93510100.html?pageNumber=30
11. Simmons B. The big Spike Lee sit-down, plus NBA trade value 2.0. The Bill Simmons Podcast Episode 479［インターネット版］. 2019 年 2 月 6 日。以下より閲覧可：https://www.theringer.com/the-bill-simmons-podcast/2019/2/6/18213368/bill-simmons-interviews-spike-lee-blackkklansman-knicks-porzingis-nba-trade-value
12. Leslie I. The death of Don Draper. The New Statesman［インターネット版］. 2018 年 7 月 25 日。以下より閲覧可：https://www.newstatesman.com/sciencetech/internet/2018/07/death-don-draper?amp
13. Crow K. $450 million! Record price for Leonardo da Vinci's 'Salvator Mundi' painting. Market Watch［インターネット版］2017 年 11 月 16 日。以下より閲覧可：https://www.marketwatch.com/story/450-million-record-pricefor-leonardo-da-vincis-salvator-mundi-painting-2017-11-15

new drugs. *Quartz*［インターネット版］. 2017 9 月 10 日。以下より閲覧可 : https://qz.com/1070732/viagrasfamously-surprising-origin-story-is-actually-a-pretty-common-way-tofind-new-drugs/
8. Naish J. Is Viagra a cure or a curse? As Britain is the fi rst country to make it available over the counter, John Naish on the wonder sex drug. *Daily Mail*［インターネット版］. 2017 年 12 月 1 日。以下より閲覧可 : https://www.dailymail.co.uk/health/article-5134761/A-cure-curse-JOHN-NAISH-wonder-sex-drug.html
9. Adams SH. *The Great American Fraud*. OTB ebook Publishing; 2016 年。
10. Brock P. *Charlatan: America's Most Dangerous Huckster, the Man Who Pursued Him, and the Age of Flimflam*. New York: Three Rivers Press; 2008 年。
11. Lane P. Nuts!（『ナッツ！』）［映画］. 2016 年。
12. Brock P. *Charlatan: America's Most Dangerous Huckster, the Man Who Pursued Him, and the Age of Flimflam*. New York: Three Rivers Press; 2008 年。
13. Lane P. Nuts!（『ナッツ！』）［映画］. 2016 年。
14. Gordon RJ. *The Rise and Fall of American Growth: The U.S. Standard of Living Since the Civil War. The Princeton Economic History of the Western World*. Princeton, New Jersey: Princeton University Press; 2016 年 .（『アメリカ経済 成長の終焉 上・下』、高遠裕子・山岡由美訳、日経 BP、2018 年）
15. Brock P. *Charlatan: America's Most Dangerous Huckster, the Man Who Pursued Him, and the Age of Flimflam*. New York: Three Rivers Press; 2008 年。
16. Wu T. *The Attention Merchants: The Epic Scramble to Get Inside Our Heads*. New York: Knopf Doubleday Publishing Group; 2016 年。
17. Lane P. Nuts!（『ナッツ！』）［映画］. 2016 年。
18. Brock P. *Charlatan: America's Most Dangerous Huckster, the Man Who Pursued Him, and the Age of Flimflam*. New York: Three Rivers Press; 2008 年。
19. Alexander S. Powerless placebos. Slate Star Codex［インターネット版］. 2018 年 1 月 31 日。以下より閲覧可 : https://slatestarcodex.com/2018/01/31/powerless-placebos/?platform=hootsuite
20. Brock P. Charlatan: *America's Most Dangerous Huckster, the Man Who Pursued Him, and the Age of Flimflam*. New York: Three Rivers Press; 2008 年。
21. The case of Brinkley vs. Fishbein: proceedings of a libel suit based on an article published in Hygeia. Jama Network［インターネット版］1939 年 5 月 13 日 ; 112(19):1952–68. 以下より閲覧可 : https://jamanetwork.com/journals/jama/article-abstract/288277
22. Vigen T. Spurious correlations.［インターネット版］. 以下より閲覧可 : http://www.tylervigen.com/spurious-correlations
23. Washington L. What's the stock market got to do with the production of butter in Bangladesh? CNN Money［インターネット版］. 1998 年 3 月 1 日。以下より閲覧可 : https://money.cnn.com/magazines/moneymag/moneymag_archive/1998/03/01/238606/index.htm
24. Kindley E. Nuts!: a questionable cure for impotence. *The New Republic*［インターネット版］. 2016 年 7 月 22 日。以下より閲覧可 : https://newrepublic.com/article/135422/nuts-questionable-cure-impotence
25. Brock P. Charlatan: *America's Most Dangerous Huckster, the Man Who Pursued Him, and the Age of Flimflam*. New York:

原注

序文

1. McKinley E. Nigerian prince scam took $110K from Kansas man; 10 years later, he's getting it back. The Kansas City Star［インターネット版］. 2018年6月11日。以下より閲覧可：https://www.kansascity.com/news/state/kansas/article212657689.html
2. Neuffer E. 'Airplane': high-stakes chain letter. The New York Times［インターネット版］1987年4月7日。以下より閲覧可：https://www.nytimes.com/1987/04/07/nyregion/airplane-high-stakes-chain-letter.html
3. 同上
4. Enscoe D. Pyramid scheme takes off thousands invest in 'plane game'. South Florida Sun Sentinel［インターネット版］. 1987年3月26日。以下より閲覧可：https://www.sun-sentinel.com/news/fl -xpm-1987-03-26-8701190859-story.html

第1章

1. Tozzi J and Hopkins JS. The little blue pill: an oral history of Viagra. *Bloomberg*［インターネット版］. 2017年12月11日。以下より閲覧可：https://www.bloomberg.com/news/features/2017-12-11/the-little-blue-pill-anoral-history-of-viagra
2. 同上
3. Foley KE. Out of the blue pill: Viagra's famously surprising origin story is actually a pretty common way to find new drugs. *Quartz*［インターネット版］. 2017年9月10日。以下より閲覧可：https://qz.com/1070732/viagras-famouslysurprising-origin-story-is-actually-a-pretty-common-way-to-find-newdrugs/
4. Tozzi J and Hopkins JS. The little blue pill: an oral history of Viagra. *Bloomberg*［インターネット版］. 2017年12月11日。以下より閲覧可：https://www.bloomberg.com/news/features/2017-12-11/the-little-blue-pill-anoral-history-of-viagra
5. Rudd J. From Viagra to Valium, the drugs that were discovered by accident. *The Guardian*［インターネット版］. 2017年7月11日。以下より閲覧可：https://www.theguardian.com/lifeandstyle/2017/jul/11/from-viagra-tovalium-the-drugs-that-were-discovered-by-accident
6. Pinsker J. Why we live 40 years longer today than we did in 1880. *The Atlantic*［インターネット版］. 2013年11月。以下より閲覧可：https://www.theatlantic.com/magazine/archive/2013/11/die-another-day/309541/
7. Foley KE. Out of the blue pill: Viagra's famously surprising origin story is actually a pretty common way to find

【著者】ベン・カールソン (Ben Carlson)

リソルツ・ウェルス・マネジメントの機関投資家向け資産運用ディレクター。金融に関するブログやポッドキャストを立ち上げて人気を博している。『あらゆる投資で単純さが複雑さを負かすわけ［*Why Simplicity Trumps Complexity in Any Investment Plan*］』『組織のアルファ：機関投資家の資産管理に付加価値を与える方法［*Organizational Alpha: How to Add Value in Institutional Asset Management*］』などの著書がある。

【訳者】岡本千晶（おかもと・ちあき）

成蹊大学文学部英米文学科卒業。翻訳家。トールキン『トールキンのベーオウルフ物語〈注釈版〉』、トール『シルクロード歴史大百科』、ロス『世界の工場廃墟図鑑』、マクドナルド＆モンゴメリ『L.M. モンゴメリの「赤毛のアン」クックブック』、クルチナ『世界の甲冑・武具歴史図鑑』ほか翻訳書多数。吹替を中心に映像翻訳にも従事。

お金(かね)で騙(だま)す人(ひと)お金(かね)に騙(だま)される人(ひと)

「金融(きんゆう)・経済(けいざい)」詐欺(さぎ)の事件簿(じけんぼ)

●

2021年3月29日　第1刷

著者…………ベン・カールソン
訳者…………岡本千晶(おかもとちあき)
装幀…………一瀬錠二（Art of NOISE）

発行者…………成瀬雅人
発行所…………株式会社原書房

〒160-0022 東京都新宿区新宿 1-25-13
電話・代表 03（3354）0685
http://www.harashobo.co.jp
振替・00150-6-151594

印刷…………新灯印刷株式会社
製本…………東京美術紙工協業組合

ISBN978-4-562-05876-1, Printed in Japan